꼭 이루고 싶은 나의 꿈 나의 인생

이 책을 소중한

_____님에게 선물합니다.

_____ 드림

꿈꾸었던 모든 것들이 현실이 되는 마법의 꿈 쓰기

꼭 이루고 싶은 나의 꿈 나의 인생

| 김태광 · 임원화 외 49인 지음 |

시너지북

영원한 청춘들의
꿈을 향한 연애편지

"네 꿈은 뭐니?"

어릴 때 이 질문을 받으면 나는 수십 가지의 꿈들을 이야기할 수 있었다. 그러나 어느 순간 이 질문은 내게 가장 난처한 질문이 되었다.

꿈. 꿈이란 그 단어의 울림마저도 설레는 말이다. 어렸을 때 우리에겐 많은 꿈들이 있었다. 어린아이들에게 꿈을 물어보면 아이들은 눈을 빛내면서 수많은 자신의 꿈들을 쏟아낸다. 그 모습은 우리의 어렸을 때와 조금도 다르지 않다. 내가 그러했듯이 말이다. 그러나 열 손가락을 모두 꼽아도 모자를 만큼 많았던 꿈은 입시에서, 취업에서, 그리고 승진, 결혼, 출산, 육아 등등 전쟁 같은 삶을 살아내느라 하나둘씩 떠나보내고 이제는 텅 빈 손만이 남아 있다.

어느 순간부터 사람들에게 꿈은 사치고 배부른 투정이 되었다. 나 또한 그렇게 살아왔다. 노트 한 페이지를 빼곡히 적을 만큼 꿈 많은 소녀였던 나는 입시와 취업, 그리고 먹고 사느라 바쁘다는 핑계로 꿈을 놓쳐 버렸다. 그렇게 놓쳐 버린 내 꿈을 다시 찾을 때까지 20년의 세월이 걸렸다. 잃었다 다시 찾은 만큼 내게 꿈은 더 소중하고 간절해졌다.

사무엘 올만은 그의 시 〈청춘〉에서 "사람은 나이를 먹는 것만으로는 늙지 않는다. 이상을 잃었을 때 비로소 노화되는 것이다."라고 했다. 우리는 그렇게 꿈을 잃어가는 과정을 겪으면서 늙어간다. 그래서 설레기만 하던 '꿈'이라는 말은 어느새 아련한 그리움, 잃어버린 청춘이라는 뜻을 품었는지도 모른다.

이 책에는 꿈을 간직하고 사는 51명 청춘들의 이야기가 담겨 있다. 잃어버렸다 다시 찾은 꿈, 끝까지 놓고 싶지 않았던 꿈, 이미 이룬 꿈 등 각각의 꿈들에는 저마다의 색채가 있고 사연이 있다. 이 책을 읽으면 그들의 꿈에 대한 진한 애정을 느낄 수 있을 것이다.

나는 이 책으로 인해 많은 사람들이 잊고 살아왔던 저마다의 꿈들을 다시 떠올렸으면 좋겠다. 그리고 더 나아가서 잃어버린 그들의 꿈을 찾기를 바란다.

2017년 9월

송세실

CONTENTS | 차.례

꼭 이루고 싶은 나의 꿈 나의 인생

1-11

김태광　임원화

윤영숙　최　헌　이승열

이다정　고은정　최정훈

허지영　이서영　고미영

대한민국 국민
1인 1책 쓰기 운동 펼치기

· 김태광 ·

〈한책협〉대표이사, 대한민국 대표 책 쓰기 코치, 초·중·고등학교 16권의 교과서에 글 수록, 제1회 대한민국
기록문화대상, 대한민국 신창조인대상, 도전한국인대상 수상

저술과 강연을 통해 수백 명의 작가와 강연가, 코치, 컨설턴트로 만들었으며, 지금까지 200여 권의 책을 집필했다.
2011년 제1회 '대한민국 기록문화대상' 최고기록부문 '책과 잡지분야'를 수상했고, 2012년 '대한민국 신창조인대상',
2013년 '도전한국인대상'을 수상했다. 현재 네이버 카페 〈한국 책쓰기 성공학 코칭협회〉를 운영하고 있다.

· Email vision_bada@naver.com

주위에 책을 쓰는 사람들이 많다. 학생, 주부, 직장인, 취업준
비생, 은퇴자 등 다양하다. 책을 쓰면 다양한 기회를 만들 수 있
다는 것을 알기 때문이다. 책 쓰기로 자아실현을 하고자 하는 사
람들이 많아지고 있다는 뜻이다. 지금껏 200권에 가까운 책을 펴
내고 많은 이들에게 꿈과 희망을 심어 주는 강연을 하고 있는 나
역시 과거 무스펙이었다. 하지만 한 권 한 권 책을 써 왔고 그 과
정에서 작가, 강연가, 코치, 컨설턴트, 1인 창업가가 될 수 있었다.

나는 누구보다 책의 힘에 대해 잘 알고 있다. 내 이름으로 된

책을 한 권만 썼을 뿐인데 많은 곳에서 칼럼 요청과 강연 요청이 들어온다. 언론사와 방송에서는 인터뷰나 방송 출연을 요청하기도 한다. 내가 사람들에게 지금 당장 책을 쓰라고 강조하는 이유다.

나는 1만 5,000여 명의 회원들이 활동하고 있는 네이버 카페 〈한국 책쓰기 성공학 코칭협회(이하 한책협)〉를 운영해 오고 있다. 이곳에는 자신의 이름으로 된 책을 펴내 인생 2막을 준비하는 사람들로 가득 차 있다. 지금 이 시간에도 많은 사람들이 〈한책협〉에서 책 쓰기 프로세스를 배워 열심히 원고를 쓰고 있고 코치, 강연가, 컨설턴트가 되기 위해 노력하고 있다. 내가 진행하는 〈책 쓰기 과정〉을 통해 수백 명의 사람들이 작가, 강연가, 코치의 꿈을 이루었다. 이들은 작가뿐만 아니라 1인 창업가로 활동하면서 자신의 지식과 경험, 비결을 전하는 메신저로 살아가고 있다. 자신이 좋아하는 일을 하며 고수익까지 올리고 있는 것이다.

이들은 과거 적은 월급을 받으며 직장생활을 했다면 지금은 메신저로서 좋아하는 일을 하면서 큰 수입을 올리며 행복한 삶을 살고 있다. 지식과 경험, 노하우를 사람들에게 전수해 주고 그 대가를 돈으로 받고 있는 것이다. 〈한책협〉에서 진행하는 다양한 강좌를 통해 월수입이 수천만 원에서 수억 원으로 오른 사람들도 있다.

〈한책협〉을 만나 인생을 바꾼 수많은 이들 가운데 몇 명을 소개하겠다. 〈한책협〉에서 수석 책 쓰기 코치로 활동하고 있는 임원화 코치, 신성호 작가, 신상희 작가, 임동권 작가, 이선영 작가 등이 있다. 임원화 코치는《한 권으로 끝내는 책쓰기 특강》,《하루 10분 독서의 힘》,《스물아홉, 직장 밖으로 행군하다》 등의 책을 펴내고 〈한책협〉의 책 쓰기 코치뿐만 아니라 선국을 무대로 독서 코치, 책 쓰기 코치로 활동하고 있다. 생식전문회사에서 연구원으로 근무하고 있는 신성호 작가는《하루 한 끼 생식》을 펴내고 강연 등으로 바쁘게 보내고 있으며, 신상희 작가는《고객이 스스로 사게 하라》라는 책을 펴낸 뒤 '한국세일즈 디자인 코칭협회'를 운영하고 있다. 임동권 작가는《10년 안에 꼬마 빌딩 한 채 갖기》,《신축 경매로 꼬마 빌딩 한 채 갖기》를 펴낸 뒤 TV에 출연했는가 하면 코치, 컨설턴트, 강연가로 활동하고 있다. 치과에서 치위생사로 근무했던 이선영 작가는《1인 창업이 답이다》,《병원 매출 10배 올리는 절대 법칙》을 펴낸 뒤 작가, 코치, 강연가, 1인 창업가로 활동하고 있다. 이외에도 많은 사람들이 자신이 좋아하는 일을 하며 하루하루를 즐겁게 보내고 있다.

현재의 삶이 행복하지 않다면, 더 나은 나은 삶을 꿈꾼다면 만사 제치고 책부터 써내야 한다. 사람들이 자유로운 삶을 살고 싶어 하면서도 구속된 삶을 사는 이유는 직장생활에만 목숨 걸기 때문이다. 아무리 미친 듯이 일만 하더라도 직장생활에는 그 끝이 있게 마련이다. 특히 우리 같이 평범한 사람이 성공하고 부를 축적하려면 지식과 경험을 돈으로 바꾸는 기술을 배워야 한다.

언제 벼랑으로 내몰릴지 모르는 직장인이라면 먼저 책부터 써야 한다. 지금부터 시간과 노력을 들여 자신의 이름이 들어간 책을 펴내야 한다. 남은 인생은 개인 브랜딩을 어떻게 해내느냐에 달렸다.

다음은 내가 책을 써야 한다고 말하는 다섯 가지 이유다.

① 책은 최고의 소개서다

내 이름으로 된 책은 언론 인터뷰보다 더 파급력이 크다.

② 사회적 영향력이 크다

나의 스토리가 담긴 책을 출간하게 되면 사람들에게 나의 존재감을 드러낼 수 있다.

③ 전문가의 자격증이다

책을 펴내는 순간 자신의 분야에서 권위자, 전문가로 인정받게 된다.

④ 미래가 달라진다

책을 쓰는 일은 독서와는 또 다르다. 과거, 현재, 미래가 연결되어 가슴 뛰는 꿈이 생겨난다. 단 1분도 허투루 쓰지 않게 된다.

⑤ 사회에 공헌하는 일이다

대부분 어려운 사람들에게 물질적으로 도움을 주는 것을 사회에 공헌하는 일이라고 여긴다. 하지만 책을 펴내게 되면 자신의 지식과 경험, 인생의 깨달음, 노하우가 고스란히 책에 담기게 된다. 그런 책을 읽고 사람들은 지금 겪고 있는 시행착오에 대한 조언을 구할 수 있다. 나의 책을 읽은 누군가의 인생이 달라진다면 이 역시 사회에 공헌하는 일이다.

나는 이 책을 읽는 당신에게 지금 당장 책 쓰기에 도전하라고 말하고 싶다. 아무리 수천 권의 책을 읽어 봤자 인생은 달라지지 않는다. 인풋보다 아웃풋이 더 중요한 법이다. 책을 펴낸다면 이야기는 달라진다. 지식과 경험, 지혜, 비법을 담은 저서 한 권만 펴내도 많은 것들이 달라진다. 부모, 형제, 친척들, 친구들, 동료들이 알아서 인정해 준다. 나를 만나는 사람들이 나를 전문가로 인식하게 된다. 자연스레 강연, 코칭, 컨설팅의 기회가 찾아온다.

나는 〈한책협〉의 1만 5,000여 명의 회원들과 함께 대한민국 국민 모두가 책을 쓸 수 있도록 도울 것이다. 모두 자신의 삶이 담긴 위대한 작품을 남길 수 있도록 목숨 걸고 돕겠다. 그들이 세상에 태어난 소명을 깨닫고 후회 없는 삶을 살 수 있기를 바란다. 이 글을 읽는 독자들 모두 네이버 카페 〈한책협〉에 가입해 자신의 이름으로 된 책을 쓰기를 갈망한다.

김태광

02

나의 꿈을
스스로 만들어 가기

· 임원화 ·

〈임마이티 컴퍼니〉 대표, 마인드 모티베이터, 동기부여 강연가, 몰입독서 및 책 쓰기 코치, 1인 기업 멘토, 책 쓰는 간호사

모두의 잠재력을 깨우는 기업 〈임마이티 컴퍼니〉대표로 집필, 강연, 코칭, 컨설팅, 특강, 워크숍, 칼럼기고 등을 활발히 진행하고 있다. 지식과 경험을 나누는 메신저로 다양한 대중들과 소통하고 있으며, 책 쓰기를 기반으로 1인 기업가를 시작하는 이들의 멘토로 활약하고 있다. 저서로는 《하루 10분 독서의 힘》, 《한 권으로 끝내는 책쓰기 특강》 외 12권이 있다.

- · Email immighty@naver.com
- · Cafe www.immighty.co.kr
- · Blog www.dreamdrawing.co.kr
- · C·P 010.8330.2638

오랜만에 대형서점에 갔다. 긴 갈색 머리의 20대 여성이 베스트셀러 선반 칸을 바라보고 있었다. 고심하고 있는 뒷모습이 마치 5년 전의 내 모습 같았다. 그때 나는 남다른 의미로 책을 읽는 열렬한 독자였다. 3년 안에 책을 쓰겠다고 결심했던 20대 후반의 3년 차 직장인이기도 했다.

나는 중환자실 간호사로 대학병원에 입사해 일과 인간관계에서 많은 위기를 겪었다. 한때 '자살'을 생각할 정도로 상태가 심각했던 나는 살기 위해 '독서'를 선택했다. 3년간 출근 전, 퇴근 후,

쉬는 날에 서점을 밥 먹듯이 갔다. 하루에 단 10분이라도 나를 잃지 않기 위해 독서를 했다. 책을 읽으며 과거를 돌아보고 현재를 성찰하게 되었다. 고달픈 현재와는 다른 미래를 맞이하고 싶다는 생각이 간절했다. 나와 세상을 보는 관점이 달라졌고, 생각과 행동이 점차 긍정적으로 바뀌었다. 독서의 힘은 생각보다 컸고, 나의 이런 변화를 많은 사람들에게 알리고 싶었다.

'베스트셀러 선반에 내 책이 진열되어 있으면 얼마나 기쁠까?'

매번 서점에 갈 때마다 간절한 열망을 가졌다. 베스트셀러 순위에 올라가 있는 내 책을 생생하게 상상했다. 나는 '베스트셀러 작가'라고 습관처럼 자기암시를 했다. 결국 그 꿈은 오래지 않아 현실이 되었고, 나는 정말 베스트셀러 작가가 되었다. 이 간절한 꿈 하나가 이루어지면서 나의 인생은 드라마틱하게 바뀌었다.

인생의 첫 책을 인문 신간 코너에서 만났던 그 순간을 잊을 수 없다. 첫 책이 출간되었다는 소식에 집 근처 서점으로 한달음에 달려갔다. 대학병원 중환자실 간호사이자 병원 CS(고객만족) 강사였던 나는 삼교대 근무, 병원 강의, 원고 집필을 치열하게 병행했다. 약 1년 반 동안 4시간 이상 자 본 적 없이 고군분투했던 시간들이 떠올랐다. 그 노력의 결실인 첫 책을 마주하며 5분간 펑펑 울었다. 서점 직원이 무슨 일이 있냐고 놀라서 달려올 정도였다.

《하루 10분 독서의 힘》은 중환자실 간호사가 쓴 이색적인 독서법으로 주목받으며 반응이 뜨거웠다. 하루가 멀다 하고 독자들

임원화

의 메일이 쏟아졌고, 출간된 지 2주도 안 돼 2쇄를 찍었다. 언론 인터뷰가 이어졌고, 잠실과 강남 교보문고에서 저자강연회도 하게 되었다. 도서관을 비롯한 많은 곳에서 강연 요청이 왔다. 출간된 지 두 달 만에 강남 교보문고 베스트셀러 8위로 올라가 있는 내 분신을 만났다. 화려한 조명을 받으며 쟁쟁한 책들과 어깨를 나란히 하고 있는 내 책을 한참 동안 바라보았다. 가슴에 뜨거운 무언가가 일렁였다. 베스트셀러 선반 위의 1위 책을 바라보며 다음에는 저곳에 내 책을 올리겠다고 다짐했다.

3년 안에 내 이름이 적힌 책을 쓰겠다는 꿈, 나는 그 꿈을 종이에 적었고, 서점에 갈 때마다 베스트셀러 순위에 오른 내 책을 시각화했다. 그 꿈을 이루기 위해 지금의 조건에서 무엇부터 시작해야 할지 고민하고 결단하고 행동했다. 이 꿈은 성공의 씨앗이 되어 많은 결과를 가져다주었다.

현재 나는 12권의 책을 쓴 저자다. 올해 4권의 책이 더 출간된다. 30대에 책 100권의 저자가 될 것이고, 40대에 100권을 더 쓸 예정이다. 50세의 나에게 '200권의 저자'라는 타이틀을 선물할 것이며, 평생 책 쓰는 현역으로 죽을 때까지 책을 써 나갈 것이다.

책을 쓴 '저자'가 되면서 하나의 역할이 더 생겼다. 바로 '강연가'다. 책을 쓰면 추후에 강연 요청이 들어오고 대중 강연을 할 수 있겠다는 생각에 나는 만반의 준비를 했다. 중환자실 근무만으로도 힘든데, CS 강사로 쉬는 날에도 쉼 없이 강의 준비를 했다. 사무직 직원이 못 하게 된 강의를 자청해서 뛰기도 했고, 강의 후에 피곤한 몸을 이끌고 바로 밤 근무에 들어가기도 했다.

강연가가 되겠다는 명확한 꿈이 있었고, 치열한 노력이 더해졌기에 나는 책을 쓰고 전국을 무내로 강연을 다닐 수 있었다. 병원 직원들을 대상으로 강의하는 '강사'에서 대중들을 상대로 강연하는 '강연가'로 발돋움했다. 강연을 통해 많은 사람을 만나 소통할 수 있었고, 다양한 경험을 할 수 있었다. 병원 강의로 십만 원대 강의료를 받던 사람에서 현재는 수백만 원의 강연료를 받는 사람이 되었다. 강연가가 되겠다는 꿈은 어느새 당연한 일상이 되어 대중 강연을 비롯해 특강, 워크숍, 프로그램 등을 자체적으로 진행하고 있다.

나는 앞으로 더 크고 멋진 강연 무대에 설 것이다. 제주도에 있는 전망 좋은 호텔에서 강연을 할 것이고, 수백 명의 청중이 있는 백화점의 화려한 조명 아래에서 강연을 할 것이다. 더 나아가 내 이름을 건 '토크 콘서트'도 하고 TV 프로그램도 진행할 것이다. 현재 백만 원대 강연료를 이뤘으니 천만 원대 강연료를 받는 사람이 될 것이다. 최종적으로는 한국 최고의 동기부여 강연가로서 미국에 초청받아 갈 것이고, 1회 강연에 억대 강연료를 받는 명사가 될 것이다. 수천 명의 청중들의 박수를 받으며 재미와 감동이 있는 멋진 강연을 할 것이다.

임원화

책을 쓰면 자존감이 채워지고 자신감이 상승한다. 나는 첫 책을 계약한 후 용기를 내어 직장을 사직했다. 내 꿈에게 기회를 주고 싶어 안락하고 보장된 직장을 내려놓았다. 춥고 배고파지더라도 하고 싶은 일에 제대로 도전해 보고 싶었다. 더 이상 내 가슴이 시키는 일을 외면하지 않으리라 다짐하며 나답게 행복하기로 결심했다. 다행히 배수의 진을 치고 노력한 끝에 나는 자회사인 〈임마이티 컴퍼니〉를 설립했다. 직장인 연봉의 5배가 넘는 매출을 이루며 억대 수입의 1인 기업가가 되었다.

직장을 그만두고 딱 1년만이라도 내 꿈에 제대로 미쳐 보고 싶었다. 1인 기업가로 홀로 서는 것은 결코 쉽지 않은 일이었다. 많은 시행착오를 겪었고, 무수히 많은 밤을 새웠다. 많이 울었고, 많이 웃었다. 지금은 여러모로 환경도 좋아지고, 수입도 많아졌다. 모든 것이 처음이었던 때와 다르게 웬만한 일에 흔들리지 않을 정도의 내공도 생겼다.

하지만 좋아하던 일도 매일 반복되면 시간 안에 해내야 하는 일이 되어 부담으로 여겨지기도 한다. 가끔 연이은 스케줄로 쉴 틈 없이 바쁠 때는 너무 앞만 보고 달리고 있나, 라는 생각이 들기도 한다. 몸살이 나거나 몸이 아플 때는 이제 조금 천천히 가도 되지 않을까, 라는 생각도 한다. 예기치 못한 상황을 해결해야 하거나 인간관계 때문에 상처를 받을 때면 꼬박꼬박 월급을 받으며 주어진 대로 큰 변수 없이 살던 직장인 시절이 가끔 떠오르기도 한다. 꿈은 '사채'와 같아서 꾸는 건 쉽지만 그 뒤로는 힘들어진다는 하상욱 시인의 말처럼 꿈은 우리를 살아 있게 하지만 때로는 힘들게 훈련을 시키기도 한다.

그럴 때마다 나는 드림리스트와 비전선언문, 소명선언문, 보물지도를 다시 본다. 꿈, 비전, 소명을 구체적이고 명확하게 문서화하는 것은 정말 중요하다. 꿈이 이루어진 모습을 상상하는 시각화가 일상의 습관이 되어야 한다. 드림리스트를 다시 점검하고 보물지도를 업그레이드하면 가슴에 뜨거운 욕망과 열망이 다시 채워진다.

10년 안에 1층이 북 카페로 된 5층 정도의 센터를 설립하고, 회사 센터의 대강당 홀에서 나의 북 콘서트를 진행할 것이다. 이런 멋진 꿈이 있기에 나는 오늘도 내가 할 일에 충실하게 임한다. 1년 후, 3년 후, 5년 후의 모습을 그리며 내가 좋아하는 일을 잘하는 일로 만들고 있고, 지식자본을 기반으로 한 1인 창업 시스템을 형성하며 수입을 올리고 있다. 이 수입을 종잣돈으로 삼아 부를 형성할 수 있는 시스템까지 구축할 예정이다.

경제적인 자유를 이뤄야 내가 하고 싶은 일에 더 매진할 수 있다. 인생의 큰 그림인 소명도 이룰 수 있다. 최종적으로는 500억 원의 자산을 가진 사업가 및 투자자로 성공해 멋진 센터를 설립하고 회사를 키울 것이다. 재단을 설립해 기부나 후원 등 좋은 일도 앞장서서 할 것이다.

꿈은 주어지는 것이 아니라 만들어 가는 것이다. 생각과 행동이 그 꿈에 가까워지면 기회를 잡고 적극적으로 행동하게 되며 하나씩 결과로 이어진다. 그 결과들이 차곡차곡 쌓이면 과정이 된다. 과정이 있어야 결과도 있다. 성장이 모이고 모여 성공의 씨앗이 되고, 꿈과 하나가 되는 성공한 인생이 된다. 나는 오늘도 치열한 '꿈쟁이'로 하루를 산다. 내일은 과연 무슨 일이 있을까, 나의 1년 뒤는 또 어떻게 달라질까 궁금하다. 꼭 이루고 싶은 나의 꿈을 종이에 적는 것부터 시작하자. 그러고는 꿈이 이루어진 듯 당연하게 외쳐 보자. 충만한 기대감과 희망으로 하루하루를 충실히 보낼 때 꿈은 비로소 우리와 하나가 될 것이다.

＊

가족과 함께하는
초록빛 행복 만들기

· 윤영숙 ·

'(주)가자제주렌트카' 이사, 자기계발 작가

결혼 후 16년째 남편과 함께 렌터카 회사를 운영 중이다. 내 일(job) 속에 내일(tomorrow)이 있다고 믿으며 항상 목표를 세우고 꿈을 향해 노력하는 슈퍼우먼이다. 일과 진정한 휴식이 있는 생활을 위해 오늘도 열심히 일하고 있다. 책을 통해 마음의 안식과 위안을 찾는 독서 사랑꾼이다. 현재 개인저서를 준비 중이다.

· Email tazoumma@naver.com   · Blog blog.naver.com/tazoumma

"와우! 굿 샷! 너 정말 몇 달 만에 공 치러 온 거 맞아? 혹시 어제 우리 몰래 여기 답사 왔었던 거 아냐?"

"그러게요, 언니. 마음을 비웠더니 공이 알아서 가는데요?"

오랜만에 라운딩 첫 홀에서 드라이버를 멋지게 날리고 돌아서는데 동반자들의 굿 샷 함성과 A 언니의 과장된 환호에 더욱 기분이 좋아졌다.

정말 얼마 만에 밟아 보는 잔디인지 모른다. 지인들이 같이 골프를 치러 가자고 해도 매번 바빠서 못 간다며 거절만 하다 보니 나는 당연히 시간이 없는 사람으로 주위에 인식되어서 기회가 있어도 나를 불러 주지 않았다.

제주도는 골프를 치고 배우기에 최적의 환경을 갖추고 있다. 수도권처럼 골프를 치기 위해 하루 종일 모든 스케줄을 비워야 하는 것도 아니고 비용 또한 저렴한 편이라 마음만 먹으면 쉽게 다가갈 수 있다. 그럼에도 불구하고 나는 한 달에 한 번 가는 것도 남편의 눈치를 보고 허락을 받아야 하는 상황에 짜증이 나서 언니들의 제의를 거의 거절하게 되었다. 그런데도 같은 업계에 있는 A 언니는 항상 나를 챙겨 주었다.

"영숙아, 그렇게 회사에 앉아서 일만 하지 말고 바람 좀 쐬고 오자. 오전에 일찍 가서 점심 먹고 들어와 일하면 되잖아. 너도 공 좀 치면서 숨 쉬고 살아야 될 거 아니니?"

그렇게 아침 일찍 한라산CC로 향했고 라운딩 내내 즐겁게 웃고 떠들며 그동안 쌓인 스트레스를 날아가는 골프공과 함께 저 멀리 날려 보낼 수 있었다.

매해마다 연초가 되면 한 해의 계획을 세우게 된다. 몇 년째 내 계획에서 빠지지 않는 단골 메뉴는 독서와 외국어 공부를 통한 자기계발, 운동을 통한 다이어트, 재테크, 그리고 홀인원이다. 하지만 한 해를 마무리할 시점이 되면 나는 1년 동안 이루어 낸 것도, 지켜 낸 것도 하나 없이 늘어 가는 뱃살과 줄어드는 통장

잔고, 그리고 한 살 더 늘어난 나이에 처량하게 한숨만 내쉬었다.

나는 제주도에서 남편과 16년째 렌터카 회사를 운영하고 있다. 아들 출산을 앞두고 있을 때 남편이 독립적으로 회사를 운영해 보겠다면서 시작한 것이 오늘까지 이어지게 되었다. 큰 자본이 없 있던 우리는 어렵게 사업을 시작했고 사업을 시작하면서 겪을 수 있는 모든 어려움을 겪고 극복하기도 하면서 정말 열심히 일해 왔다.

그렇게 열심히 일했으면 경제적으로라도 여유가 있어야 하는 데 생활비, 회사 운영비, 대출금 이자, 교육비 등 하루도 돈 걱정 없이 지내는 날이 없었다. 차라리 일반 직장인이었더라면 꼬박꼬 박 나오는 월급을 희망으로 살아갈 텐데 하는 생각이 들기도 했 다. 매일 회사 일에, 집안일에 아이들 돌보기까지 몸이 2개였으면 좋겠다는 생각을 항상 했다.

사업적으로도 '처음에 시작할 때만 해도 괜찮았는데…', '작년 만 해도 이러진 않았는데…' 하며 미래지향적이기보다 과거를 그 리워하고 있는 나 자신을 발견하곤 했다. 동종업계 사장님들의 현 실을 보면서 다른 돌파구를 찾아야 한다는 생각을 하면서도 한 편으로는 그날그날의 일에 치여서 눈뜨면 회사로 출근하고 일이 끝나면 다시 집으로 출근하는 생활을 반복하고 있었다.

어려서부터 넉넉지 않은 환경에서 자라 오면서 나는 항상 경 제적·시간적 여유가 있는 삶을 꿈꿔 왔다. 그러나 현실은 항상 돈 과 시간에 쫓기며 정신없이 살고 있었다.

퇴근 후에도 늦게까지 공부하는 아이를 데려오고 나면 나에게 주어진 시간은 얼마 되지 않았다. 나는 그 시간을 주로 책을 읽으며 보냈다. 그나마 1년의 계획 중에서 열심히 실천하려고 노력했던 것은 책 읽기가 아니었나 싶다. 책을 읽으면서 나만 힘든 것이 아니구나, 다른 사람들도 힘들게 살고 있고 슬기롭게 극복해 나가고 있구나 하는 것을 알게 되었다. 책을 통해 위안을 얻으면서 나름대로 마음의 평화를 얻게 되었다.

나도 내 이름으로 된 책을 한 권 쓰고 싶다는 생각은 아주 오래전부터 해 왔었다. 그러나 그건 마음속 깊은 곳에 갇혀 있는 막연한 꿈이었을 뿐 어떻게 해야 하는지도 몰랐고 스스로 나는 책을 쓸 자격이 없다고 생각했다. 하지만 책을 읽다가 발견한 다음과 같은 문장들은 내가 이제까지 가져 왔던 작가에 대한 인식을 바꾸어 주었다.

'전문가가 책을 쓰는 것이 아니다. 책을 쓰면 전문가가 되는 것이다.'

'성공한 사람이 책을 쓰는 것이 아니다. 책을 쓰면 성공한 사람이 되는 것이다.'

'똑똑한 사람이 책을 쓰는 것이 아니다. 책을 쓰면 똑똑한 사람이 되는 것이다.'

그 후로 나는 책 쓰기를 통해 새로운 인생을 살고 있는 사람들의 자기계발서와 스토리를 찾아보며 나도 할 수 있다는 생각을 가지게 되었다. 그리고 〈한책협〉이라는 카페를 통해 꿈을 공유하며 실제로 치열하게 노력하고 있는 많은 사람들을 알게 되었다. 나는 나의 꿈을 향한 첫걸음으로 겁 없이 공저에 도전하게 되었다. 이번 기회를 통해 나의 꿈, 나의 비전을 알림으로써 스스로에게 주문을 걸고자 한다.

행복한 가정을 유지하면서 나 자신의 꿈을 이루기 위한 노력을 게을리하지 않을 것이다. 그래서 3년 후의 나의 모습, 5년 후의 나의 모습을 생생하게 그리면서 어제 같은 오늘을 사는 것이 아니라 어제보다 나은 오늘, 오늘보다 더 가슴 설레는 내일을 맞이할 것이다.

40대가 되니 가족의 소중함에 대해서 많은 생각을 하게 된다. 정말 행복한 가정을 이루고 아름다운 추억을 만들어 아이들에게 좋은 부모의 모습을 보여 주고 싶다. 그동안 일에 쫓기며 살다 보니 온 가족이 함께한 추억이 거의 없다. 항상 엄마나 아빠가 빠져 있는 그림이다. 주로 아빠가 함께하지 못한 경우가 많아서 아쉬움이 크다. 경제적인 안정을 통해 가족들과 같이하는 시간을 확보하는 것 역시 나의 꿈이다.

나는 매일 바쁘다, 시간이 없다는 소리를 입에 달고 살았다. 아이들이 뭔가를 같이 하자고 해도 "엄마 바빠. 다음에 하자. 다음에 해 줄게."라고 하면서 기약 없이 미루고는 했다.

지금 고등학교 2학년이 된 딸이 중학교 2학년 때 했던 말이 생각난다. 그날도 딸은 엄마와 어딘가를 가고 싶은지 퇴근한 나를 붙잡고 같이 가자고 했는데 나는 너무나 피곤한 나머지 "다음에 가자, 지금은 엄마가 너무 바빠."라고 했다. 그러자 딸은 "다음에 언제? 엄마는 맨날 시간이 없다고만 하면서! 엄마가 시간이 없는 건 돈이 없기 때문이야!"라고 말하며 방문을 쾅 닫고 들어가 버렸다. 맞는 말이었다. 나는 시간만 없는 것이 아니라 돈도 없었다. 애써 외면하고 싶었던 진실이었는지 모른다. 그런데 아이로부터 진실을 듣게 된 순간 뒤통수를 세게 얻어맞은 듯한 느낌이었다.

나는 항상 경제적·시간적 자유를 꿈꿔 왔지만 어떻게 그것이 가능한지는 알지 못했다. 그래서 경제적 여유까지는 바라지도 않으니 차라리 시간적 여유만이라도 있기를 바랐다. 하지만 나의 삶은 그렇게 되지 않았다. 내가 열심히 하지 않았기 때문이 아니다. 방법을 몰랐고 그냥 무식하게 열심히만 했기 때문이다. 이제 서행 차선이 아닌 '부의 추월차선'으로 진입해서 나의 일을 스스로 컨트롤하고 경제적·시간적 자유를 누릴 수 있는 삶을 살 것이다.

큰아이가 고등학생이 되고 열심히 공부하는 모습을 보니 다시 새로운 꿈이 생겼다. 아이가 서울로 대학을 가게 되면 학교 기숙사에 들이지 않고 마음 편히 쉬고 공부하면서 자신이 하고 싶은 것을 할 수 있도록 안전하고 시설이 잘된 보금자리를 마련하는 것이다. 그래야 가족들도 더욱 자주 가서 아이를 볼 수 있고 같이 시간을 보낼 수 있을 테니까. 서울의 많은 사람들이 제주도에 세 컨드 하우스를 가지고 있는 것처럼 나도 서울의 세컨드 하우스를 베이스캠프 삼아 전국을 누비며 나의 인생 2막의 꿈을 펼칠 것이다.

작가는 이제 죄소한의 꿈이다. 작가의 실을 발판으로 더 높은 꿈을 향해 나아갈 것이다.

3년 후, 화창한 일요일 오전. 공부에 지친 아들을 데리고 우리 가족 4명이 함께 골프장에 와 있다. 이제는 아이들의 실력이 엄마 아빠보다 월등하다. "나이스 샷!" 아들의 호쾌한 드라이버 샷에 감탄하며 우리 가족은 오늘도 초록빛 행복을 만들어 간다.

책을 쓰고 성장하는
여자들의 멘토 되기

· 최 헌 ·

'감정코칭연구소' 대표, 심리분석 상담사, 에니어그램 강사, 직장인 감정코칭 전문가, 자기계발 작가, 강연가

경쟁에서 이기는 것만을 목표로 앞만 보며 달려가다가 몸과 마음의 아픔을 겪으면서 '내 안의 진짜 내 모습'을 들여다보게 되었다. 이를 계기로 '감정코칭연구소'를 세우고 도움이 필요한 이들에게 그간의 깨달음을 나누는 '감정 읽어 주는 여자'로 활동 중이다. 감정과 관련한 개인저서가 출간될 예정이다.

· Email womentor@naver.com   · Blog blog.naver.com/project_choi
· Cafe www.iamness.co.kr

　　작년 말, 한 해가 가기 전 대청소를 하던 중이었다. 책장 구석 구석을 차지한 지난 다이어리며 노트들이 눈에 들어왔다. 다 꺼내 보니 한 무더기다. '이번 기회에 싹 다 버려야지.'라는 굳은 각오로 상자 안에 담기 시작하는데, 눈에 띄는 노트 한 권이 있었다. 겉 모습은 별 특징 없는 노란색 표지의 스프링 노트였다. 다이어리도 아니고 영어 단어장도 아닌, 제목도 없는 싸구려 노트.

　　'내가 이런 걸 왜 가지고 있었지?' 싶었지만 알 수 없는 무언가에 이끌려 노트의 첫 페이지를 펴 보았고, 그만 나는 주저앉고 말

왔다. '내가 꼭 하고 싶은 것'이라는 제목 아래 1번부터 10번까지 한 줄 한 줄 꾹꾹 눌러쓴 나의 글씨가 보였기 때문이다. 날짜를 보니 2008년이다. 10년 전 나는 무엇을 그렇게도 꼭 하고 싶었던 것일까.

10년 전, 서른 살이었던 나는 대학원에서 마케팅을 전공하고 이제 막 마케팅 리서처가 된 참이었다. 국내외 유명 브랜드의 요청을 받아 제품과 서비스에 대한 다양한 소비자 조사를 벌이기도 하고, 해외 조사를 위해 연중 수시로 출장도 다녔다. 때와 장소를 가리지 않고 클라이언트와의 협의에 나섰고, 당장 오늘 밤에 무슨 일이 생길지 몰라 친구와 저녁 약속 하나 잡기도 어려웠다. 엄격한 보안을 유지해야 하는 출시 전 제품을 다루는 일에는 작은 실수도 용납되지 않았다. 게다가 숫자를 최우선으로 여기는 외국계 기업의 특성상, 최상의 실적을 위해서는 빈틈없는 관리도 필수였다.

그렇게 마케팅 리서처로 일한 지난 10년, 한시도 긴장을 늦출 수 없는 삶이었지만, 그래도 별일 없이 보냈다. 인정받는 마케팅 리서처, 부장, 팀장으로서 어찌 보면 지극히 평범하고 평화로운 날 날들을 보냈다.

하지만 결혼 후 예상치 못한 임신과 출산 그리고 육아는 달랐다. 모성애는 둘째 치고, 생전 처음 맡은 생명에 대한 책임감에 어

쩔 줄 몰랐다. 그야말로 생전 없던 '별일'이 다 생긴 것이다. 15년
간의 직장생활을 거쳐 서른여덟에 결혼, 서른아홉에 출산을 했다.
이후 1년간 육아휴직을 하며 나는 마흔이 되었다.

육아휴직의 가장 좋은 점은 원하든 원하지 않든 진짜 '나'를
만나게 된다는 것이다. 회사나 타인이 이름 붙여 준 역할이 모두
사라진 자연 그대로의 '나' 말이다. 나는 오랜만에 만난 '나'에게
끊임없이 질문을 던지기 시작했다. '그동안 잘 지냈니?', '재밌는
일 없었어?', '뭐가 그렇게 힘드니?', '울지 말고 얘기 좀 해 줄래?'
등등 출산과 육아에 갇혀 있다고 스스로 선을 긋고 답답해하던
나는 그렇게 '나'와의 대화를 시작했다.

그런데 어느 날, 일상을 주로 묻던 '나'의 질문이 달라졌다. '결
혼도 했고, 아기도 낳았고, 이제 끝이야? 이루고 싶은 꿈 같은 건
없어?' 꿈이라니, 몇 달 전 남편이 '버킷리스트'가 뭐냐고 물었을
때 얼버무리며 넘겨 버린 그것 말인가? 분명 있었던 것 같은데 기
억이 잘 나질 않았다. 그렇게 밥을 먹을 때도 아기를 안고 있을 때
도 자꾸만 그 한마디가 맴돌았다. 그리고 마침 연말을 맞아 대청
소를 하며 어지러운 마음도 함께 정리해 보려는데, 바로 그 노란
색 노트를 만난 것이다.

그때의 '내가 꼭 하고 싶은 것 10가지'는 건강 관리부터 시작
해서 업무 능력 향상 같은 것들을 거쳐 여행과 재테크, 미래의 배

우자 등으로 향해 있었다. 그리고 마지막 10번이 바로 '3권의 책 쓰기'였다. 지금 생각해 보면 왜 1권도, 100권도 아닌 3권인가 싶지만, 그때는 그랬다. '나 자신의 개인적인 경험을 담은' 한 권, '업무에 대한 전문성을 축적한' 한 권, '신앙 경험과 관련된' 한 권을 합친 3권이있다. 그렇게 나의 꿈은 '책 쓰기'로 내미를 장식하고 있었던 것이다. 맞다! 책 쓰기. 왜 그걸 잊고 있었던 건가. 안 그래도 전쟁 같은 육아 중 조금의 시간이라도 생기면 책으로 숨통을 틔우던 중이었다. 누가 시킨 것도 아닌데 없는 시간을 쪼개어 하루 두세 권씩 몰아치듯 책을 읽었다. 그러면서도 책을 쓰겠다는 내 꿈은 왜 잊고 있었던가.

꿈을 다시 발견한 후 나의 일상은 완전히 달라졌다. 물론 여전히 열심히 육아하고 운동하고 책을 읽지만, 행동하는 삶을 위한 '진짜 배움'이 시작된 것이다. 나만의 목표가 있고, 성과가 있는 적극적인 배움이다. 그렇게 '진짜 배움을 위한 책 읽기'를 하면서 한 권의 책이 얼마나 강력한 역할을 하는지 새삼 깨닫는다. 정말 필요한 책 한 권을 읽으면 새로운 눈과 마음이 열려 더 큰 배움과 실행을 끌어당긴다. 생각을 움직이고 몸을 쓰고 행동하게 한다. 결국 나를 더 넓은 세상으로 이끌어 내는 것이다.

이제 나는 더 이상 평범한 구성원으로만 살지 않기로 했다. 내가 잘될수록 그 영향력이 더 넓게 퍼져 나가는, 존재감 있는 삶을 살 것이다. 특히 나와 같이 배우고 성장하기를 열망하는 여자, 주변에 휩쓸리지 않고 자신만의 분야를 찾아 가는 여자, 멈추어 있지 않고 행동하는 엄마를 위해 나의 지식과 경험을 기꺼이 나눌 것이다. 그래서 여자로, 엄마로 평생 승리하는 길을 계속 열어 나갈 것이다.

그래서 이제 나의 '꼭 이루어지는 꿈 목록' 1순위는 '책 쓰기'다. 내가 책으로 삶을 바꾸었듯 나의 책으로 누군가의 삶도 바꿀 수 있기를 꿈꾼다. 다음 책은 나와 같은 여자들의 인생을 변화시키는 진짜 배움에 관한 이야기다. 가정과 회사를 넘어 평생 탁월하게 살아가는 방법에 대해 계속해서 써 나갈 것이다. 10년 전에는 평생 3권이라고 했지만, 이제 이 책을 포함해 1년 이내에 3권의 책이 나올 것이다. 나의 꿈은 더 이상 낡은 노트의 글자로 끝나지 않을 것이다.

이렇게 나의 책은 결혼과 육아로 존재감 없이 사라져 가던 여자들, 엄마들이 당당히 세상의 중심으로 돌아올 수 있도록 힘을 실어 줄 것이다. 나는 "나도 힘들었어." 하며 위로를 해 주는 사람에서 "우리는 할 수 있다!"라고 함께 선포하고 나아갈 수 있는 '에너지 멘토'가 될 것이다. 오늘도 어디선가 혼자 고민하고 포기할까 망설이는 이들을 일으켜 세우는 자 말이다.

얼마 전 개설한 '엄마경영연구소' 블로그도 이를 위한 작은 시작이다. 자신과 가정을 멋지게 경영하는 여자, 엄마의 이야기로 풍성하게 채워질 모습이 그려진다. 이 또한 책과 함께 긍정적인 영향력을 널리 전파할 나의 또 다른 분신이다.

10년 전 노란색 노트에 적어 둔 '책 쓰기'는 더 이상 낡은 꿈이 아니다. 이세 생생한 현실이다. 나의 인생은 책 쓰기로 다시 시작될 것이다. 육아와 반복되는 회사 업무로 그저 그렇게 사라져 갈 뻔했던 삶을 거부하고 '특별한 삶을 향해' 나아간다. 앞으로 나의 삶은 한 권 한 권의 책이 되어 내 인생에 또 다른 기회를 열어 줄 것이다. 이것이 새로운 10년의 시작이고, '자유로운 나'의 시작이다.

올해가 가기 전 선하고 강한 영향력을 끼치게 될 나의 분신, 나의 책들이 세상에 나올 것이다. 나만의 목소리를 내고, 여자의 목소리, 엄마의 목소리를 거침없이 들려줄 것이다. 나를 통해 또 다른 누군가 용기를 내어 행동하도록 아낌없이 도울 것이다. 작아도 반짝반짝 가치를 발하는, 보석과 같이 평생 빛나는 여자로 살 것이다.

최 헌

존경받는 의사, 병원 근무자, 병원 만들기

· 이승열 ·

'리스펙트' 대표, 병원 경영실장, 병원 경영 코치, 대한민국 1호 병원코디네이터, 서울대학교 보건대학원 최고위과정, 공인중개사, 자기계발 작가, 강연가

대한민국 1호 병원코디네이터이자 병원 경영실장으로 15년간 근무했다. '우리가 돕는 병원을 통해 대한민국 건강수명을 늘린다.'라는 사명을 가지고 '리스펙트'를 운영하고 있다. 존경하는 의사, 병원 관계자들과 존경받는 병원을 만들기 위해 노력하고 있다. 저서로는 《되고 싶고 하고 싶고 갖고 싶은 47가지》, 《성공하는 병원의 7가지 비밀》이 있다.

- Email lager98@naver.com
- Cafe respectyou.co.kr
- Instagram lager98
- Facebook lager98

"당신에게 성공은 무엇입니까?"

삶의 목적을 확인하기 위해 내가 나의 고객인 의사에게 꼭 하는 질문이다. 보통 성공이란 돈과 시간에서의 자유를 의미한다. 그러나 많은 사람들이 돈을 많이 버는 것에 거부감을 갖고 있다. 오랫동안 자신에게 각인된 돈에 대한 나쁜 선입견 때문이다. 하지만 돈에 거부감이 있는 사람도 인정하는 높은 차원의 성공 기준이 있다. 바로 존경이다.

지금 의료계의 상황으로서는 돈은 차치하고라도 시간적인 여유조차 없는 많은 의사들에게 존경은 멀게만 느껴지는 꿈일 수도 있다. 하지만 그것이야말로 모든 의사들이 꼭 이루고 싶은 삶의 목표다. 재미있는 것은 존경받는 원장이 되면 돈도 많이 벌고 시간적 여유도 생긴다는 것이다. 그 이유는 일반 사업과 달리 사람을 직접 상대하는 직업 특성상 진료를 살하고 많이 할수록 가격도 높일 수 있고 더 많은 환자들이 원장과 그 병원을 찾기 때문이다.

그러나 대부분의 원장들은 주변 의료기관과의 경쟁, 법적·제도적 규제, 고객들의 높아진 눈높이에 따른 다양해진 요구로 인해 이전에는 경험하지 못한 경영상의 어려움을 겪고 있다. 원장들은 자신이 좋아하는 진료만 하고 싶다고 토로하지만 시대적 환경이 진료만 할 수 없게 만드는 것이다.

존경받는 병원 만들기를 직업적 비전으로 삼고 있는 나는 원장을 포함한 병원 구성원들이 이제는 경영에도 관심을 가져야 한다고 생각한다. 다행히도 요즘은 진료 이외에 경영과 관련된 세미나 혹은 강연 등도 다양하게 진행되고 있다. 다만 아쉬운 것은 의사들을 돕는 경영 컨설턴트, 코치가 의사들을 진심으로 이해하면서 돕지 못한다는 것이다. 수술이나 진료하는 순간마다 사람의 생명에 관한 사항을 혼자 결정하고 책임져야 하는 역할은 쉽게 공감할 수 없는 부분이다. 그래서 나는 의사를 이해하는 컨설턴트, 코치가 되어야 병원과 원장을 제대로 도울 수 있다고 믿는다. 그러기 위해선 의사라는 직업에 대한 이해, 관심, 배려가 있어야 한다. 두고두고 새겨야 할 대목이다.

존경받는 의사가 되기 위해서는 반드시 필요한 요소가 있다. 바로 사람을 존중해야 한다는 것이다. 구체적으로는 직원과 환자 고객을 존중하는 것이다. 병원 성공의 요건은 결국 사람이다. 대부분의 의사는 환자가 있어야 가치가 창출된다는 부분은 쉽게 이해한다. 하지만 내가 말하고 싶은 것은 직원에 대한 부분이다.

얼마 전 한 병원 원장과 구인 요청에 관해 통화하게 되었다. 병원 홈페이지, 블로그를 포함한 온라인 마케팅 업무부터 병원의 경영 전반과 자신의 비서 역할을 해 줄 수 있는 사람을 추천해 달라는 요구였다. 나는 구직자에 대한 대우는 어느 정도 생각하는지 물었다. 그러나 원장은 그 부분에 대해 아직까지 구체적으로 생각하지 않고 있었다. 그다지 높은 대우를 생각하고 있지 않은 듯했다.

정리하자면 원장이 원하는 수준은 일반 중소기업의 차장이나 대기업의 과장 이상의 커리어를 가져야 감당할 수 있는 업무다. 그런데 그런 사람이 높은 급여와 복리후생이 좋은 기업을 포기하고 쉽게 병원에 취업하려 할까? 특히 일반 직장에서는 자신의 업무만 하면 되는데 병원이라는 낯선 환경에 자신의 인생을 투자할 사람을 찾기란 쉽지 않다. 실제 병원 경영지원 업무를 하는 사람이 많지 않은 현실적인 이유다.

가끔 원장의 가족이나 친인척이 병원 경영을 돕고자 앞서 말한 원장이 원하는 형태로 근무하는 것을 보기도 하지만 이것은 특수한 경우다. 병원에서 원하는 인재라면 그에 따르는 투자를 해야 하는 것이다. 하지만 지금 병원의 형편상 어려운 것이 사실이다. 나는 현실적인 대안으로 원장 스스로 경영 능력을 향상시키고 병원의 수간호사, 상담실장 등 중간관리자들의 경영 업무 능력을 키워야 한다고 생각한다.

  이것이 중요한 이유는 병원이 성장해 경영지원을 담당하는 직원을 채용하더라도 앞서 말한 핵심인력의 경영 역량이 뒷받침되어야 병원의 장기적인 성장이 가능하기 때문이다. 성공한 병원에서는 원장과 중간관리자가 경영을 꿰뚫고 있다. 그러나 병원에서 의료 관련 업무 이외에 경영을 배운다는 것은 매우 힘든 일이다. 기존에 자신에게 주어진 업무 이외에 오랜 시간과 노력을 투자해야 하는 일이기 때문이다. 하지만 원장을 비롯한 병원 근무자가 경영을 배우는 것은 앞으로 더욱 중요해질 것이다.

  얼마 전에는 병원 신입 직원 채용과 관련해 인근 대학교의 보건의료학과 교수와 만남을 가졌다. 그 자리에서 예전에 비해 요즘 보건의료학과 졸업생의 취업만족도가 낮아졌다는 말을 들었다. 내가 근무하고 있는 병원을 포함해 많은 병원이 구인난에 시달리고 있는 상황에서 무슨 이야기인가 하고 들어 봤더니 핵심은 초임이 너무 낮다는 것이었다. 물론 예전보다 절대적인 급여는 올랐지만 일반 기업에 비해 상대적으로 급여 수준이 낮아졌다는 말을 듣고는 이해가 되었다.

구인을 원하는 병원과 구직을 원하는 직원 사이에 딜레마가 존재하는 상황이다. 결국 병원 입장에선 급여를 많이 주더라도 능력 있는 직원을 찾게 되고, 직원 입장에서는 자신을 소모하지 않고 커리어를 제대로 쌓을 수 있는 좋은 직장을 찾게 되는 것이 현실이다. 이런 상황에 대비하는 것은 비단 인사 업무뿐만 아니라 병원의 경영전략, 마케팅, 재무 업무 등 경영 전반에 있어서 필요한 업무가 되었다. 하지만 많은 병원에서는 이러한 업무를 시키는 오너나 실행하는 직원 모두에게 배우고 훈련할 수 있는 기회가 주어지지 않는다.

나는 이러한 어려움을 갖고 있는 원장이나 직원 혹은 나와 같이 병원 경영을 제대로 돕고 싶어 하는 사람들을 돕고 싶다. 내가 배운 지식과 경험한 것들이 그들에게는 큰 가치가 있다. 그래서 원장과 병원이 직원과 환자고객에게 존경받는 존재가 되기를 바란다. 그것이 궁극적으로 나와 우리 사회 모두에 이롭기 때문이다. 지금 우리나라 의료계는 '대한민국 국민들이 어떻게 하면 건강하게 오래 살 수 있을까?'라는 물음에 답해야 할 시기다. 정부 차원의 보건의료 정책이나 사회 전반의 관심과 배려도 필요하지만 나는 의료계 스스로가 변할 수 있는 좋은 기회라고 생각한다.

스피치&보컬 트레이너로서
동기부여 메신저 되기

· 이다정 ·

스피치&보컬 전문가, 긍정메신저, 동기부여가

현재 앙상블 보컬의 메인 트레이너로 근무하며 보컬 트레이닝, 목소리 교정, 스피치를 함께 지도하고 있다. 많은 이들이 노래로 즐거움을 찾고 목소리 교정을 통해 자신감을 얻을 수 있도록 멘토링하고 있다. 긍정적인 마인드와 자기계발을 통해 활력 있는 삶을 살 수 있도록 돕는 메신저의 삶을 지향한다.

· Email leedajung52@naver.com　　· Blog blog.naver.com/lsj83122

고3 졸업 이후부터 나는 참 다양한 일을 했다. 이력서 2장이 넘칠 정도로 많은 경력을 갖고 있다. 많은 경험을 통해 세상을 알아 가고 싶었고, 어떤 직업이 나에게 맞는지 찾고 싶었다. 전단지 배포, 홀 서빙, 상담전화, 마트 캐셔, 마트 시음행사, 제과점 아르바이트 등 다양한 일을 하며 배운 점도 많았다.

다양한 일을 하며 서비스 교육도 많이 받았고, 일을 해 나가는 방법 또한 배우게 되었다. 어리숙하고 자신감이 없어 실수도 잦았지만, 그 속에서 배워 가는 부분들이 있었다. 그러나 매 순간을 열심히 성실하게 살아도 어떤 일을 하든 빨리 지쳤고 한 가지 일을 오래 하기 힘들었다.

난 백제예술대학교에서 보컬을 전공했다. 어릴 적부터 한 가지 꿈, 가수만 생각하고 달려왔다. 하지만 대학 입학 후 첫 오리엔테이션 때 나는 좌절했다. 한 명씩 나와서 자기소개와 노래를 하는 시간이었다. 다양한 지역에서 모인 사람들은 다들 노래를 잘했다. 내가 너무 작아졌다. 자신감도 없어지고 두려웠다. 다들 잘하는데 나만 못한다고 생각했다. 마지막쯤 내 차례가 다가왔는데 이미 내 얼굴은 하얗게 질려 있었다. 자신감이 없어 남들 앞에 서기가 두려웠던 것이다. 내 얼굴을 본 선배는 어디 아프냐고 물었고, 나는 덕분에 자리를 빠져나올 수 있었다. 이후 대학 졸업은커녕 자퇴를 생각하고 있었다.

대학교의 방학이 시작되었고, 난 고3 때 다녔던 학원에 다시 등록했다. 방학이라 다른 사람들은 놀 것이라는 생각이 들었기 때문이다. 남들 놀 때 나는 연습해야겠다고 생각했다. 열심히 연습한 후 개학이 찾아왔다. 첫 수업을 받는데, 교수님이 말했다. "노래가 많이 늘었네. 어떻게 이렇게 많이 늘었니?" 나는 신이 나 말했다. "방학이라 남들이 놀 것 같아서 저는 그 시간에 더 연습해야겠다고 생각했어요." 교수님께 기특하다는 칭찬을 듣고 정말 기분이 날아갈 것 같았다. 이후 나에게 변화가 생겼다. 모든 일에 열정과 노력을 기울이게 된 것이었다.

다양한 아르바이트는 진득하게 오래 하지 못했지만, 노래를 하면서 열정이 생겨났다. 처음으로 마음이 뛰었다. 칭찬을 받고 힘을 얻었다. 그 뒤론 정말 열심히 하는 사람이 되었다. 남 앞에서 자신감이 없고 자존감이 낮았던 내가 노력하면 달라질 수 있다는 것을 배운 것이다. 내 인생은 달라졌다. 대학교 성적도 잘 나왔고, 장학금을 받으며 학교를 다녔다. 공연할 때면 메인으로 무대에 서는 일이 잦아졌다. 노래할 수 있는 기회도 많이 얻었다. 그렇게 나는 경험을 쌓고 졸업을 했다.

하지만 졸업 후 시련이 찾아왔다. 직업을 가져야 하는데 마땅히 할 수 있는 것이 없었다. 보컬 트레이너는 프리랜서로 활동해야 해서 수입이 적고 일정치 않았기 때문에 생활이 어려웠다. 앞으로 무엇을 해야 할지 막막했다. 보통은 고등학교 때 하는 고민을 나는 대학교 졸업 후 스물네 살에 하게 되니 혼란스러웠다. 한 가지만 바라보고 오느라 뒤의 일을 생각하지 못했던 탓이다.

다시 다른 일을 찾아야 했다. 나이가 있어 아르바이트를 할 수 없다고 생각해 면접을 보며 직장을 찾기 시작했다. 그렇게 대학교 병원 안내 데스크와 스포츠센터 안내 데스크에서 일했다. 어릴 때는 사회경험을 많이 하고 싶어 닥치는 대로 알바를 했지만, 스물네 살의 나는 직업을 찾아야 했기에 마음이 어릴 때와는 달리

무거웠다. 안정적으로 월급을 받을 수 있는 직장을 찾아야 했다.

안내 데스크 일은 내가 했었던 일이 아닌지라 몇 배는 더 노력해야 했다. 공부하듯 며칠을 할애해 일을 숙지했다. 사실 업무도 힘들었지만 가장 큰 문제는 인간관계였다. 일은 내가 견디고 배워나가면 되었다. 하지만 인간관계는 내가 어찌할 수 있는 부분이 아니라는 걸 깨달았다. 직장 상사의 괴롭힘과 따돌림은 나를 더 힘들게 했고 피폐하게 만들었다. 그러던 어느 날 가까운 지인과의 만남으로 나의 삶은 다르게 바뀌었다.

지인의 소개로 나는 다시 보컬 트레이너 일을 하게 되었다. 다시 한번 내가 잘할 수 있는 일을 하게 된 것이다. 전에 트레이너 일을 했을 때와는 다른 느낌이었다. 여러 사회경험이 있었던 터라 선생님으로서의 활동은 더 값지고 보람이 있었다.

나는 지금도 트레이너로서 활발하게 지내고 있다. 여러 학원에 출강하며 앙상블 보컬 대표이자, 메인 트레이너로 활동하고 있다. 많은 수강생들이 나의 학창 시절처럼 노래에 자신이 없어 상담을 받으러 온다. 그러면 나는 내가 경험한 다양한 사례를 토대로 수강생들과 소통하며 동기부여를 해 준다. 내가 성장할 수 있었던 계기는 어려움이었다. 힘든 경험 속에서 소중한 지인들을 얻었고, 값진 깨달음을 얻었다. 덕분에 수강생들에게 내가 경험한 부분의 깨달음을 나누어 주며 힘을 주고 있다.

그러면서 말을 통해 상대에게 힘을 줄 수 있다는 것을 느꼈다. 말 한마디로 동기부여를 해 주고 마인드를 바꾸어 줄 수 있다는 것은 참 위대한 일이다. 나는 말을 잘하지 못했다. 남 앞에서 이야기하는 것이 긴장감 때문에 어려웠다. 미리 생각하지 않고 적지 않으면 발표하기가 힘들었다. 이야기를 조리 있게 하지 못해 끝맺음이 없었다. 이 말 했다 저 말 하고 두서없이 말했었다. 이런 내가 말의 힘을 느꼈고, 상대방에게 말을 잘 전달해서 풍요로운 인생을 살 수 있도록 돕고 싶었다. 그래서 스피치를 잘하기로 결심했고 나아가 스피치 강의까지 도전하게 되었다.

많은 사람들이 말하는 것에 두려움을 느끼며 막연하게 어려워서 못할 것 같다고 생각한다. 하지만 많은 사람들이 자신의 목소리를 교정하며 달라졌다. 달라진 목소리로 자신감을 찾는다. 노래 또한 한 번의 레슨으로 달라질 수 있다. 스피치 또한 노래와 마찬가지로 기술이며 배우면 좋아질 수 있다. 나아가 즐겁게 도전할 수 있다. 나는 이런 생각과 경험을 바탕으로 스피치 때문에 고민하는 이들을 위해서 책을 쓰고 있다.

내가 힘들었을 때 많은 도움을 주었던 책이 있다. 론다 번의 《시크릿》이다. 이 책은 내가 원하는 꿈을 꿀 수 있도록 해 주었고, 많은 부분을 실현시켜 주었다. 나는 이 책에서 '어떻게 하면 더 큰 꿈을 가질 수 있을까? 어떻게 하면 경제적 자유 속에서 살 수 있을까?'라는 질문의 답을 찾은 것 같다.

　나는 꿈을 꾸며 살고 있다. 꼭 실현되리라 믿고 있다. 아래는 내가 적은 나의 버킷리스트다.

- 대한민국 최고의 보컬&스피치 트레이너 되기

- 메타 폴리스에서 살기

- 아우디 A6 오너 되기

- 월 5,000만 원 이상 벌기

- 동기부여를 해 주는 긍정의 메신저 되어 강연하기

- 베스트셀러 작가 되기

- 해외여행 가기

　나의 꿈은 경제적인 자유를 누리는 것과, 많은 사람들이 나를 통해 동기부여를 받고 인생을 바꿀 수 있도록 도와주는 메신저가 되는 것이다. 이미 나의 강의를 통해 많은 사람들이 긍정적으로 바뀌고 동기부여를 받고 있다. 스피치와 보컬 레슨을 시작으로 나는 더 많은 사람들이 자신감을 찾고 동기부여를 받아 풍요롭고 행복한 인생을 살 수 있길 바란다.

07

지식과 경험을 나누는
동기부여 작가 되기

· 고은정 ·

치과위생사, 치위생과 교수, 청춘 멘토, 공부법 코치, 자기계발 작가, 동기부여가

치위생과 조교수로 재직 중이며 학생들에게 꿈 멘토가 되고 있다. 워킹맘으로 바쁜 와중에도 끊임없이 자기계발을
하고, 아들을 외국어 고등학교에 입학시켰다. 그 경험과 노하우를 바탕으로 현재는 공부법에 관한 개인저서의 출간을
앞두고 있다.

· Email tooth2005@naver.com   · Blog blog.naver.com/tooth2005
· C·P 010.3563.7697

나의 어릴 적 꿈은 선생님이었다. 학창 시절 매일 보는 선생님
이 늘 신선했다. 학년이 바뀔 때마다 새로운 선생님과의 만남이
학창시절 선생님에 대한 동경으로 남았다. 하지만 현실에 몰입되
어 사느라 나는 어느 순간 꿈을 잊은 채로 살았다. 대학을 선택할
때는 취업이 잘되는 곳이 최고라고 생각했다. 대학을 졸업할 무렵
에 나는 불현듯 앞으로 공부를 더 해야겠다고 결심했다. 그러나
그 결심을 실행하지 못했다. 나는 국가고시를 보고 곧바로 치과의
원에 치과위생사로 취업했다. 그렇게 꿈을 잊고 현실에 안주하는

삶을 살았다.

나는 시골에서 자랐다. 농사를 지으며 열심히 사시는 부모님께 더 이상 기대고 싶지 않았다. 취업을 하고 방을 얻기 위해서 부모님께 100만 원만 받고 그 후부터는 내 힘으로 생활했다. 열심히 절약해서 목표한 자금을 모았다. 스스로 대견하다는 생각이 들었다. 그렇게 나이를 먹고 결혼할 때가 되자 살림 장만, 결혼식 잔치 비용, 오빠와 동생의 양복까지 모두 내가 모은 돈으로 해결했다. 부모님께는 옷 한 벌, 구두, 시계, 반지를 해 드렸다. 동네 어른들의 칭찬에 부모님은 기뻐하셨다. 나는 엄마, 아빠라는 호칭만 부르고 들어도 가슴이 찡해진다. 결혼을 앞두고는 더 가슴이 먹먹해졌다. 언제나 나는 부모님께 잘해야 된다는 생각으로 나 자신을 힘들게 한 것 같다.

두 아이의 엄마가 되면서 나의 꿈은 점점 멀어져 갔다. 둘째가 기저귀를 떼려는 그 무렵 나는 '더 이상 이렇게 살아서는 답이 없다.'라는 판단을 내렸다. 그 후부터 전공을 다시 공부하기 시작했다. 나의 최종 목표는 치위생과 교수였다. 치과위생사로서 낮에는 병원에서 근무하고 집으로 오면 육아와 집안일을 하느라 나는 두 번째 직장으로 출근하는 기분이었다. 그 와중에 시작한 공부인지라 주말과 직장을 마친 야간에 수업을 들어야 했다. 하루, 일주일이 어떻게 가는지 모르게 지나갔다.

나는 월급날을 기다리는 직장인이 아니었다. 오히려 월급날이 너무 빨리 다가왔다. 바쁘게 학교를 다니고 직장생활을 병행할 수 있었던 것은 시어머님께서 아이들을 돌보아 주신 덕분이다. 남편 또한 묵묵히 도와주었다. 내 꿈을 지지해 준 남편 덕분에 나는 계속 달릴 수 있었다. 그렇게 나는 포기하지 않고 대학원 석사과정에 등록했다.

교수가 되려면 강의 경력은 필수다. 나는 이제껏 해 오던 일로도 충분히 바쁘고 힘들었지만 꿈을 위해 또 도전했다. 대학교 강의를 하려면 강의 준비와 공부를 해야 한다. 나는 없는 시간을 쪼개 죽어라 하루하루를 살았다. '내가 무슨 부귀영화를 누리겠다고…'라는 생각도 많이 했다. 남편이 시켜서 하는 것이라면 열두 번도 더 싸웠을 것이다.

박사과정을 밟으면서는 경제적으로 많은 부담이 되었다. 직장과 외래 강의로 수입이 있다고 하지만 등록금과 부대비용이 만만치 않았다. 이 자리를 빌려서 남편에게 고마움을 전하고 싶다. 박사 논문을 작성하는 과정에서 지도교수님과 갈등이 많았다. 그때의 마음고생을 되새기며 나는 세상에 못 할 일이 없다고 자부했다. 논문보다 박사과정에서 얻은 많은 깨달음은 조직사회를 다시 들여다보는 계기를 갖게 해 주었다. 남편의 직장생활이 얼마나 팍팍할지도 진심으로 느낄 수 있었다. 지금까지 가족을 위해 고생한 남편에게 고마운 마음이 들었다. 그렇게 나는 박사과정을 밟으면서 성장했다. 인생을 어떻게 살아야 하는지도 생각하게 되었다.

그 후에도 나의 대학교수 임용 도전기는 쉼 없이 계속되었다. 방학 때마다 원서를 넣었다. 공개 강의를 하고 면접을 보고 떨어지기를 무한 반복했다. 자존감이 바닥을 치고 더 이상 도전하기 싫어지기도 했다. 그때마다 나의 은사님이 매번 응원해 주셨다. 다시 도전하면 된다고 많이도 다독여 주셨다. 진심으로 내 인생의 스승님이시다. 지나고 보니 떨어진 이유가 있는데도 나는 운을 원망했다. '남들은 인맥이 좋아 잘도 들어가는데…'라며 많이도 좌절했었다. 결국 포기하지 않고 진심을 다하니 하늘도 알아주는 것 같다. 어느덧 강의 경력도 10년에 접어들었다. 지금 나는 치위생과 교수로서 내 연구실에서 강의를 준비한다.

계속 공부하고 학생들을 가르치면서 내겐 내 아이들을 잘 키워야겠다는 욕심이 생겼다. 공부하는 엄마가 되어 동기부여를 자연스럽게 해 줘야겠다고 생각했다. 내 어린 시절 내가 못 한 부분을 자연스럽게 가르치고 싶었다. 우리 아이들에게는 일찍 꿈을 심어 주고 싶었다. 아이들을 잘 키우는 것 또한 나의 꿈이 되었다. 현재 아들은 프로파일러라는 꿈을 품고 외국어 고등학교에 진학했다. 어릴 때부터 공부 습관을 들여 주기 위해 꾸준히 노력한 결과다. 기숙사 생활에 잘 적응하고 꿈을 향해 노력하는 모습이 대견스럽다. 딸 또한 아직 중학생이지만 열심히 공부한다. 건강하고 바르게 자라 주어 너무 고맙다.

나는 올해 또 하나의 꿈에 도전한다. 글을 쓰는 작가가 되는 것이다. 작가의 꿈은 책을 많이 읽으면서 자연스럽게 생긴 것 같다. 언젠가 내 책을 쓰겠다는 생각을 늘 해 왔다. 내기 교수의 꿈을 이룰 수 있었던 무기는 '책'이다. 시간이 지나면 큰 결심도 작심삼일이 되고 만다. 그때마다 나에게 힘이 된 것이 자기계발서다. 많은 성공자의 스토리를 수없이 읽었다. 세상에는 대단한 사람들이 정말 많다. 책 한 권 가격으로 한 사람의 지혜를 얻는다는 것은 매력적인 일이다. 나태해지거나 자존감이 떨어지면 나는 무조건 자기계발서를 읽었다. 책에서 전해지는 긍정 에너지는 실제로 많은 도움이 되었다. 책을 읽으면서 자연스럽게 나의 스토리도 세상에 남겨야겠다는 생각이 들었다.

올해 나는 한 권의 책으로 인해 당장 글쓰기 과정을 배워야겠다고 다짐했다. 오래전부터 항상 생각을 해 왔기 때문에 무리 없이 작가의 꿈에 입성한 것 같다. 〈한책협〉에서 나는 책 쓰기로 인생 2막을 준비하고 성공한 사람들을 만났다. 신선한 충격이었다. 나도 나름 자기계발을 한다고 생각했다. 그러나 이곳에는 모든 분야의 자기계발 작가들이 넘쳐났다. 나는 책 쓰기가 최고의 자기계발이란 것을 확인하게 되었다. 주말을 반납하고 모두들 열심히 도전하는 모습이 감동적이었다.

나는 다시 나의 꿈을 생각하게 되었다. 책만 쓰는 작가에서 끝나지 않고 나의 지식을 나눌 수 있는 사람이 되어야겠다고 다짐했다. 나는 사람들과 이야기하는 것을 좋아한다. 말하는 직업을 활용해 많은 사람들과 소통하고 싶다. 원고를 쓰면서 나의 인생을 돌아보는 계기가 되었다. 정말 열심히 살았다. 이제 지식을 쌓는 공부보다는 인생 공부가 필요하다. 더 많은 책을 읽어야 한다. 이 책을 시작으로 계속 인생을 기록할 수 있는 평생 현역 작가로 살 것이다. 나의 지식 가치를 키우고 다른 사람들의 삶에 영향을 줄 수 있는 삶을 살 것이다.

나의 또 다른 꿈은 나의 이름을 걸고 강의를 하는 것이다. 학교의 강의와는 다른, 외부의 사람들과 소통하는 삶이다. 내가 책을 읽고 동기부여를 받아 꿈을 이룬 것처럼 나의 책도 세상에 선한 영향력을 발휘했으면 한다. 나의 책이 누군가의 가슴에 감동을 준다면 더없이 기쁠 것이고 보람될 것이다. 나는 이 책을 내는 것을 계기로 베스트셀러 작가, 강연가, 코치, 컨설턴트, 동기부여가의 삶을 꿈꾼다. 칼럼을 기고하는 모습도 상상해 본다. 꿈은 계속 진화해야 한다.

꿈을 이루기 위해서는 가슴이 시키는 일을 찾아야 한다. 내가 좋아하는 일을 하는 데는 용기가 필요하다. 누구나 적당한 때를 기다린다. 하지만 경제적으로도 시간적으로도 적당한 때는 없다. 설령 적당한 때가 온다 해도 그때 또다시 못하는 이유를 찾을 것이다. 지금 당장 꿈을 꾸고 그 꿈에 도전하라. 나의 인생은 아무도 대신 살아 주지 않는다. 꿈은 글로 쓰고 상상해야 이루어진다. 모든 독자들의 원대한 꿈이 이루어지길 소망한다.

08

1,000명의 1인 창업을
도와주는 코치 되기

· 최정훈 ·

1인 지식 창업 코치, 지식 창업 전문가, 창업 마케팅 전문가, 자기계발 작가

다양한 창업 실패 경험에서 얻은 깨달음으로 1인 지식 창업에 도전해 재기에 성공했다. 자신의 재기 경험을 활용해 창업으로 성공하는 방법을 알려 주는 '소셜창업연구소'를 만들고 소장으로 활동하고 있다. 저서로는 《1인 지식 창업의 정석》, 《보물지도6》, 《미래일기》, 《부모님에게 꼭 해드리고 싶은 39가지》, 《되고 싶고 하고 싶고 갖고 싶은 40가지》, 《인생을 바꾸는 감사일기의 힘》, 《나는 책쓰기로 당당하게 사는 법을 배웠다》가 있다.

· Email machwa@naver.com   · Cafe www.scculab.co.kr

"하룻강아지 범 무서운 줄 모른다."

무식하면 용감하다고 대학 졸업 후 스물세 살의 어린 나이로 무작정 점포창업에 도전해 경제적으로 큰 손해를 봤다. 창업 희망 자들 중에는 나처럼 창업에 대해 잘 모르면서 무작정 도·소매와 숙박·음식점 같은 프랜차이즈 점포창업에 도전하는 사람들이 많다. 하지만 많은 경쟁업체들로 인해 점포창업 시장은 이미 포화상 태다. 그렇다 보니 점포창업 후 1년 만에 약 40%의 가게가 문을 닫고 2년을 버티는 경우가 50%도 안 된다. 시장은 포화상태인데 창업 전 제대로 준비하지 못한 데다 불경기까지 겹치면서 생존율이 크게 낮아진 것이다.

그런데도 많은 사람들이 아무런 준비도 없이 창업 컨설턴트나 프랜차이즈 영업사원의 달콤한 말만 믿고 창업에 도전한다. 나는 그런 사람들을 실패 확률이 높은 점포창업에서 성공 확률이 높은 1인 창업으로 이끌기 위해 1인 창업 코치로 활동하고 있다.

점포창업의 단점은 한두 가지가 아니다. 대부분의 점포창업에는 큰돈이 든다. 적게는 몇 천만 원에서 많게는 몇 억 원까지 들어간다. 이렇게 큰돈을 들여서 창업한다고 해서 매출이 보장되는 것도 아니다. 상시근로자 10명 미만 사업자의 경우 월평균 매출액이 900만 원이 안 되고 순수익은 채 200만 원에도 못 미친다고 한다. 퇴직금같이 노후가 걸려 있는 큰돈을 모두 투자해서 한 달에 200만 원도 못 버는 창업은 하지 말아야 한다.

직장을 다닐 때는 일을 잘하든 못하든 월급이 나오고 퇴사하면 퇴직금이 나오는데 창업에는 그런 게 없다. 때 되면 월세를 내야 되고 직원들 월급도 줘야 되고 공과금까지 밀리지 않고 내야 되는데 손님이 없으면 고스란히 적자가 되어 빚이 쌓인다. 쉬는 날도 없이 하루 12시간 이상 일해도 적자를 기록하면 자신의 월급은 한 푼도 못 가져가는 것이다. 게다가 적자를 버티지 못하고 폐업하면 퇴직금도 없는 실업자가 되어 버린다.

　그나마 노란우산 공제라는 제도가 있어서 매월 일정액을 적립하면 폐업, 질병, 사망, 퇴임, 노령 시에 퇴직금처럼 일정액을 받을 수 있다. 하지만 결국 수익에서 적립하는 것이라 적자가 발생하면 이것 역시 부담이 되어 버린다. 창업하기 전에 이런 걸 알고 창업해야 되는데 예비창업자에게 아무도 이런 이야기를 해 주지 않는다.

　대부분의 창업 컨설턴트나 프랜차이즈 영업사원은 창업만 하면 매월 얼마씩 벌 수 있다는 사탕발림으로 예비창업자를 유혹한다. 하지만 사업을 시작하고 최소 1년간은 적자만 벗어나도 다행인 것이 현실이다. 그렇기 때문에 창업 이후에 적자가 발생하더라도 버틸 수 있도록 여유자금을 준비해서 창업해야 한다. 하지만 여유자금은커녕 오히려 큰 빚을 지고 창업하는 경우가 많다. 사업체당 평균 부채가 5,000만 원이 넘을 정도라고 한다. 수익은 불투명한데 빚이 많으니 많은 업체가 생존하는 데 급급하다 결국 폐업한다. 생계유지를 위해 창업에 도전하지만 빚이 생겨 오히려 생계가 더 어려워지는 것이다.

　이제는 자금은 많이 들어가고 성공하기는 힘든 창업 구조를 바꿔야 한다. 돈으로 하는 점포창업에서 자신의 지식과 경험을 활용해 창업하는 1인 지식창업으로 바꾸는 것이다. 사람마다 누구든지 잘하는 것이 있다. 그것을 주제로 삼아 창업하는 것이다.

돈으로 창업하는 것이 아니라 지식과 경험으로 창업하기 때문에 점포창업처럼 큰돈이 들어가지 않는다. 1인 지식창업에 필요한 온라인 활용 능력을 갖췄다면 무자본으로도 창업이 가능하다. 즉, 1인 지식창업은 온라인 시스템을 활용하기 때문에 창업비용뿐만 아니라 유지비용도 적거나 없는 것이다. 그래서 적자가 발생할 수 없고 적자가 발생할 수 없기 때문에 망하고 싶어도 망할 수 없다는 장점이 있다.

창업 예정자들을 만나 1인 지식창업에 대해 이야기하면 대부분 자신은 잘하는 것이 없다고 말한다. 잘하는 것이 없더라도 상관없다. 좋아하는 것을 지금부터 열심히 갈고닦아 잘하는 것으로 만들면 된다. 그렇기에 1인 지식창업은 소득이 발생하는 직장생활을 할 때 같이 병행하는 것이 좋다. 직장생활을 하면서 미리 창업을 준비하는 것이다.

나는 1인 지식창업을 꿈꾸는 사람들을 돕는 창업 코치다. 많은 사람들의 1인 지식창업을 돕기 위해 작년 7월에 '소셜창업연구소'를 창업했다. 창업 후 8개월간 40여 명의 사람들이 나를 통해 부동산, 글쓰기, 교육, 자기계발, 육아 등 다양한 주제로 1인 지식창업에 도전했다. 사람들을 도우면서 깨달은 것은 1인 지식창업에 도전할 수 있는 주제가 무궁무진하다는 것이다. 많은 창업 희망자들이 내 도움을 받아 1인 지식창업에 성공한 것처럼 세상에는 다양한 주제의 지식창업을 필요로 하는 사람들이 많다. 그 사람들에게 비용 이상의 성과를 내도록 도움을 줄 수 있는 1인 창업이 무엇이든 가능하다. 도움을 주는 사람은 다른 사람을 도우며 수익을 올릴 수 있어서 좋고 도움을 받는 사람은 투자한 비용 이상의 성과를 낼 수 있어서 좋다. 파는 사람과 사는 사람이 둘 다 좋은 것이다.

100세 시대인 오늘날은 정년을 채워 60세에 은퇴한다고 하더라도 그 후 40년을 더 살아야 한다. 4차 산업혁명의 물결이 거센 지금 정년을 채우기도 전에 인공지능과 로봇에 의해 사라지는 직업이 많을 것으로 미래학자들은 예상한다. 나는 4차 산업혁명의 해답 또한 1인 지식창업에 있다고 생각한다. 지식과 경험은 나이가 들수록 더 많아지기 때문이다. 그렇기에 노령화가 급속도로 진행되는 우리나라에서 더 활성화되어야 하는 분야라고 생각한다.

노인들에게 연금을 지급하는 것만이 능사가 아니다. 그들의 도움이 필요한 사람들에게 도움을 주면서 일하는 보람을 느낄 수 있도록 1인 지식창업을 활성화하자는 것이다. 이처럼 점포창업의 단점을 보완할 수 있는 1인 지식창업은 많은 장점을 가지고 있다. 그렇기에 나는 사람마다 다양한 주제로 창업할 수 있는 1인 지식창업에 도전할 것을 추천한다.

사람들이 1인 지식창업에 도전할 때 나는 그들을 도와주는 최고의 코치가 될 것이다. 그 첫 번째 목표를 1,000명에게 1인 지식

창업을 하도록 도와주는 것으로 정했다. 현재는 서비스를 제공하는 사람의 숫자를 한 달에 5명으로 한정해 1년에 60명에게만 1인 지식창업 인큐베이팅을 제공하는 것으로 정했다. 하지만 시스템을 체계화시켜서 앞으로 더 많은 사람들에게 서비스를 제공할 것이다. 1,000명에게 1인 지식창업을 하도록 돕는 목표를 달성하기까지 많은 시간이 걸리겠지만 그것을 달성하면 1,000명의 1인 지식창업자를 성공하게 만드는 데 남은 인생을 바칠 것이다. 내 꿈을 이루기 위해 《1인 지식창업의 정석》이라는 책을 썼고 지금도 책을 쓰고 있다. 이 글을 보는 독자라면 자신의 지식과 경험을 활용해 1인 지식창업에 도전해 보자.

09

대한민국 여자들의
롤모델로 크게 성공하기

· 허지영 ·

'브랜딩 책쓰기 연구소' 소장, 쇼핑몰 코치, 블로그 마케팅 코치, 동기부여가, 자기계발 작가

쇼핑몰 창업 경험을 기반으로 쇼핑몰을 창업하는 사람들에게 도움을 주고 있다. 수많은 사람들이 꿈을 찾아 갈 수 있도록 동기부여를 해 주는 메신저의 삶을 지향한다. 저서로는 《나는 블로그 쇼핑몰로 월 1,000만 원 번다》, 《하루 10분 책쓰기 수업》, 《미래일기》, 《버킷리스트7》 등이 있다.

· Blog www.hurstyle.co.kr   · Cafe www.hurstylecafe.co.kr
· C·P 010.9322.4562

나는 현재 2권의 개인저서와 여러 권의 공동저서를 쓴 작가, 코치, 강연가다. 2년이 채 되지 않는 기간 동안 내 인생은 정말 빠르게 변화했다. 그저 평범한 아줌마였던 나는 내 인생을 다이아몬드로 만들기로 결심했다.

인생은 정말 살아 볼 만하다는 생각이 많이 드는 요즘이다. 10년간의 직장생활, 4년간의 경력단절, 홀로 시작한 창업 그리고 작가가 되기까지 내 인생은 드라마틱하게 변화하고 있다. 나는 과거 10년간 승무원 생활을 하며 자기관리를 철저히 했었다. 건강도 외

모도 최고로 챙기며 일도 목숨 걸고 했었다. 가녀린 몸매에 후 불면 날아갈 듯 약한 체력이었지만 열정만큼은 따라올 사람이 없었다. 회사에서도 올라갈 수 있을 때까지 올라가고 싶은 욕심이 컸다. 하지만 작고 큰 시련들이 찾아오면서 인생이라는 것은 열정만으로 되지는 않는다는 것을 알았다.

지금 생각해 보면 나에게 찾아온 시련들은 나에게 또 다른 기회를 가져다주는 계기가 되었던 것 같다. 어떤 상황에서도 나 자신을 잃지 않으려는 노력이 내 인생을 바꾸게 된다는 것을 깨달았다. 수많은 우여곡절이 있었지만 멋진 여자로 크게 성공하겠다는 목표를 잊어버린 적은 없었다. 그런 생각들이 현재를 만들었다고 생각한다.

요즘은 잡지사, 방송국 등에서 연락이 많이 온다. 전문 분야가 아닌 쪽으로도 섭외가 들어오기도 한다. 이 모든 것은 내가 책을 썼기 때문에 가능했다. 그저 평범한 아줌마였던 나에게 이렇게 많은 기회들이 찾아오는 현실에 행복하다는 말을 매일 외치며 살아가고 있다. 나는 지금껏 수많은 도전을 통해 내 인생을 바꾸었다. 주위 사람들이 나의 꿈을 지지하지 않더라도 나 자신만큼은 나를 믿어 주려 애썼다. 그런 의지와 열정으로 내가 원하는 것을 하나씩 이룰 수 있었고 지금은 정말 믿기지 않을 정도로 성장한 나를 발견한다.

나는 늘 아름다움을 간직한 채 살아가고 싶다. 능력도 중요하고 돈도 중요하지만 그것과 함께 여자로서 치명적인 매력의 소유자로 살아가고 싶다. 사실 나는 누군가에게 보이기 위한 아름다움보다 스스로의 만족을 크게 생각한다. 무인도에 있더라도 아름답게 살아가고 싶을 정도로 말이다. 나는 뼛속까지 여자인 것 같다. 외모뿐만 아니라 꿈을 향한 열정으로 빛이 나는 인생을 살아가고 싶다. 여자들의 롤모델로 세상에 우뚝 서고 싶다.

　나는 생각 하나로 인생의 모든 것이 바뀐다는 것을 깨달았다. 내가 된다고 믿으면 되는 것이고 불가능하다고 생각하는 일은 절대 해낼 수 없다. 지난 시간들을 돌이켜 보니 정말 열심히 살았다. 아이를 위해 잠시 내 인생을 양보했지만 그 시간들은 나를 다시 일으켜 세워 줄 소중한 시간이었다.

　며칠 전 방송국에서 방송 촬영을 하고 왔다. 방송을 통해서 경력단절 여성들의 창업에 대해 조언을 해 줄 수 있는 소중한 기회였다. 처음에 촬영 장소에 도착했을 때 수많은 스태프들과 연예인들을 보며 긴장이 많이 되었다. 하지만 촬영을 준비하며 대본을 읽어 보면서 잘하고 싶다는 마음이 커졌다. 방송을 보는 단 한 사람의 시청자라도 나의 말에서 도움을 얻었으면 하는 마음이 컸다. 즐겁게 촬영할 수 있도록 모두가 도와주어서 촬영을 잘 끝낼 수 있었다.

토크쇼 형식의 방송이라 자유롭게 의견을 주고받으면서 생각을 말할 수 있어서 긴장이 덜 되었다. 촬영을 마치고 함께 이야기를 나누었던 연예인분들에게 나의 저서를 선물했다. 그들은 2권의 저서를 쓴 나에게 정말 대단하다고 말해 주었다. 경력단절을 겪었음에도 끊임없이 도전하고 노력하는 모습이 아름답다고 했다. 그동안의 나의 노력을 되돌아볼 수 있는 시간이었고 나 자신이 정말 자랑스러운 순간이었다. 나는 방송을 통해 세상에 나를 알리고 싶다. 그리고 많은 여자들이 나로 인해서 용기를 내고 다시 일어설 수 있다면 좋겠다.

몇 년 전 토크쇼의 방청객으로 간 적이 있었다. 그때 토크쇼를 진행하는 연예인들을 보면서 나도 언젠가는 저 자리에 있을 거라고 상상하고 시각화했다. 그때의 상상이 지금의 현실이 되었다. 상상하면 모든 것이 이루어진다는 것을 실감하는 요즘이다. 언젠가는 내 이름을 건 토크쇼를 진행하고 싶다는 생각이 든다. 꿈에 다가갈수록 더 큰 꿈을 꾸게 된다.

대부분의 여자들은 결혼 후 자신의 인생을 포기하는 경우가 많다. 그러나 남편과 아이를 위한 희생만이 답이 아니라는 것을 말해 주고 싶다. 나도 한때는 그런 말을 입에 달고 살았다. 하지만 전혀 위안이 되지 않았고 더 서글퍼질 뿐이었다. 말로 표현할 수 없는 소외감, 절망감을 느꼈고 나 자신이 한심하게 느껴지기까지

했다. 하지만 사회에서 다시 내 자리를 찾아야겠다고 결심한 후 내 인생은 달라졌다. 홀로 시작한 창업은 나를 다시 살아 숨 쉬게 해 주었다.

책을 쓰기 시작하면서 내 안에 잠들어 있던 잠재력을 깨울 수 있었다. 나이도 환경도 그 어떤 것도 나를 가로막는 장애물이 될 수 없다는 것을 깨달을 수 있었다. 나는 무한한 가능성을 가진 사람이고 얼마든지 더 큰 꿈을 꿀 자격이 있다는 것을 알게 되었다. 용기를 내어 내 인생을 더 반짝이게 만들어야겠다고 다짐했다. 그야말로 원석을 다이아몬드로 만들겠다고 결심한 것이다.

대부분의 사람들은 눈앞에 펼쳐진 현실만을 바라보고 살아간다. 나와 비슷한 사람들을 쳐다보고 서로 위안을 얻으면서 그렇게 계속 살아갈 수 있을 거라 믿는다. 나도 한때는 그런 인생을 살았었다. 하지만 현실주의자로 살아가는 길이 가장 위험한 길이라는 것을 깨달았다. 이상주의자로 살아가는 것이 훨씬 안전하다는 것을 말이다.

예전에는 주위 사람들이 나에게 왜 그렇게 피곤하게 사느냐는 말을 자주 하곤 했다. 지금은 그런 말을 하는 사람이 없다. 그냥 피곤하게 사는 것이 아니라 꿈을 향한 도전이 곧 나의 삶이라는 것을 알게 되었기 때문이다. 사람들이 가장 두려워하는 사람은 바로 목표를 향해 거침없이 나아가는 사람이다. 현실에 안주하며 살아가는 사람들은 이런 사람을 가장 두려워한다. 자신의 내면에도 그런 욕구가 있지만 실행하지 못하고 있는 것을 상대방이 과감하게 밀고 나갈 때 상대적 박탈감을 느끼는 것이다. 남들의 기준으로 자신을 바라보지 말고 자신이 정한 기준과 목표에 자신을 맞추려고 노력해야 한다. 나는 지금껏 그런 인생을 살아왔다. 두 번다시 오지 않을 인생, 후회 없이 살고 싶다.

나는 현실에 안주하려는 사람들에게 말하고 싶다. 목표를 향해 거침없이 나아가는 사람을 부러워만 하지 말고 나도 할 수 있다는 마음으로 도전하라고 말이다. 자신의 인생에 기회를 주라고 말이다. 어떤 것이든 도전하면서 자신의 꿈을 찾아 갈 수 있다. 아무것도 하지 않으면서 자신이 무엇을 잘하는지 모르겠다고 말해서는 안 된다. 자신에게 기회를 주는 사람이 인생을 변화시킬 수 있다.

성공을 위해서는 좁은 길, 남들이 가지 않는 길로 가야 한다. 나는 지금 좁은 길로 나아가는 중이다. 사람들이 꺼리는 길, 힘들다고 포기하는 길을 묵묵히 걸어가고 있다. 가끔은 힘에 부치고 서러움이 올라오기도 하지만 정상에 오를 때까지 절대 포기하지 않을 것이다. 가장 아름다운 다이아몬드로 세상에 당당하게 설 때까지 열정과 노력을 멈추지 않을 것이다.

평범한 인생도 비범한 인생이 될 수 있다는 것을, 평범한 아줌마도 위대한 사람이 될 수 있다는 것을 보여 줄 것이다. 나로 인해 여자들이 용기를 내고 꿈을 향해 도전하기를 바란다. 나는 반드시 대한민국 여성들의 롤모델로 크게 성공해서 많은 여성들이 자신의 꿈을 찾아서 새로운 도전을 할 수 있도록 도울 것이다. 나는 매일 이미 이루어진 것처럼 나의 꿈을 생생하게 상상한다.

국내 최고의 태권도 여성관장, 작가, 강사, 동기부여가 되기

· 이서영 ·

'아동인성교육연구소' 운영, 인성교육 전문가 자기계발 작가

'아동인성교육연구소'를 운영하고 있으며, 내 아이의 인성 교육과 자립심을 키우기 위한 아동 교육서를 출간할 예정이다.

· Blog blog.naver.com/yesmomceo

"난 프로 농구선수가 될 거야."

"그래. 근데 아빠도 어렸을 때 농구 꽤나 못했는데 그게 유전인가 봐. 너도 재능이 없어. 그러니까 농구선수로 성공하긴 좀 힘들 것 같다. 다른 걸 잘하면 돼! 하루 종일 농구만 하진 마!"

아빠의 말이 끝나자 아들은 풀 죽은 얼굴로 농구공을 비닐봉지에 싸기 시작했다. 아버지는 순간 자신의 잘못을 깨닫고 아들에게 다시 말했다.

"넌 못할 거란 말 절대 귀담아듣지 마! 그게 아빠 말이라도.

꿈이 있으면 지켜야 해! 남이 잘되면 배 아픈 게 사람 심리거든. 꿈이 있으면 어떻게든 쟁취해! 가자!"

영화 〈행복을 찾아서〉에서 나온 이 장면은 나에게 큰 울림을 주었다. 가난한 집안의 장녀로 태어났지만 꿈의 크기만큼은 엄청 났다. 늘 세상의 주인공을 꿈꾸고, 성공한 모습을 꿈꾸었다. 처음 연필을 잡고 바닥에 놓인 신문지에 그려진 그림을 따라 그릴 때면 모두들 박수를 치며 "정말 잘 그린다. 멋진 화가가 되겠어."라고 칭찬했다. 그러면 난 정말 내가 세상에서 그림을 제일 잘 그리는 줄 알고 꼭 화가가 되겠다고 마음먹었다. 다들 내가 그린 그림을 좋아했기에 나는 이게 내가 잘하는 일이고 좋아하는 일이라는 생각에 빠졌다. 화가가 되려면 미대에 진학해야 하고 미대를 가기 위해서는 입시 미술을 준비하는 학원에 다녀야 했다. 중학교 은사님은 나에게 예술고등학교 진학을 권했지만 가정 형편상 나는 그 꿈을 접어야 했다.

그게 현실이었다. 그 후로 아버지와 친척들은 나에게 "사람은 분수에 맞게 살아야 한다."라는 말을 자주 했다. 분수에 맞지 않게 높은 꿈을 꾸면 안 된다는 것이었다. 그럼에도 불구하고 나는 무수히 많은 꿈을 꾸어 보고 포기했다. 그리고 상황과 현실, 어른들이 말하는 분수에 맞는 대학교에 입학하고 졸업했고, 결혼하고 출산했다.

사실 내가 예고에, 미대에 진학하지 않은 것은 지금 생각해 보면 천만다행이었다. 내가 정말 그림을 잘 그리고 좋아했다기보다는 아버지나 친척들과 주변인들이 "잘한다! 최고다!"라고 해 주는 달콤한 칭찬에 그게 전부라고 믿었었던 것뿐이다. '정말 내가 하고 싶은 일은 무얼까?'라는 고민보다는 '내가 이걸 하면 사람들이 좋아할까? 인정해 줄까?'라는 마음이 컸기에 나의 꿈을 다른 사람의 시선에 맞추었다. 정말 내가 원하는 것이 무엇인지, 내가 하고 싶은 것이 무엇인지 생각해 본 적이 없었다.

결혼을 해서도 크게 달라진 것은 없었다. 결혼과 출산을 경험하면서 나의 꿈은 남편이 잘되는 것, 자식을 잘 키우는 것이 되었다. 그때 거울 속에 비친 나는 초췌하고 핏기 없는 얼굴, 낡은 티셔츠와 무릎 나온 바지를 걸친 통통 부은 모습을 하고 있었다.

나의 꿈은 어느새 남편, 자식이 전부였고, 내조 잘하고 야무진 아내라는 타이틀, 아이 잘 키우고 가정적인 엄마라는 주변의 평판을 의식했다. 또다시 다른 사람의 눈에 비치는 모습에 나의 모습을 맞춰 갔다.

사실 그럴 수밖에 없었다. 우리 부부는 젊은 나이에 온갖 대출을 다 끌어모아 부원이 40명 남짓 되는 태권도장을 인수한 데다 둘째 아이까지 임신 중이었다. 서로의 꿈을 돌볼 시간보다는 지금 우리 부부에게 닥친 발등의 불을 끄기도 벅찬 시간이었다. 처음에는 대출금만 갚을 수 있다면, 아이만 잘 키울 수 있다면 좋겠다는 소박한 꿈을 꾸면서 한 명, 두 명 도장의 아이들을 늘려나갔다. 조금씩 여유가 생길 때쯤 우연히 다음과 같을 글을 읽게되었다.

"개구리는 물의 온도가 15도 정도일 때 가장 왕성하게 활동한다. 그런데 15도의 물에 개구리를 넣고 불을 지펴 아주 천천히 온도를 올리면 개구리는 20도가 넘고, 30도가 넘어도 물의 온도 변화를 감지하지 못한다. 그리고 45도가 되면 개구리는 죽고 만다. 이 개구리는 계속되는 자극에 감각이 무뎌져 죽음이 다가오는 것을 몰랐던 것이다."

이 글귀의 개구리가 꼭 나의 모습인 것만 같았다. 꿈 없이, 생각 없이 그냥 산다는 것이 스스로를 죽이는 행위로 느껴졌다. 그러고는 '내가 하고 싶은 일이 무엇일까?', '내가 잘하는 일이 무엇일까?' 하고 내 마음이 궁금해지기 시작했다.

'책을 쓰고 싶다. 더 배우고 싶다. 많은 사람들 앞에서 강의하고 싶다.'

사람들이 나에게 물었다. 왜 그렇게 힘들고 치열하게 사느냐고. 이제 도장 운영도 잘되고, 셋째 출산도 얼마 남지 않았는데 왜 일을 만들어 사서 고생하냐고 말이다. 나도 알지만 사실 나는 누구보다 대중에게 인정받는 사람이 되고 싶었다. 열정과 야망이 넘치지만 그 에너지를 배출하지 못하고 스스로를 틀 안에 가두다 보니 내 마음에 병이 생겼다.

　나는 누구보다 성공을 갈망하는 사람이다. 남편을 돕겠다고 시작했던 태권도 교육이, 도장 경영이 어느새 10년이 되었다. 그 과정에서도 내 이름으로 무언가를 해냈다는 성취감과 인정을 받고 싶었다. 10년이란 세월이 그냥 흐른 것이 아니라 내공을 축적해 온 시간이었다는 것을 검증받고 싶었다. 좋은 관장이 되고 싶고, 영향력 있는 관장이 되고 싶었다. 멋진 아내, 성공한 엄마의 모습으로 남편에게, 아이에게 그리고 대중에게 인정받고 영향력을 끼치는 멋진 관장이 되고 싶었다.

　이를 위해서 엄마관장으로서 태권도 교육과 자녀교육, 인성교육에 관해 여러 권의 책을 쓴 작가가 되고 싶다. 그리고 태권도 교육의 가치를 알리고 자녀교육에 유용한 부모교육 세미나와 도장 경영에 관한 교육 세미나, 가슴 뛰는 삶을 꿈꾸는 엄마들을 위한 동기부여 세미나에서 강연을 하는 강사가 되고 싶다.

　이제는 왜 사서 고생하냐고 하는 주변의 시선이 아닌 나의 꿈만을 바라보며 앞으로 나아갈 것이다. 국내 최고의 태권도 여성관장, 작가, 강사, 동기부여가로서 한 번뿐인 나의 인생에서 해피엔딩 드라마의 주인공으로 살고 싶다.

11

내 삶 속 보물들과 함께
나의 꿈, 나의 인생 만들어 가기

· 고미영 ·

바리스타, 자기계발 작가

인생의 황혼 녘에 바리스타라는 새로운 꿈에 도전해 열정을 불태우는 열정 덩어리다. 자연 속 북 카페를 운영하며 아들, 며느리와 함께 책을 읽고 쓰는, 행복이 넘치는 가족을 꿈꾼다.

내 인생은 지금 행복으로 가득하다. 지금 나는 노인복지회관에서 바리스타로 일하면서 어르신들께 커피 향을 선물한다. 그리고 우리 집에는 언제나 아이들 웃음소리가 그치지 않는다. 매일의 소소한 일상 속에서 누리는 이 행복에 감사한다.

얼마 전, 셋째 손자 민유의 팔에 금이 가서 두 달여 동안 대학병원에 다녔을 때 일이다. 그날은 드디어 통깁스를 푸는 날이었다. 민유는 엉덩이를 흔들며 장난스럽게 나에게 들이댔다. 민유는 깁스를 한 왼쪽 팔이 아프지도 않은가 보다. 이내 간호사가 민유를 불렀고 나는 얼른 민유를 데리고 의사에게 갔다. 의사는 전기톱 같은 것으로 민유의 깁스를 이곳저곳 자르기 시작했다. '윙' 하는 기계음 소리에 혹시나 맨살에 전기톱이 닿지는 않을까 가슴이 쿵쾅거렸다.

의사는 이러한 나의 마음을 눈치챘는지 사신의 맨살에 전기톱을 대면서 위험하지 않다고 알려 주었다. 한결 마음이 편해졌다. 나의 마음은 한결 편해졌지만 민유의 마음이 걱정되었다. 그러나 나의 걱정과 달리 민유는 한 치의 무서움도 없는지 가만히 전기톱을 응시하고 있었다. 어른인 나도 겁이 나고 깁스를 잘라 내다 상처가 날까 봐 조바심이 나는데, 민유는 침착하게 전기톱을 바라보고만 있었다. 깁스를 다 풀고 의사가 물었다.

"아이가 몇 살이지요?"

"네 살이요."

"허허. 네 살이면 깁스 푸는 걸 엄청 무서워하는데 이렇게 태연한 아이는 처음 봅니다."

민유는 자신을 칭찬하는 말인 줄 알고 이내 토닥토닥해 달라고 활짝 웃으며 다시 엉덩이를 들이댔다. 어젯밤에는 "민유야, 사랑해."라고 말했더니, 민유도 두 팔을 벌리며 "이만큼 할머니 사랑해요."라고 말했다. 이제 네 살인 아이가 내 심금을 울린다.

나에겐 손주가 셋이 있다. 일곱 살 손녀 민아, 다섯 살 손자 민혁, 네 살 손자 민유다. 첫째가 손녀라 다들 부러워한다. 나는 첫째 손녀인 민아를 생각하면 이내 마음속 부자가 된다.

"할머니 왜 우세요? 할머니 계속 울까 봐 저는 할머니 집에서 할머니랑 같이 잘 거예요."

"정말? 민아야, 그냥 109동에서 엄마 아빠랑 같이 자도 돼."

"아니에요, 할머니. 나는 이 세상에서 할머니가 제일 좋아요."

나의 텅 빈 가슴을 차지해 버린 민아, 민혁, 민유 모두는 내게 가장 큰 재산이자 보물들이다. 손주들임에도 불구하고 꼭 자식을 키우는 것 같은 마음이다. 굴곡진 내 인생 때문에 울지 않으려고 마음을 다잡지만 이 아이들로 인해 굳게 잠겼던 마음의 문이 스르륵 열리고, 속으로만 삭여 마음의 병을 얻은 내가 나도 모르게 펑펑 울면서 치유를 받고 있다. 내 마음속에 있던 슬픔, 원망, 외로움을 몽땅 들어내 버리고 그 자리에 즐거움과 사랑을 가득 채워 준 이 보물들을 바라만 보고 있어도 미소 짓게 된다. 대한민국 땅덩어리를 다 준다고 해도 바꾸고 싶은 않은 내 아이들이다. 생각할수록 샘물처럼 감사함이 터져 나온다.

나는 딸만 넷인 집의 셋째 딸로 태어났다. 큰언니는 일찍 결혼해서 서울로 갔고, 둘째 언니는 책상 앞에 앉아 있기를 좋아했고, 막내 동생은 놀기만 좋아했다. 덕분에 나는 어렸을 때부터 편찮으신 어머니로 인해 늘 저녁 끼니 걱정, 땔감 걱정, 어머니 병에 대학 진학에 대한 걱정까지 안고 살았던 것 같다. 중학교 1학년 때, 어머니께서 돌아가시면서 나는 자연스럽게 방앗간 일을 맡았다. 고추방아, 보리방아를 비롯해 명절에는 가래떡 뽑는 일도 했다.

그 후 서울에 위치한 홀트 아동복지회에 취업했고 3년 후 결혼했다. 자식은 오로지 아들 하나만을 두었다. 당시에는 자식 욕심이 없었던 것 같다. 난 형제들이 많아 좋았는데 내 아들에게는 기나긴 외로움을 남기고 말았다. 형제가 없는 것에 대해 나는 항상 아들에게 미안한 마음을 가지고 있었다. 그런데 그 미안함의 대상인 아들이 분에 넘치는 선물들을 나에게 안겨 준 것이다. 주변을 둘러보면서 내 나이에 이렇게 웃고 행복할 수 있는 일이 흔한 것인지 가끔씩 생각하곤 한다.

처음 며느리를 봤을 때 밝게 웃는 모습에 마음이 놓였다. 며느리는 형제가 많은 집의 막내딸로 늘 웃으며 애들에게 소리 한번 지르지 않는다. 아이들을 사랑하고 예뻐하며 시어머니인 나를 사랑해 준다. 결혼해서 바로 첫째, 둘째, 셋째 손주를 연달아 선물해 준 고마운 며느리다. 요즘 세상에 정말 보기 드문 보석 같은 며느리다. 그래서 항상 고맙고 사랑스럽다.

지금은 자녀 셋이 많은 것 같지만 크면 많은 것 같지 않은 게 자식이라고 한다. 난 며느리에게 "남편이나 내가 죽고 나서, 아범과 어멈이 외롭게 장례식장을 지킬 걸 생각하면 마음이 아프다."

라고 말한 적이 있다. 그런데 손주들이 벌써 커 가고 있는 걸 보면서 이제는 더 이상 걱정하지 않아도 될 것 같다는 생각이 든다.

최근에 아들과 며느리가 책을 쓰고 있다는 소식을 들었다. 그리고 얼마 지나지 않아 《보물지도8》에 며느리의 글이 실렸다는 이야기를 들었다. 며느리에게서 책 선물을 받고 내심 놀랐다. 3명의 아이를 키우며 직장생활까지 하는 사람이 언제 글을 써서 이렇게 책까지 냈는지 기특하다는 생각이 들었다. 그리고 책을 다 읽어 보니 '우리 어멈이 참 예쁘게 삶을 꾸리며 살아가고 있구나.'라는 생각이 들었다. 책이 아니었으면 내가 며느리의 어린 시절부터 지금까지의 삶의 구석구석을 들여다볼 수 있는 기회는 없었을 것이다. 그런 의미에서 나는 아들과 며느리가 책 쓰는 작가로 인생 2막을 준비하는 삶을 누구보다 응원한다. 기쁘고 행복한 마음으로 지지하고 지켜보고 싶다.

그리고 나 또한 이 글을 통해 어멈에게도 아이들에게도 할머니의 존재를 알리고 싶다. 내가 죽어서 이 세상에 존재하지 않을 때조차 우리 손주들이 할머니의 책을 읽으며 할머니의 숨결을 느낄 수도 있다고 생각하니 이런 기회가 주어진 것에 참으로 감사한 마음이 든다.

나의 인생에는 보물들이 이렇게나 많다. 나는 행복을 미래에서 찾지 않는다. 꼭 이루고 싶은 꿈이 있다면 지금 나의 보물들과 항상 함께하고 싶다는 것이다. 그리고 조금 더 욕심을 내어 보자면 지금은 아파트에서 살고 있는데 마당이 있는 전원주택에서 살고 싶다. 아파트는 편리하기는 하지만 자꾸 손주들에게 "뛰면 안 된다. 살살 걸어라."라고 말하게 된다. 한창 개구쟁이 짓을 하는 아이들의 행동을 제재해야 하는 상황이 영 마음이 내키지 않는다.

마당 넓은 집에서 아이들을 마음껏 뛰놀게 하고 그 앞에 텃밭을 일구어 고추, 상추, 깻잎, 고구마, 감자, 호박 등 내가 직접 기른 유기농 채소로 맛있고 건강한 밥상을 차리는 삶을 상상해 본다. 내가 상상하면 꿈은 이루어질 거라 믿는다. 내가 걷는 꿈길에 우리 보물들이 항상 함께해 주니 마음이 든든하다. 곧 이루어질 나의 꿈을 상상하며 오늘도 나는 행복하다.

꼭 이루고 싶은 나의 꿈 나의 인생

12-21

전현진   서형덕

조헌주   송세실

박경례   이하늘

이주연   이지연

허동욱   경수경

다른 사람들의
꿈, 인생 코치 되기

· 전현진 ·

책 쓰는 직장인, 청춘 컨설턴트, 인생관 코치

더없이 넓은 시야와 다양한 경험을 얻기 위해 대한민국 구석구석을 돌며 다양한 직업군의 사람들을 만나 이야기를 나누고 있다. 그리고 현재 국민 모두가 인생을 더욱 옳고, 바르게 바라볼 수 있도록 해 주는 개인저서를 집필 중이다.

· Email jhjdada1127@naver.com   · Blog jhjdada1127.blog.me

어린 나이에 무슨 인생을 어떻게 논할 것이냐는 주변의 따가운 말을 들은 적이 있다. 하지만 어리다고 해서 인생에 대해 이야기할 자격이 없다고 생각하지는 않는다. 비록 인생에 대한 깊은 성찰은 부족할 수 있지만 옳고 그름을 기준으로 한다면 누구나 인생을 논할 수 있다고 생각한다.

우리 주변에는 많은 사람들이 존재한다. 또래 아이들을 괴롭히는 일진들, 부정부패를 일삼는 정치인들과 우리들에게 큰 충격과 공포를 안겨 준 박 전 대통령. 이 같은 사람들과 같은 길을 가서는 안 된다. 세종대왕과 장영실, 라이트 형제, 링컨 대통령 등 사회를 더 밝고 좋게 만든 사람들처럼 옳고 용감한 길을 선택하는 인생을 살아야 한다.

지구에서는 전쟁, 기아, 질병, 노화 등 수많은 사건 사고로 많은 생명이 죽어가고 있다. 백화점 붕괴, 지하철 화재, 비행기 추락, 총기 난사 같은 사건 사고도 있다. 또한 자살하는 이들로 인해 사망 인구수는 매년 증가하는 추세다. 특히나 우리나라는 2003년부터 14년 연속 경제협력개발기구(OECD) 회원국 중 자살률 1위라는 오명을 떨치지 못하고 있을 정도로 심각한 상태다. 게다가 최근에는 '자살 브로커'들까지 속속 적발되고 있다.

자살률이 높아지는 것은 해외도 예외가 아니다. 러시아 10대 130명을 자살케 한 '흰 긴 수염고래 게임'은 많은 나라의 청소년들을 떨게 하고 있다.

내가 생(生)과 사(死)에 대해 깊은 관심을 갖게 된 것은 세브란스기독병원 외상중환자실(TICU)에서 근무할 때부터다. 이곳은 교통사고와 안전사고 등으로 외상에 문제가 발생한 환자들이 오는 곳이다. 면회도 하루 2회로 엄격하게 제한되고 의사와 간호사의 행동에도 더 각별한 주의가 요구되는 위험한 곳이다. 게다가 수술을 받았다고 해서 절대 안심할 수 없는 그런 곳이다. 실제로 오랜 투병생활을 하다, 혹은 수술 중에도 목숨을 잃는 사람들의 모습을 자주 볼 수 있는 곳이다.

여기에서 며칠 동안 응급실로 파견을 간 적도 있었다. 사고현장에서 응급차를 타고 응급실에 도착하기도 전에 사망하거나 병원 도착 시 이미 사망한 DOA(Dead On Arrival)처럼 여러 가지 이유와 원인으로 죽은 시체를 하루에도 수십 명씩 눈앞에서 봤다.

게다가 2015년 한 해 교통사고 사망자 수는 4,621명이다. 이는 교통사고로 죽는 사람이 하루 평균 12명이란 뜻이다. 그래서 나는 지금도 가족들에게 항상 교통신호를 잘 지켜 지켜 달라고 호소한다.

중환자실에서 야간 근무를 하던 중 갑자기 다음과 같은 생각이 들었다.

'지금 이 순간은, 의사와 간호사에겐 업무를 하는 시간이지만 환자와 보호자들에겐 더없이 고통스러운 시간일 수 있겠다. 그리고 다른 사람들에겐 잠자는 시간이 될 수도 있고, 청년실업자들에겐 괴로운 시간이 될 수도 있겠구나. 게다가 인생을 포기하면서 자살을 계획할 수도 있는 시간이겠구나. 그리고 이 순간에도 새 생명은 태어나겠구나. 그리고 죽는구나. 결국 이유 없이 태어나 순서 없이 죽는 것이 인생인가? 이런 허무한 인생, 왜 살아야 하는 걸까?'

이런 생각을 하며 옥상에 올라가 밤하늘의 별을 보고 있는데 갑자기 스티브 잡스의 "우리는 우주에 흔적을 내기 위해 여기에 있다. 안 그러면 여기에 있을 이유가 어디 있겠는가?"라는 명언이 떠올랐다. 그리고 그 순간, 나는 내 인생의 목표를 정했다.

'사람을 이롭게 하여, 세상을 더 이롭게 변화시키고 죽자.'

우리의 현실은 엄청나게 치열하다. 그리고 흙수저와 금수저로 갈리는 엄청난 벽에 좌절한 사람들로 넘쳐 나고 있다. 자신의 모습이 너무 한심하고 나약하다 생각하며 자살하는 사람들이 끊이질 않는다. 그래서 OECD 회원국 중 14년 연속 자살률 1위를 고수하고 있지 않나 싶다. 나도 콤플렉스에 시달리며 자살을 시도해 본 경험이 있어서 그런 행동이 이해는 간다. 하지만 진짜로 죽어선 안 된다. 자살 시도 경험자로서 죽지 않고 변화되는 하루하루를 살아가고 있는 지금 당당히 말할 수 있다. 사회가 아무리 엉망이어도 나의 인생을 포기할 만큼은 아니다. 그러니 용기를 가져라.

몇 년 전 생명보다 돈과 이윤 그리고 권력을 우선시하는 고삐 풀린 자본주의 모습을 보여 준 세월호 사건이 있었다. 이외에 지금도 우리 주변에선 보험 사기, 금품 갈취, 금은방 도난 등 많은 사건 사고가 끊이질 않고 있다. 최근엔 자살 브로커도 등장해 사회에 큰 충격을 안기고 있다. 참으로 무서운 나라가 아닐 수 없다.

이러한 사건들은 자본주의화되어 가고 있는 우리나라의 실태를 적나라하게 보여 준다. 사람 우선이 아닌, 자본이 우선시되는 사회가 지속되면 지속될수록 사회 문제는 점차 더 지능화되고 범위가 더 확대될 것이다. 그리고 피의자의 나이는 더욱더 어려질 것이다.

만약 우리나라가 인간을 최우선으로 생각하는 나라였다면 대통령이 탄핵될 일도, 청담동 주식 사기와 같은 범죄가 발생할 일도 없었을 것이다. 이러한 무수히 많은 사회의 범죄를 보며 '자본 우선이 아닌, 인간 우선인 나라로 만들어 보자'란 결심도 생겼다.

"한 사람 한 사람의 관점을 변화시켜, 사람을 우선시하는 나라로 만들도록 노력하며 살자. 그러다 결국 세상을 더 이롭게 변화시키고 죽자."

이것이 나의 최종 꿈이자 내 인생 목표다. 그리고 현재 난 이러한 내 경험과 생각 그리고 지혜들을 꾹꾹 눌러 담은 책을 준비 중이다.

오래전에 존재했던 위인들, 우리와는 차원이 다른 듯한 위대한 사람들, 어딘가 모르게 벽이 느껴지는, 도저히 따라 할 엄두도 나지 않는 사람들의 용기와 경험 그리고 지혜와 철학을 담은 책이 아닌, 당신보다 부족함에도 한 발짝 더 용기를 내서 만들고 있는 책이다.

인간이 존재하는 이상, 인간을 뛰어넘는 것은 그 어떤 것도 없으며 오직 인간을 최우선으로 생각하는 사람들로 가득한 지구가 되어 하루하루 더 밝아지는 세상이 왔으면 좋겠다.

나는 사람들의 가슴속에 양초가 있다고 생각한다. 이 양초의 촛불은 꿈꿀 때나 확실한 결심이 섰을 때 켜진다. 누구에게나 한 번뿐인 인생이지만, 모두가 부자가 되려 하기보다는 조금이라도 더 인간답게 살아가도록 힘썼으면 좋겠다. 작고 약한 시작일 수 있지만 끝끝내 만인의 가슴속에 양초의 촛불을 켤 수 있길 바라본다. 대한민국이 시초가 되어 전 세계 모든 국민이 모두 행복했으면 좋겠다.

13

100권의 저서를 쓴
당당한 메신저 아빠 되기

· 서형덕 ·

직장행복 코치, 변화프로젝트 전문가, 책 쓰는 열정 멘토, 동기부여 강연가

책 쓰는 자동차 엔지니어로 세 아이와 함께 행복한 미래를 꿈꾸고 있다. 현재 직장생활을 즐겁게 하는 50가지 방법에 관해 집필 중이다.

· Blog blog.naver.com/loveteen8

　　나는 큰형과 누나 여섯이 있는 2남 6녀의 막내로 태어났다. 시골에서 자연을 가슴에 품고, 온갖 신기한 놀이를 하며 어린 시절을 보냈다. 초등학교 때는 과학자라는 꿈이 있었다. 하지만 중학교, 고등학교, 대학교 시절에는 꿈이라는 것을 생각하지 못했다. 농사를 지어 자식을 뒷바라지하시는 부모님의 고생과 땀의 소중함을 경험하며 자라 왔기 때문에 오로지 부모님의 부담을 덜어 드려야 한다는 생각뿐이었다. 자식이 장학금을 타 오면 그동안의 고생을 자식 자랑으로 다 푸셨기 때문에 그 모습을 보며 더 열심히 살았던 것 같다.

평범하게 시작한 직장생활은 평범하지 않았다. 일에 파묻혀 살던 중 2007년에 아내와 신혼살림을 차리고, 첫아이를 선물 받았다. 2009년의 쌍용자동차 사태를 계기로 극과 극의 사회를 경험하며 힘든 상황을 겪었지만 항상 나의 선택은 '힘들 때 더 힘들어 봐야 한다.'였다. 직장의 위기 속에서도 둘째 아이가 태어났고, 어렵게 하늘의 보배인 셋째를 선물 받았다.

아이를 키우면서 나에게 많은 변화가 찾아왔다. 나와 아내는 유독 육아에 관심이 많았다. 내 인생의 중요한 시기마다 나에게 힘을 북돋워 주고, 길을 같이 고민해 준 코치가 없었기에 '나는 항상 아이의 발전을 지켜보면서 아이가 성장 단계별로 충분한 동기부여를 받고, 적절한 선택을 할 수 있도록 온 힘을 다해 도울 것이다.'라고 마음먹었다.

우리 부부는 정말 열정적으로 육아를 했다. 여행 자주 가기, 우뇌를 발달시켜 주기, 감성을 키워 주기 위한 다양한 놀이, 사회성을 키워 주기 위해 아빠와 목욕하기, 1,000권의 책 읽어 주기, 자존감 키워 주기, 심장 소리 들려주기, 사랑 듬뿍 주기, 자연 속에서 지켜봐 주기, 느끼게 해 주기, 많이 보여 주기, 아이와 열정적으로 놀기, 칭찬하기 등 정말 아이들에게 보약을 먹여 가면서 같이 놀고 책을 읽어 줬다. 첫째 딸의 성장에 맞춰 제대로 된 육아와 나의 꿈을 위한 독서는 더 깊어졌고, 독서를 통한 깨달음 속에 가훈과 가풍을 만들었다. 아이의 관심과 성장을 체크하며 사랑과 칭찬으로 육아를 했다.

셋째를 가지기 위해 두 번의 유산을 경험했을 때 아내는 나에게 하나의 질문을 던졌다. "자기야! 우리 가족의 미래는 어떨까?" 아내의 이 질문은 회사의 파업 이후에 열심히 살아왔음에도 엄청난 생각의 전환을 일으켰다. 더구나 첫째 딸이 초등학교에 입학한 후여서 우리 첫째의 미래 모습은 어떨까? 어떻게 자신의 꿈을 찾게 하지? 라는 고민과 아내의 질문이 뒤섞여 나에게 엄청난 변화가 시작되었다.

나는 피터 드러커의 다섯 가지 중요한 질문을 통해 내 인생의 큰 그림을 그리기 시작했다. 나의 인생지침서에 사명을 적고, 나의 고객인 우리 가족과 친구, 동료, 사회의 기대에 대한 미션을 수립했다. 아내에게 글로써 나와 우리 가족의 미래에 대해 이야기하면서 우리 가족과 나의 꿈 여정은 시작되었다.

2010년부터 시작된 치열한 독서는 2014년부터 더 치열해졌고 나의 꿈을 향한 도전은 계속되었다. 그러던 중 그렇게 바라던 셋째를 다시 임신하게 되었다. 아내는 임신할 때마다 심한 입덧을 했고, 그때마다 온갖 집안일, 첫째 둘째의 육아는 내 담당이었다. 바쁜 와중에도 합창이라는 또 다른 도전을 시작하게 되었다. 회사에서 진행 중인 신차 개발 프로젝트에도 참여해 지금까지의 불합리한 것을 바꾸고, 새로운 발상과 프로세스로 내 인생의 최고의 작품을 만들어 내기 위해 열정을 불살랐다. 그런 노력 덕분인지 2015년에 티볼리가 정말 대박을 터뜨려서 회사에 큰 힘이 되었다. 그리고 그렇게 바라던 셋째 딸을 눈물겹게 선물 받았다. 그런데 정말 바쁜 하루하루와 늦둥이 육아로 나와 첫째, 둘째의 꿈 찾기 열정은 조금씩 소외되고 있었다.

어느덧 첫째가 3학년으로 올라가고, 둘째가 초등학교에 입학할 때쯤 아내는 "자기야! 우리 이민 가자. 우리 아이들 이렇게 키우기 싫어."라며 또 한 번 카운터펀치를 날렸다. 아내는 획일적인 교육 현실 속에서 아이들이 각박하게 시간을 보내는 것이 싫었고, 그런 현실 속에서 자신이 아이들의 꿈에 대한 열정과 사랑을 지켜 주기보다 현실을 쫓아가기 위해 아이들을 채찍질하게 될 것을 무서워했던 것이다.

'아! 아이들과 많은 시간을 함께하는 아내와 내가 실감하는 교육의 심각성이 다르구나. 아내와 아이들을 위해 무엇을 해야 한단 말인가? 나도 '나다움'을 간직한 꿈에 대해 확신이 없는데 어떻게 우리 아이들의 꿈을 찾아 주고 적절한 시기에 코칭을 해 줄 수 있겠는가?' 이런 생각이 계속 머릿속에 맴돌았다.

내가 이렇게 '평범한 선택'을 하면서 살아가는 모습을 아이들에게 보여 준다면 나의 아이들도 이런 모습을 배울 것이다. 이제는 더 이상 물러설 수 없다. 꿈으로 향하는 이 외나무다리에 지금 발을 내딛지 않으면 또다시 후회하며 평생을 살게 될 것이다. 이제는 기필코 이 다리를 건너리라.

　내가 선택한 첫 번째 외나무다리는 '나다움'을 간직한 책을 쓰는 것이었다. 나의 환경을 정리하고, 흔들리지 않는 내 꿈을 위해 모든 것을 변화시키는 책 쓰기를 시작했다. 내가 처음 쓴 초고는 성공에 관련된 것이었다. 성공에 대한 열망이 그만큼 강했고, 두 달여 만에 초고를 완성했다. 책을 쓰면서 나의 의식은 많은 변화를 겪었고, 성공을 향한 습관이 몸에 배고 있었다. 하지만 '지금 성공에 대한 책을 출간하면 누가 내 책을 볼 것인가?'라는 생각이 들었고 또 다른 주제를 찾기 시작했다.

　또 다른 주제는 리더십이었다. 회사에서 제대로 된 리더가 되고 싶었고, 아이들도 진정한 리더로 키우겠다는 마음에 리더십을 다룬 책에 몰입했다. 하지만 그 과정은 쉽지 않았고 난 조금씩 지쳐 가고 있었다. 그래서 김태광 대표 코치가 운영하는 〈한책협〉을 다시 찾았다. 다시 듣게 된 〈1일 특강〉에서 김태광 대표 코치를 다시 보게 되었다. 마음이 두근두근거리고 조마조마했다. 나는 지금까지 쓴 목차를 들고 김태광 대표 코치의 조언을 들었다. 김태광 대표 코치는 "서형덕 작가님! 이렇게 쓰면 안 돼요. 작년에 왔었죠? 지금 이거 할 시간이면 책 몇 권은 썼을 겁니다. 나한테 제대로 배워요."라며 나의 손을 덥석 잡아 주었다. 그리고 많은 작가들 앞에서 말할 수 있는 기회를 주었다.

"1년 만에 이곳을 다시 찾아오게 되었습니다. 김태광 대표 코치가 내민 손을 이제야 잡게 되었습니다. 가슴속에 담은 게 많아서 정말 책을 쓰고 싶었습니다. 제대로 배우고 제대로 책을 써서 여러분 앞에 다시 작가로 당당히 서겠습니다."

그리고 지금 이렇게 내 인생의 첫 번째 꿈을 향해 도전하는 중이다. 아빠가 찾은, 책 쓰기라는 꿈을 향해 걸어가는 모습을 보며 아이들은 즐거워하고 있다. 나는 안다. 이런 아빠의 모습을 보여주는 것이 최고의 교육이라는 것을. 그리고 책을 쓰면서 일과 나, 가정과 나, 사회와 나의 관계를 새롭게 정립하게 되었고, 나의 미래를 위한 더 많은 드림리스트가 탄생하게 되었다.

- 2017년 베스트셀러 작가가 된다. 평생 100권의 저자가 된다.
- 2017년 당당히 도전해서 메신저 아빠가 된다.
- 2017년 내 책으로 당당히 강의를 한다.
- 2018년 아이디어/콘텐츠 창출 전문가로서 강의한다.
- 2020년까지 '행복한 직장 만들기'의 최고 강사가 된다.
- 2024년까지 최고의 열정 강사가 된다.
- 2027년 최고로 행복한 회사를 운영한다.
- 2026년 40대에 50억 원 자산가가 된다.

– 교육재단을 설립하고 학교를 운영한다.

– 전 세계 100개국을 여행한다.

나의 드림리스트는 나만의 것이 아니다. 사랑하는 아내와 세 보물들과 기쁨을 같이할 것이고, 역경이 오더라도 옳은 방향으로 가고 있음을 의심하지 않을 것이다. 그리고 꿈의 여정 속에서 만나는 많은 인연들을 소중히 간직하며 항상 감사할 것이다. 그리고 훗날 세 아이에게 이렇게 말할 것이다.

"아빠는 지금도 후회하지 않는 삶을 살고 있어. 우리 딸들과 아들도 아빠처럼 살면 어떨까?"

14

문화 아트센터
설립하기

· 조헌주 ·

방송 작가, 글쓰기 코치, 영어 뮤지컬 강사, 자기계발 전문가

글을 쓰고, 사람들과 소통할 때 가장 행복한 프리랜서 방송 작가이자 뮤지컬 대본 작가다. 성인과 학생들을 대상으로 글쓰기 코치, 영어 뮤지컬 강사로도 활동하고 있다. 저서로는 《자존감 있는 글쓰기》가 있다.

· Email aahddll@naver.com   · Blog bolg.naver.com/aahddll
· Instagram ellie0611

"모든 인간은 오직 자신이 잘되고 행복하기 위해 산다. 인간이 자신이 행복해지고 싶은 욕구를 느끼지 못하면 살아 있다고 느끼지 못한다."

러시아의 대문호 톨스토이가 한 말이다. 난 어려서부터 행복한 삶에 대해 관심이 많았다. 행복이란 감정은 내가 좋아하는 것들을 할 때나 사랑받고 있을 때, 또는 인정받을 때 느껴진다. 하지만 그 무엇보다 꿈을 꿀 때 나는 가장 행복하다. 그리고 그 꿈들이 하나둘씩 이루어지며 현실이 될 때 더욱 살아 있음을 느낀다.

어린 시절에는 꿈이 참 많았다. 어렸을 때 말하는 '꿈'이라는 것은 커서 무엇이 되고 싶다는 것으로 직업과 관련된 것이 대다수를 차지할 것이다. 학창 시절 생활기록부의 나의 장래희망은 해마다 달라졌다. 그만큼 호기심도 많고 하고 싶은 것도 많았다는 반증일 것이다.

스튜어디스, 패션 디자이너, 치과의사순으로 이어지는 내 꿈의 변천사 속에서 최종적인 꿈은 방송 작가였다. 그리고 나는 그 꿈을 이루었다. 하나의 꿈을 이루었을 때 거기에 만족하지 않고, 또 다른 꿈을 꾸면 생활에 활력이 더해진다. 그렇게 나는 항상 꿈을 꾸며 '꿈 예찬론자'가 되었다.

그리고 그 꿈은 20대가 되면서 '내 가슴을 뛰게 하는 일'로 확장되었다. 구체적인 꿈도 있었고 모호해 보이는 꿈도 있었다. 하지만 각자의 모양대로 각자의 색깔을 내며 일사불란하게 움직였다. 그렇게 나의 인생이라는 도화지에 꿈을 그리고 원하는 색으로 색칠을 해 나갈 때 그 무엇보다 큰 희열과 기쁨을 맛보았다.

내 가슴을 뛰게 하는 대표적인 키워드를 꼽는다면 '여행'과 '뮤지컬'일 것이다. 거기에 지금은 '글쓰기'가 추가되었다. 질풍노도의 시기와도 같았던 20대 시절에 나는 틈나는 대로 여행을 다녔다. 그렇게 낯선 공기가 주는 매력에 중독되었다. 여행은 지칠 때 맞는 비타민 주사와도 같았다. 한국에 돌아와서는 그 힘으로 몇 개월을 살다가 또다시 떠나곤 했다. 휘청거리는 나의 20대를 그렇게 다잡아 나갔다. 여행한 지 10년 차가 되었을 때, 난 스페인의 카미노를 걷고 있었다. 길을 걸으면서 본연의 '나'와 마주하게 되었고, 인생 방향을 다시 설정하게 되었다. 《연금술사》의 작가 파울로 코엘료처럼….

세계적인 음악 회사의 중역으로 일하던 코엘료는 1986년 안정된 생활을 버리고 카미노행을 감행했다. 그의 나이 서른아홉이었다. 그는 이렇게 말했다. "열흘이 걸리든 10년 혹은 20년이 걸리든 글을 쓰고 말겠어." 순례가 끝난 후 그는 그렇게 오랫동안 간직했던 자신의 꿈을 향해 매진했고, 그 결과 지금은 세계적인 베스트셀러 작가가 되었다. 《연금술사》는 전 세계 120여 개국에서 2,000만 부가 팔리는 역사적인 기록을 세웠다.

산티아고 데 콤포스텔라로 향하는 카미노는 '순례의 길'이라고 불린다. 그 길을 걸으면서 난 글을 썼다. 한국에 돌아와서 여행 뮤지컬을 쓰고 싶었다. 그때 썼던 글들을 정리하는 과정 속에서 내가 예전에 꿈꿨던 것들이 새록새록 생각났다. 정말 책을 쓰고 싶었다. 간절하게 열망하면 기회는 어떻게든 생기게 마련이다. 나는 그 기회를 잡았고, 오랫동안 생각해 왔던 꿈을 이루었다.

산을 올라가 본 사람이 정상에서 느끼는 시원한 바람의 맛을 안다. 그리고 그다음 올라가야 할 산행을 준비한다. 꿈도 마찬가지다. 마음속에 간직한 꿈 하나를 이루었을 때 그 성취감으로 더 큰 다음 꿈에 도전할 수 있다. 그리고 꿈에 대해 스스로 제한을 두지 않는 것이 '꿈에 대한 예의'라고 말하고 싶다.

오프라 윈프리는 《내가 확실히 아는 것들》에서 "자리에서 일어나 밖으로 나가, 온전하게 살겠다는 선택을 하자. 그렇게 당신의 여행은 시작된다."라고 말했다.

내 인생을 온전하게 살겠다고 결심했을 때, 나를 움직였던 것은 '뮤지컬'이었다. 대학 시절 드라마를 쓰겠다는 학우들 사이에서 난 당당하게 뮤지컬을 쓰겠다고 말했다. 비록 강산이 변한다는 세월을 지내고서야 뮤지컬을 쓸 수 있었지만 말이다. 내가 대학생 때만 해도 뮤지컬이라는 분야가 대중화되지 않아서 멘토가 없었다는 사실을 깨달았다. 그 꿈 역시도 잊지 않고 있었더니 생각지도 않게 멘토를 만나고 그 분야에 대해 전문적으로 공부할 수 있었다.

인생은 속도가 아니라 방향이라는 말들을 많이 하지만 방향을 잘 설정했으면 속도도 중요하다고 본다. 속도가 나지 않는 방향 설정은 사람을 지치게 만들기 때문이다. 그래서 인생에서의 멘토가 참 중요하다. 20대 때 이렇다 할 멘토가 없었던 나는 가슴이 시키는 일을 향해 갈 때 모든 것을 겪으며 더디게 가야 했다. 목적지에 빨리 갈 수 있는 방법을 안다면 군이 돌아갈 필요가 없다. 나는 내가 겪었던 시행착오를 바탕으로 사람들에게 꿈과 희망을 주는 '메신저'가 되고 싶다. 내가 겪어 왔던 일이 누군가의 꿈이 되었을 때, 시행착오를 겪지 않고 빨리 나아갈 수 있게 말이다. 이 모든 것들을 종합해 봤을 때 꼭 이루고 싶은 나의 꿈을 정리한다면 이렇게 말할 수 있을 것이다.

- 글쓰기·여행 라이프 코치, 강연가, 베스트셀러 작가로 평생 살아가기
- 꿈·희망을 전하는 메신저 되기
- 뮤지컬 작가, 연출가 되기
- 세계를 무대 삼아 일하는 사람 되기

이 모든 것들을 실현할 수 있는 '문화 아트센터'를 설립하고 싶다. 그리고 그곳에서 문화 생활자로 꿈과 희망을 나누면서 살아가는 것이 꼭 이루고 싶은 나의 꿈이다. 뮤지컬을 시리즈로 만들어서 공연하고, 북 카페에서 책을 읽으며 인생을 자유롭게 나누는 것이다. 문화를 통해서 인생을 더 행복하게 살 수 있는 방법을 고민하면서 말이다.

이 글을 쓰고 있는 지금 나는 또 다른 여행을 앞두고 있다. 오래전부터 꿈꿔 왔던 여행이다. 종이에 적고 꿈을 꿨더니 생각지도 못한 방법으로 자연스럽게 또 하나의 꿈을 이룰 수 있게 되었

다. 목적지를 정하고 비행기 티켓을 끊으면 여행이 시작되는 것처럼 꿈도 종이에 쓸 때 이미 시작되고 있다는 것을 잊지 말자. 그리고 더 큰 꿈을 향해 나아가자. 우리는 우리의 삶만으로도 아름다움을 창조하는 진정한 예술가다.

15

사람들에게 위로와 희망을 주는 작가, 강연가 되기

· 송세실 ·

간호사, 간호사 코치, 심리상담가, 동물보호활동가, 동기부여가, 자기계발 작가

현직 간호사이자 간호사 코치로 활동하고 있다. 10년 동안의 간호사 활동을 담은 개인저서가 나올 예정이며 1인 기업가로 활동하기 위해 준비하고 있다. 또한 사람과 동물 모두 행복한 세상을 만들기 위해 힘쓰고 있다.

· Email violue@hanmail.net

"이건 이렇게 되는 거예요. 알겠어요?"

어린이용 의자에 앉은 한 꼬마가 무언가를 열심히 설명한다. 이제 네 살이나 되었을까 싶은 그 아이가 설명하는 대상을 보니 놀랍게도 인형들이다. 때론 인형들이 아이의 청중이 되었고, 때로는 눈에 보이지 않는 가상의 대상들이 청중이 되었다. 눈앞에 있는 것이 누구인지 아이에게는 중요하지 않았다. 그저 자신이 알고 있는 것을 전달하는 사실만이 중요할 뿐이었다.

아이의 놀이는 언제나 그런 식이었다. 동화를 읽어도 그 내용을 가상의 청중에게 발표했고 새로이 알게 된 지식 또한 자신의 언어로 그들에게 알려 주었다. 또한 자신보다 어린 아이가 무언가를 궁금해하면 책과 사전을 찾아서라도 알아내어 그 아이에게 설명해 주었다. 그 모습을 보는 아이의 부모와 친척들은 그 아이가 커서 얼마나 대단한 인물이 될지 궁금해했다. 아이를 보는 사람들마다 기대 어린 말로 커서 큰사람이 될 것이라고 했다. 이른바 '될성부른 떡잎'이라고 했다.

그러나 모든 사람들의 기대와는 조금 다르게 그 아이는 커서 평범한 간호사가 되었다. 물론 간호사라는 직업이 대단하지 않다는 것은 아니지만 그들의 기준에서는 평범한 것이었다. 주변 사람들의 실망은 컸다. 떡잎이 푸르다고 모두 큰 나무가 되는 것은 아니라고, 이상에서 현실로 내려앉은 아이의 성장을 그렇게 단정 지었다. 그리고 자신에게 실망한 아이 또한 그렇게 본인을 평가했다.

어렸을 때는 누구보다 빛나고 푸르던 아이, 그게 나였다. 외동딸인 나는 혼자인 시간이 많았다. 그러다 보니 혼자서도 할 수 있는 놀이를 만들어 내게 되었다. 그 놀이가 바로 인형들을 모아 놓고, 때론 빈 허공에 가상의 관중을 채워 놓고 무언가를 열심히 가르치는 것이었다. 나는 그 놀이를 꽤 좋아했고 즐겨 했다.

돌이켜 생각해 보면 나는 어렸을 때부터 누군가에게 내가 아는 것을 전달하는 것을 좋아했다. 대개는 가르치는 형태가 되었지만 나는 나의 지식을 나누는 행위를 사랑했다. 이것을 보고 부모님은 내게 선생님이 되라고 말씀하셨다. 그러나 나는 단 한순간도 선생님이 되고 싶은 적이 없었다. 어릴 적 서른 가지에 달하는 나의 장래희망에도 선생님은 없었다.

은근히 선생님이나 교수가 되길 바라셨던 부모님은 내게 실망하셨다. 그래서 내게 "대체 네가 하고 싶은 것이 무엇이고 네 꿈이 무엇이냐?"라고 재촉하기도 하셨다. 그러나 나도 알지 못하는 것을 대답할 수 있을 리 만무했다. 내가 되고 싶은 것은 막연했고 형태가 뚜렷하게 보이지 않았기에 그 형태를 무엇이라 부를지 몰랐기 때문이다.

뭘 하고 싶은지 정확히 알지 못했던 나는 결국 부모님의 뜻에 따라 간호학과에 진학하게 되었고 졸업 후 간호사로 일하게 되었다. 간호사는 생각보다 많은 에너지를 필요로 하는 일이었다. 나는 육체적·정신적으로 늘 지쳐 있었다. 꿈에 대한 갈증은 있었지만 현실이 너무 벅차서 꿈은 점점 잊히고 있었다. 가끔 여유가 생길 때 돌아보며 '아, 내가 이걸 하고 싶었었지.' 하다 말게 되었다.

그러던 어느 날, 우연히 TV에서 김미경 강사를 보게 되었다. 무대를 압도하는 카리스마, 좌중을 휘어잡는 흡입력, 그리고 재미있으면서도 가슴을 울리는 내용까지. 그 모든 것은 내 눈과 귀와 마음을 흔들기에 충분했다.

'저거다!' 나는 그때 내 어렴풋했던 꿈의 윤곽을 보았다. 나는 김미경 강사처럼 사람들과 소통하는 강연가가 되고 싶었던 것이다. 내 경험과 지식을 누군가에게 전달하면서 그 사람에게 꿈과 희망도 전해 주고 싶었다.

"엄마, 나 김미경 원장 같은 사람이 되고 싶어. 저게 내가 하고 싶었던 거야."

나는 내 꿈에 형태를 만들어 주었고 그 꿈을 선포했다. 꿈을 입 밖으로 꺼내 실체화했던 날, 부모님은 저런 사람이 되기 위해서는 공부를 해야 한다며 대학원엘 가라고 했다. 대학원을 가면 잘 구슬려서 박사학위까지 따게 할 생각이었는지도 모른다. 우리 엄마는 내가 교수가 되는 꿈을 아직도 버리지 않고 있다.

사실 어떻게 하면 김미경 원장처럼 되는지 몰랐던 나는 엄마 말씀처럼 공부를 하기 시작했다. 대학원을 갈 생각은 없었지만 어떻게든 많이 배우면 내게 기회가 생길 것 같았기 때문이다. 내가 어느 분야의 전문가가 되면 강연할 기회가 생길 것이고 그 기회를 잘 이어 나가면 김미경 원장처럼 될 것 같았다.

그렇게 속절없이 시간이 흘렀고 내 꿈에 대한 갈증은 더 커져만 갔다. 그저 막연하게만 노력하다 보니 내가 잘하고 있는 것인지 때때로 의문도 들었다. 그러나 확인할 방법은 없었다. 잘하고 있겠거니, 제대로 가는 것이겠거니 스스로를 위안하며 버텨 왔다. 그렇게 지내다 우연히 〈한책협〉을 알게 되었다.

〈한책협〉에서는 강연가가 되기 위해서는 먼저 책을 쓰라고 말한다. 자신의 지식과 경험을 책에다 녹여내면 그 책을 보고 독자들이 나를 찾게 되고 그러면 강연 기회도 찾아오게 된다는 것이다.

'내가 왜 이 생각을 못했지?' 〈한책협〉의 가르침은 나의 생각을 비틀었고 꿈으로 가는 직선 도로를 알려 주었다. 어렸을 때부터 내 꿈이었던 작가와 형태를 몰랐던 꿈인 강연가가 하나로 만나게 되었다. 그동안 내가 아프고 힘들었던 시간이 모두 나의 글감이 되었고, 강연 자료가 되었다.

사실 나는 운이 좋은 편이 아니었다. 아니 오히려 운이 나쁜 편이었다. 세상에는 모든 돌부리에 다 걸려 넘어지는 사람이 있는가 하면 돌부리에 한 번도 걸리지 않거나 그저 스쳐 지나가는 사람이 있다. 나는 돌부리마다 다 걸려서 넘어지는 사람이었다. 남들은 잘만 살아가는데 왜 내게만 이런 힘든 일들이 일어나는지 원망스러울 때도 많았다.

그러나 이제는 그런 경험들에 감사한다. 내가 넘어져 보지 않았다면 넘어져서 아파하는 사람들에게 진심 어린 위로를 해 주지 못했을 것이고, 내가 상처 받지 않았다면 상처 받은 사람이 얼마나 힘들고 고통스러운지 공감하지 못했을 것이다. 또한 내가 체험하고 깨달은 경험들은 오직 나만의 것으로 그 누구도 모방하거나 흉내 낼 수 없는 것이다. 누군가 내 경험을 훔친다 해도 그 울림이 나와 같을 수는 없다. 이 얼마나 매력적인가! 수없이 좌절하고 넘어져서 딱지가 앉은 내 상처들은 나를 단단하게 만들어 주었다. 푸르던 떡잎은 아직 큰 나무는 아니지만 이제 땅에 깊게 뿌리를 내릴 수 있게 되었다.

생각해 보면 지난 시간들은 하나도 버릴 것이 없었다. 나의 성공도, 실패도 다 내 자산이었다. 김미경 원장은 '실패는 두 가지 모자란 성공'이라고 말했다. 두 가지가 모자란 실패들이 실패창고에 쌓이고 어느 날 그 모자란 두 가지를 채우게 되면 성공이 만들어지는 것이라고 말이다. 내 실패창고에 얼마나 많은 실패들이 쌓였는지는 모르지만 그 창고에서 곧 하나의 성공을 꺼낼 수 있을 것 같은 예감이 든다.

"꿈을 계속 간직하고 있으면 반드시 실현할 때가 온다."

독일의 대문호 괴테는 꿈에 대해서 이렇게 말했다. 어쩌면 내가 현실에 치여 살아가는 동안에도 꿈을 버리지 않았기에 이런 날이 오는 것 같다. 혹시 누군가 예전의 나처럼 실체가 분명치 않은 꿈 때문에 방황하고 현실에 치여 꿈을 잊고 사는 사람이 있다면 이 이야기를 해주고 싶다. 나는 꿈을 계속 간직하고 있었기에 그 꿈을 실현할 날을 곧 만나게 되었다고 말이다.

16

대한민국 최고의
강연가로 성공하기

· 박경례 ·

부동산 컨설턴트, 공인중개사 코치, 부동산 투자자, 자기계발 작가, 강연가, 동기부여가

20여 년 동안 해 온 부동산 컨설팅을 바탕으로 자신만의 경험과 노하우를 사람들에게 알려 주고 있다. 현재 네이버 카페 '30대를 위한 부동산 투자 연구소'를 운영 중이며, 강연가로 활동 중이다. 공인중개사 코치, 동기부여가로도 활동하고 있다.

· Email sophia88888@naver.com   · Blog blog.naver.com/sophia88888
· Cafe cafe.naver.com/anyomnia   · C·P 010.6900.4984

많은 사람들은 본인이 현재 하는 일에 만족하지 않더라도 또 다른 일을 찾아서 도전하기란 쉽지 않다고 생각한다. 나 역시 이제껏 그렇게 살았다. 살아가는 데 있어 가장 중요한 것이 돈이라고 생각했기 때문에 돈에 얽매이고 돈에 끌려다니듯 했었다.

하지만 내가 살아가는 데 버팀목 역할을 톡톡히 해 줬던 세 아이들을 봐서라도 힘든 내색은 할 수 없었다. 힘들고 지쳐 쓰러질 것 같은 상황인데도 "나 힘들다. 정말 힘들어서 그만하고 싶다."라는 말로 아이들을 혼란스럽게 하고 싶지 않았다. 그렇게 속으로 끙끙 앓으면서 나는 지쳐 가고 있었다.

하지만 부동산을 운영하면서 돈을 좇는 나의 생활 패턴에는 전혀 변화가 없었다. 솔직히 부동산 일에 식상한 상태이기도 했다. 이렇게 말하면 사람들은 오히려 정색을 한다. 남들처럼 구조조정 당할 일 없고 돈도 잘 버는데 무슨 걱정이냐고. 그렇지만 나는 당시 새로운 무언가를 하고 싶었고 그렇게 또 다른 돌파구를 찾고 있었다.

그러다 우연한 기회에 책을 쓰게 되면서 내 인생의 기준이 완전히 바뀌었다. '이런 게 행복이구나!'라고 생각에 변화가 오면서 정말 하루하루가 행복하다. 시간을 쪼개서 글을 쓰는 바쁜 와중에도 부동산 컨설팅이나 임장활동을 더욱 즐겁게 하고 있다.

나에게 변화를 가져다주고 인생 2막을 설계하게 해 준 잊지 못할 최고의 은인은 〈한책협〉의 김태광 대표 코치다. 그를 알게 된 후로 나의 생각들에 변화가 일어나고 있다. 그리고 그가 운영하는 모든 시스템을 배우고 따라 하고 있다. 다른 곳에서는 가르쳐 주지 않는 프로그램들을 빠른 시일 내에 배우면서 습득하고 있다. 그동안 꿈꾸면서도 도전하지 않고 머물러 있던 나였지만 하나씩 벽을 허물며 나아갈 수 있는 힘을 얻고 있다.

나는 새로운 것들에 도전하면서 삶의 활력을 얻고 너무 행복한 날들을 보내고 있다. 우연한 기회에 〈한책협〉의 〈1일 특강〉을 듣고 이렇게 책을 쓰기까지는 불과 5개월 남짓 되었다. 처음에 한 권만 쓰려고 시작했던 것이 지속적으로 쓰게 되어 나의 책이 계속 나올 예정이다. 그리고 베스트셀러로 우뚝 설 것을 믿어 의심치 않는다. 왜냐하면 내가 쓰는 책은 내가 겪었던 나만의 스토리를 담은, 이 세상 어디에도 없는 책이기 때문이다. 벌써 5권의 책을 써냈다. 이는 이룰 수 없는 꿈이라는 생각을 버리고 이룰 수 있다고 생각을 바꿔 이룬 결실이다. 같은 꿈을 향해 나아가는 꿈맥과의 교류는 나에게 사막에서 오아시스를 만나는 것 같은 행운을 거머쥐게 해 주고 있다.

나의 하루 일과는 새벽에 일어나 드림보드에 앞으로 이루어질 일들을 시각화하면서 마인드컨트롤을 하는 데서 시작된다. 그런 다음 〈한책협〉 카페에 들어가 감사일기를 쓰고 내가 운영하는 네이버 카페 〈30대를 위한 부동산 투자 연구소〉의 회원들을 위해 칼럼도 쓰고 좋은 정보를 제공해 주는 글을 쓴다. 언제나 부동산 중개 일로 시간에 쫓겨 살던 내가 지금은 부동산 투자 컨설팅을 해 주면서 행복한 날들을 보내고 있다.

내가 앞으로 이루고자 하는 것들이 시각화를 통해 더욱 선명해지고 있다. 모치즈키 도시타카의 저서 《당신의 소중한 꿈을 이루는 보물지도》를 읽고는 더욱 확신하게 되었다. 나만의 드림보드에 하나씩 그림을 붙여 놓고 매일 아침 내가 이룰 일들을 생각하면서 하루를 시작한다. 그것들은 빌딩 갖기, 여의도 크기만큼의 땅 사기, 꼬마빌딩으로 나만의 스트리트 만들기, 크루즈 여행하기, 청담동 50평 아파트로 이사 가기, 내 아이들을 세상에서 가장 행복하게 만들어 주기, 건강을 위해 몸 근육 만들기, 아이들과 전국 투어 맛집 다니기, 우리 아들 수능 1등급 받도록 돕기, 강연가로 나서기, 나만의 책 1년에 1권씩 써내기 등이다.

강연을 준비하면서 나에게 또 한 가지 이루고 싶은 게 생겼다. 지금까지의 하고 싶고 갖고 싶은 것에 더해 대한민국에서 가장 영향력 있는 강연가로 우뚝 서서 TV 출연, 잡지 인터뷰, 신문칼럼 기고를 하고 싶다. 이미 감사일기를 쓰면서 제의가 들어와서 딱 한 번 칼럼을 써 봤다. 불과 수개월 전까지만 해도 상상할 수 없는 일이었다.

처음 책을 썼을 때 나는 소박한 꿈을 꿨었다. 부동산 컨설팅을 받는 사람조차도 TV 강연을 했거나 책을 써낸 사람들이라야 컨설팅을 해 주고 그에 대한 대가를 받는다고 생각한다. 이에 비해 나는 컨설팅을 해 주고도 고맙다고 내미는 음료수나 빵 봉지에 만족해야 되는 실정을 여러 번 느꼈다.

'왜 나는 20년 경력을 가지고서도 컨설팅을 무료로 해 줘야 되나?'

이런 생각이 들었다. 그러고는 무언가 대책을 세우자는 생각이 깊어지면서 책을 쓰게 되었던 것이다. 또 한 가지 이유는 어느 날 갑자기 죽음에 대해 생각하면서 급 우울해졌기 때문이었다.

이렇게 사소한 꿈에서 시작된 책 쓰기를 통해 지금 나는 굉장히 가지고 싶고 하고 싶은 것들이 많아져 가고 있다. '책을 쓸 수 있을까?'라는 의구심을 떨치고 책 쓰기를 해냈고, '강연을 할 수 있을까?'라는 두려움을 이기고 아직은 서투르지만 해내고 있다. 나는 지금 더욱 완벽한 강연을 하기 위한 트레이닝을 받고 있다. 부동산에 관해서는 경험 많은 전문가이지만 아직 강연에서는 새내기로 완전 초보 수준이다.

강연 연습을 하면서 내가 얼마나 초보인지 새삼 느낄 수 있었다. 아들 앞에서 연습을 하면서 "내가 하는 강연 어떠니? 어떻게 들어 줄 만하니?" 하면 아들 녀석은 거짓말도 할 줄 모르는지 "아직은 초보티 팍팍 납니다." 하면서도 "처음부터 잘할 수 있나요? 차츰 좋아질 겁니다."라고 위로를 해 준다.

큰딸에게도 내 강연을 피드백해 달라고 했다. 그러자 "엄마 겨드랑이에 뭔 문제 있어? 왜 한쪽 손만 바보처럼 움직여. 동작을 좀 크게 하라고!"라고 매몰차게 혹평한다. 하지만 크리에이터를 꿈꾸는 둘째 딸은 달랐다. "엄마 쉬운 것은 없어. 연습하면 돼! 나 봐. 유튜브 하나 찍기 위해 꼬박 밤새우면서 지웠다 다시 찍기를 얼마만큼 반복하는 줄 알아? 엄마도 할 수 있어!"라고 팍팍 용기를 불어넣어 준다. 이렇게 아이들의 피드백을 받으면서 조금씩 강연에 대한 두려움을 떨쳐 나가고 있다.

이렇게 평범한 아줌마도 베스트셀러 작가의 꿈을 이루기 위해, 영향력 있는 최고의 강연가로 거듭나기 위해 열심히 한 걸음씩 발을 내딛고 있다. 갓난아기도 무수히 넘어지는 고통을 감내해야 한 발짝씩 걸음을 뗄 수 있다. 그런데도 아이들은 힘드니까 그만한다고 하지 않는다. 왜냐하면 그게 순리이기 때문에 납득할 것도 없이 받아들이는 것이다. 나도 그럴 것이다. 이렇게 내가 가는 길을 받아들이자 할 수 있다는 자신감이 불끈불끈 솟는다.

　　나는 아주 가까운 시일 안에 영향력 있는 강연가로 우뚝 설 것이다. TV에 나가서 사람들에게 동기부여를 해 주고 그들에게 영향력을 끼치는 사람이 될 것이다. 그들에게 온전한 나만의 스토리로 많은 감동을 줄 수 있는 그날이 머지않았다. 나는 해낼 것이다. 내가 반드시 그렇게 만들 것이다.

17

꿈 부부로 경제적인 자유 누리며 행복하게 살기

· 이하늘 ·

〈한책협〉, 〈임마이티 컴퍼니〉 코치, 자기계발 작가, 동기부여가

어느 날 한 권의 책으로 자신을 되돌아보는 계기를 가졌다. 늘 궁금했던 '나'를 책을 통해 이해하고 나의 진정한 모습을 찾을 수 있었다. 현재 많은 사람들이 명확하게 표현하고, 주도적인 삶을 살아갈 수 있도록 거절하는 법에 대한 책을 집필 중이다. 저서로는 《미래일기》 외 4권이 있다.

· Email. skyl86@naver.com   · C·P. 010.3624.3811

어렸을 때 학교에서 장래 희망을 써서 제출하라고 해 적어 낸 적이 누구나 한번쯤 있을 것이다. 대부분은 '나는 커서 무엇이 되고 싶을까?'라고 생각해 보기 전에, 자신이 무엇을 좋아하는지도 원하는 것이 무엇인지도 모른 채 부모가 하라는 대로 혹은 미래에 잘나갈 것 같은 직업을 쓰기 바빴을 것이다. 꿈이 아닌 목표를 써내곤 했던 것이다. 그 당시 우리 대부분은 선생님, 의사 등 전문 직업을 장래 희망으로 많이 꼽았다. 안정적이고 매달 급여가 들어오는 직업을 최종 꿈이라고 생각했다.

지금도 여전히 학교에서 학생들의 꿈을 조사할 때면 그들의 꿈이 대부분 직장인이라는 것에 놀라움을 금치 못한다. 자신이 좋아하는 것을 찾아야 하는 시기에 학업에 몰두하느라 꿈이 무엇인지도 모르는 경우가 허다하다.

나 역시 10대에 꿈이 없었던 것 같다. 자신이 해 오던 것을 끝까지 유지하고 안정적으로 살아가는 것이 나의 꿈이었다. 20대에 들어서도 명확한 목표 없이 주어진 일에 열심히 성실하게 매진했다. 그 결과 역시 두드러지게 나타나는 큰 성과는 없었다. 반복되는 일상에 나는 서서히 지쳐 갔고, 모든 것을 느닷없이 내려놓을 만큼 나의 정체성이 흔들렸다.

나는 누구일까, 내가 왜 이렇게 살고 있는 건지, 내가 진정 좋아하는 것이 무엇인지 깊은 생각에 빠졌고, 그렇게 나는 20대 중반에 나의 꿈과 인생에 대해 고민하기 시작했다. 온종일 집에서 이 생각 저 생각을 하며 한숨만 내쉬었다. 앞으로 나의 미래가 없을 것 같은 두려움과 공포감이 밀려왔다. 서서히 나쁜 생각과 기운들이 나를 감싸기 시작했고 시도 때도 없는 어지럼증과 가슴 답답한 증상이 깊어만 갔다.

더 이상 이렇게 있으면 안 될 것 같은 느낌에 나는 집 밖으로 나와 평소에 자주 갔던 광화문 교보문고로 향했다. 마음과 정신이 힘들었기에 다른 무언가에 오롯이 집중하고 싶었다. 책은 나에게 따뜻한 말과 위로를 건네주는 그런 존재였다. 나는 닥치는 대로 책을 읽기 시작했다.

책을 통해서 나의 현 상황을 파악하고 해결책을 찾기 시작했다. 소극적이고 내성적인 성격 탓에 특별히 무엇에 도전했던 경험이 없던 터라 20대 후반부터 무작정 새로운 것에 도전하기 시작했다. 무턱대고 영어 학원에 등록해서 영어 공부를 시작했고 내성적인 성격을 극복하기 위해 스피치 학원에 등록하기도 했다. 난생처음 전문 상담사를 찾아가 상담을 받기도 했다. 이렇게 적극적으로 행동하면서 두렵기만 했던 세상이 내게 달리 보이기 시작했고 경험하지 못했던 수많은 것들을 보고 느낄 수 있었다.

그러던 중 나는 임원화 작가의 《하루 10분 독서의 힘》을 읽고 인생의 큰 전환점을 맞이했다. 내가 그토록 꿈꾸고 원하는 삶을 살 수 있는 방법을 찾았기 때문이다. 그것은 바로 책 쓰기였다. 책에 소개된 〈한책협〉 네이버 카페에 가입했고 카페에 쓰여 있는, 평범한 사람일수록 책을 쓰고, 책을 써야 성공한다는 말에 심장이 뛰기 시작했다.

책 쓰기는 나에게 원하는 삶을 살 수 있게 해 줄 것이라는 강한 확신이 들었다. 바로 〈책 쓰기 과정〉에 등록하고 싶었지만 여의치 않은 상황이어서 나는 임원화 작가에게 조언을 구했다. 수단과 방법을 가리지 않고 방법을 찾던 나는 우연히 스태프를 채용할 것이라는 임원화 작가의 드림리스트를 보고 망설임 없이 지원했다. 나는 여러 미션을 거쳐 〈임마이티 컴퍼니〉 스태프로 채용되었고, 임원화 대표의 추천으로 먼저 〈책꿈디자인〉 4주 과정을 수강했다. 과정 속에서 나는 드림리스트, 비전선언문, 소명선언문, 드림보드를 작성하면서 내가 원하는 것이 무엇인지 찾았다.

나는 〈책꿈디자인〉 과정을 시작으로 〈한책협〉의 과정을 대부분 듣고 마지막으로 〈책 쓰기 과정〉을 수료했다. 나의 스토리로 또 다른 누군가에게 꿈과 희망이 될 수 있다는 사실에 자신감을 얻었고, 비로소 진짜 나의 인생의 큰 그림을 완성시켰다.

〈한책협〉의 프로그램을 수강하며 다양한 직종의 꿈맥들과 매주 함께하는 것은 너무나도 행복한 일이었다. 서로를 응원하고 지지하는 사람들과 함께한다는 자체만으로도 축복받은 느낌이었다.

더 나아가 꿈맥에서 꿈 커플, 꿈 부부와도 함께했다. 같은 곳을 바라보고 평생을 함께하는 동반자가 있다는 것은 너무나 멋진 일이었다. 서로를 지지하고 응원하고 존중하는 두 사람의 모습은 그동안 내가 꿈꿔 온 이상적인 모습들이었다. 매주 꿈맥과 꿈 커플, 꿈 부부를 보면서 언젠가는 만나게 될 나의 꿈 부부 기준을 처음으로 정했다.

– 존중할 수 있는 사람
– 긍정적인 사람

- 나를 지지해 주는 사람
- 책 읽는 사람

모든 조건이 충족되는 사람이 있을 수도, 없을 수도 있지만 나와 비슷한 생각을 가지고 있는 사람이라면 그것만으로 충분하다. 서로를 이해하고 응원해 줄 수 있는 것만으로도 최고의 꿈 부부가 될 수 있기 때문이다.

이렇게 내가 원하는 이상형을 구체적으로 종이에 쓴 결과, 나는 나의 꿈 남편을 만날 수 있었다. 입버릇처럼 말했던 것이 이루어진 것이다. 우리는 지금 서로에게 꼭 맞는 존재가 되어 응원하고 지지하며 이제는 꿈 커플 그 이상으로 함께 나아가고 있다.

우리는 대한민국 자기계발 기업 〈한책협〉과 모두의 잠재력을 깨우는 기업 〈임마이티 컴퍼니〉에서 주체적으로 일하며 코치로 활동하고 있다. 각자의 명확한 목표를 설정하고 행복한 삶을 만들어 가고 있다. 우리는 매년 개인저서를 쓰고 공동저서를 쓰는 작가 부부, 머스탱, 벤츠를 타고 함께 강연 가는 강연가, 코치의 삶을 꿈꾸고 있다.

혼자 꿈꿔 온 드림리스트를 꿈 남편과 함께 꿈터이자 일터에서 〈한책협〉 김태광 대표 코치와 〈임마이티 컴퍼니〉 임원화 코치의 조언을 받고 시너지 효과를 내며 우리는 누구보다 빠르게 성장하고 변하고 있다. 우리는 같은 곳을 바라보는 꿈 부부가 아닌, 서로 마주해 소통하고 서로 존중하고 응원하는 꿈 부부로 성장하고 있다.

나는 주체적인 삶을 살아가기 위해 책을 썼고 책을 통해 평생 함께할 꿈맥도 만났다. 이제는 혼자 그리는 큰 그림이 아닌, 꿈맥과 함께 더 크게 행복과 즐거움으로 가득 찬 그림을 그려 나갈 것이다. 나의 큰 그림에 꿈맥과 함께할 수 있다면 더없이 행복한 나날들이 될 것이다.

18

진심도 실력도 100배로
성공한 진로 코치 되기

· 이주연 ·

'한국진로코칭연구소' 운영, 글쓰기 코치, 상담가, 강연가, 자기계발 작가

자녀들을 특목고와 자사고를 졸업시켜 명문대에 입학시킨 엄마이자 20년 경력의 교육학 박사로, 아이들과 부모, 더 넓게 지구별에 사는 우리 모두의 삶에 대한 문제를 화두로 삼고 있다. 그 실천적인 방법을 찾다 어린 시절에 공부 습관을 어떻게 들이느냐가 성인의 생활 습관으로 이어진다는 생각으로 《10분 몰입 공부법》을 썼다. 그 외 저서로는 《보물지도 8》, 《인생을 바꾸는 감사일기의 힘》, 《나는 책쓰기로 당당하게 사는 법을 배웠다》가 있다.

· Email jydreamcatcher@naver.com   · Blog blog.naver.com/anggela
· Cafe k-careeraptitude.com

나는 평범한 학생으로 살아왔지만 마음속 깊은 곳에서는 과연 마음이 편안한지 항상 의문을 가져 왔다. 특별한 종교가 없는 집안에서 자랐고, 고등학교 때까지는 그냥 어른이 되면 행복해질 것이라는 생각으로 지냈다. 구체적으로 말하면 내가 원하는 대학에 들어가면 행복해질 수 있을 것이라 생각했다. 이때 진로를 좀 더 구체적으로 정했으면 열정을 다해 공부하면서 행복감을 느꼈을 수도 있었을 텐데, 난 그렇지 못했다. 그냥 서울의 상위권 대학에 들어가면 된다는 생각이었다. 막연하게 아주 어렸을 때부터 아

프리카에서 봉사하는 슈바이처 같은 사람이 되고 싶다는 생각을 한 적은 있다.

만약 지금 예전의 나와 같은 학생이 있다면 '이주연의 진로코칭 프로그램'이 도움이 될 텐데 하는 생각이 든다. '이주연의 진로코칭 프로그램'에서는 일단 학생의 성적 자료를 준비시키고 상담을 실시한다. 그러곤 공부 습관이나 친구들과의 관계, 가족 관계 등을 파악하고 MBTI, Strong 검사, 프레디저 검사 등 다양한 검사들 중에서 학생에게 맞는 검사를 두 가지 실시해 얻은 객관적인 자료의 공통점을 파악한다. 그 자료를 가지고 앞으로 어떤 사람이 되고 싶은지에 대해 상담한다.

그 결과를 바탕으로 세 가지의 진로 미션을 주어서 실행해 본 결과를 다시 수정, 보완해서 미래의 큰 그림을 함께 그리며 동기부여를 해 준다. 그려진 큰 그림에 꼭 맞는, 가슴이 두근거리는 보물지도를 그리도록 하면서 5년, 3년 등 순차적으로 계획을 좁혀 오늘의 시점까지 오도록 돕는다. 그리고 오늘 하루에 꼭 해야 할 것이 무엇인지를 정하고 체크리스트를 주어서 현재의 일상에 충실하도록 하는 습관을 갖게 한다. 그러고는 상담 전의 성적과 핵심 공부 습관, 상담 후의 한 학기 성적과 핵심 공부 습관 그리고 1년 후의 성적과 핵심 공부 습관을 체크하면서 상담 후 1년까지의 변화를 보고 학생에게 맞는 피드백을 해 준다.

그런데 약 35년 전의 나의 주변에는 그런 도움을 줄 사람이 없었다. 그냥 주어진 학교 공부를 충실히 하는 학생으로 중·고등학교를 지내고 진학한 대학교는 내가 어렸을 때 막연하게 꿈꾸었던, 슈바이처 같은 사람이 되기 위한 의대가 아닌 사범대였다. 스스로의 의지가 확고하다면 학교를 변경해서라도 의대를 고집했어야 했는데, 어렸을 때의 꿈이 구체적이지 않고 막연했기 때문에 슬며시 꿈을 접고 사범대를 선택했다.

그 후에도 철저한 목표의식 없이, 하지만 열심히 대학생활을 했다. 그렇게 하면서 마음의 문제를 잊어버릴 때쯤 한 가지 의문이 들었다. 그래서 혼자 교회와 성당을 다니면서 신자 등록을 하고 또 알 수 없는 그 무엇에 끌려서 주말마다 성당에 앉아 있었다. 그 후 자연스럽게 철학이나 상담 분야에 관심을 가지면서 줄곧 이 분야를 공부해 오고 있다.

나는 어렸을 때의 막연한 꿈과 지금의 현실이 일치하지 않는다는 사실에 왠지 부족함을 느끼는 마음을 한쪽에 접어 두고 지냈다. 사실 한의대 편입시험을 볼까 고민한 적도 있다. 그러나 나의 일상 또한 소중했고 그 부분에 충실했다. 학교에 출근하면 나를 기다리고 있는 아이들이 있었고, 눈을 뜨면 엄마의 보호가 필요한 내 아이들이 있었다. 그런 아이들의 교육에 대한 이론을 공부하는 과정에서 딴 교육학 박사학위는 스스로 결정해서 탐구해 나가는 과정이 얼마나 즐겁고 가치 있는 일인가를 알려 주기도 했다.

'생뚱맞죠, 자유로운 영혼'은 MBTI 성격유형 검사를 집단상담 형식으로 하면서 각자 자신들의 특성에 맞게 조 이름을 정해 보라고 했을 때 나온 한 유형의 조 이름이다. 또한 이 유형들에게 좋아하거나 자신들의 유형을 연상시키는 속담이나 말을 떠올려 써 보라고 하면 다음과 같은 말이 나온다. '네 꿈을 펼쳐라, 하루를 살아도 반짝이며 살고 싶다, 열정적으로 새로운 관계를 만드는 사람들.' 여러분들은 이 표현들을 보고 어떤 특징이 떠오르는가?

지금까지 이야기한 성향의 사람들은 MBTI 유형에서 ENFP에 해당하는 사람들이다. 여기에서 영어 대문자인 E는 자신의 에너지의 방향이 외부(Extrovert)로 향하는 사람으로 외부세계가 이들의 관심을 끈다. 둘째 대문자인 N은 직관(iNtuition)으로 외부에서 일어나는 사실이나 사건 이면의 관계, 가능성을 더 잘 인식하는 유형이다. 셋째 대문자인 F는 어떤 일을 판단할 때 감정(Feeling)으로, 즉 정서를 통한 사람들과의 관계나 상황을 고려해 판단하는 유형이다. 넷째 대문자인 P는 인식(Perceiving)으로 외부세계로 사실이나 사건을 판단하기보다는 그 정보 자체에 관심이 많고 새로운 변화에 적응하고자 하는 면이 강한 유형이다.

이와 같은 유형에게 권할 수 있는 진로는 다양한 관심사, 가능성을 포착하는 능력, 공감 능력, 적응력을 발휘할 수 있는 직업이다. 즉, 사람들의 관계를 중시하고 사람들의 성장을 촉진할 수 있으며 말이나 글로 의사소통을 하고 표현하는 기술을 필요로 하는 직업이다. 구체적으로 어떤 직업을 예로 들 수 있을까? 상담가, 심리학자, 작가, 교육상담가, 컨설턴트, 종교인 등을 들 수 있다.

진로에 대해서 고민이 많았던 나 자신을 MBTI 도구로 알아본 결과 나는 ENFP 유형이다. 그렇게 파악하고 나니 이제까지 내가 관심을 가져 왔던 것들이 이해가 되었다. 종교나 마음의 문제에 관심이 많고 의사 중에서도 꼭 아프리카에서 봉사하는 의사를 꿈꾼 것도 그러고 보니 이해가 된다. 사범대학에 진학한 것이야말로 내 적성에 맞는 선택이었다. 그러니 내가 사범대학에 진학해서 교직에 종사해 온 것이 그리 싫지는 않았지만 완전히 내 길은 아닌 듯한 느낌으로 지내 온 것이 무척 억울하게 느껴지는 순간이다. 바로 지금 나의 직업이 내 적성에 맞는 직업이니까.

내 적성을 프레디저 검사로 알아보아도 P(People) I(Idea) 유형으로 나오고 직업으로는 신학, 종교철학, 교육학, 강사 관련, 사범 계열 학과에 해당했다. 두 가지 검사를 통해 교집합으로 나타나는 나의 적성을 알 수 있다.

나의 경우 객관적인 자료를 통해 나 자신의 적성을 파악했다면 좀 더 정해진 나의 길에 집중했을 것이라는 생각이 든다. 한편으론 그렇게 진로에 대해서 고민해 본 경험이야말로 청소년 시기에 진로 코칭이 얼마나 중요한지 가슴 깊이 깨닫는 밑거름이 되었다는 생각이 든다.

　자신의 미래와 현재를 하나의 선으로 연결시키는 것이 중요하다. 자신의 현재가 곧 미래를 결정짓는다는 확실한 개념을 가지고 있다면 누가 이 자리에서 노력을 하지 않을 수 있을까. 이렇게 현재에 집중하기 위해서 미래의 청사진을 그려 놓고 동기 유발을 하는 것이 중요하다. 이때 진로는 변할 수 있다. 진로에 대해 고민하고 결정해 보고 현재의 시점에서 그것에 맞게 노력을 기울이는 것이 중요하다. 또한 진로를 수정해 가면서 다시 현재의 자신의 노력을 그 방향에 맞게 다듬어 나가는 것은 어쩌면 세상 사는 이치를 배워 나가는 과정일 것이다.

　나는 진심도 실력도 100배로 성공한 진로 코치다. 오늘도 청소년들과 함께 소통하고 그들의 꿈을 찾아서 한 사람의 인생을 자신의 진로에 집중시켜 충만한 인생을 살아갈 수 있도록 돕겠다는 진로 코치로서의 사명감이 내 마음을 달군다.

19

많은 사람들을 부동산 투자로 후천적 부자 만들기

· 이지연 ·

'리앤박 인베스트먼트', '30대를 위한 부동산 투자 연구소' 대표, 평택 발전위원회 여성 지역장, 은퇴준비 재테크 전문가, 동기부여 강연가

20년간 부동산을 운영한, 성공한 부동산 투자가다. 더 많은 사람들이 부자가 되어 행복한 삶을 살 수 있도록 돕는 투자가이자 동기부여가로 활동 중이다. 저서로는 《부동산 투자로 후천적 부자가 되라》, 《버킷리스트11》, 《인생을 바꾸는 감사일기의 힘》, 《나는 책쓰기로 당당하게 사는 법을 배웠다》 등이 있다.

· Email sunsunoghi@naver.com   · Cafe cafe.naver.com/anyomnia
· C·P 010.5396.7895

　　나에겐 놓치고 싶지 않은 꿈이 있다. 아직 부자가 되지 못한 사람들을 부자의 길로 안내하는 부자 메이커가 되는 것이다. 한 사람이라도 나로 인해 성공하는 인생을 산다면 나의 인생은 누구에게도 부끄럽지 않는 인생이 될 것이고 보람을 느낄 것이다. 나는 그 일을 위해 개인저서를 썼고 강연을 하게 되었다. 부자로서 누릴 수 있는 혜택은 어마어마하게 많다. 내가 하고 싶은 것을 할 수 있는 자유, 나를 좀 더 멋지게 포장해 주는 힘도 있다. 돈이 인격이고 돈으로 서열이 매겨지는 세상이다. 우리가 부자가 되어야

하는 이유다.

또 하나의 꿈이 있다. 부동산 중개인들에게 중개 교육과 부동산 경영 노하우를 알려 주는 것이다. 내가 처음 부동산을 할 때는 우리나라 부동산 중개인의 사회적 지위가 매우 낮았다. 처음 부동산 일을 배우려면 실장이라는 직책을 갖고 배워야 하는데 딱히 매뉴얼이 있는 것이 아니고 사장이 하는 일을 곁눈질해 배우든지 계속해서 매도자, 매수자에게 전화만 돌리는 일이 대부분이었다.

부동산 사장도 제대로 모르기는 마찬가지였다. 공인중개사 자격증만 있으면 쉽게 부동산을 할 수 있다고 생각했던 것이다. 하지만 부동산 사무실을 내는 데도 권리금과 보증금, 인테리어 등 만만치 않은 금액이 들어간다. 그러니 부동산을 쉽게 생각하고 시작하면 백발백중 망한다. 1년 안에 폐업하는 부동산이 많은 것이 그 방증이다.

인생은 매 순간순간 선택에 의해 결정되고 그것들이 모여 나의 인생이 된다. 선택이 필요할 때 우리의 내면에서는 두려움과 용기, 사랑과 미움, 용서와 비난이 서로 치열하게 대립한다. 내가 하는 일은 하루에도 수십 번씩 두려움과 용기 사이에서 왔다 갔다 하는 사람들에게 용기와 희망을 주고 실행하도록 돕는 것이다. 실행하는 용기가 필요한 부동산 투자를 도와주는 것이다. 모든 사람이 성공과 부를 원지만 간절함의 크기는 다 다르고 얼마만큼 간절하느냐에 따라 행동이 달라진다.

성공과 부자는 정말 간절히 원하고 그것을 이루려고 노력하면 이룰 수 있다. 열심히가 아닌 잘하는 것, 바쁜 것이 아닌 부지런함으로 내가 되고 싶은 것이 무엇인지 알아내고 그 목표를 향해 전진 또 전진해야 하는 것이다. 목표를 위한 희생과 절제는 필수적인 요소이고 고통 없이는 성공을 이룰 수 없다.

사실 우리는 열심히 바쁘게 살아간다. 목적지가 어디인지, 똑바로 항해를 하고 있는지 생각하지도 못하고 그저 바쁘게 열심히 살아갈 뿐이다. 정확한 목적지를 정하고 빠르게 잘 도착하려는 뚜렷한 목표가 있다면 우리에게 더 큰 미래가 주어질 것이다. 큰 그림을 그리고 내가 해야 할 일 중에서도 우선순위를 정해서 하는 것이 아니라 매일 똑같은 일을 바쁘게 하니 정작 필요한 나의 계획, 나의 생활을 볼 수가 없다. 인생의 지도가 없다. 물론 많은 성공한 사람들도 실패를 했고 그 실패까지 성공을 위한 과정이었다고 이야기한다.

나는 부동산 투자로 후천적 부자들이 많이 나오기를 희망한다. 당신이 두려움에 떨고 있을 때 나의 강연을 듣고 용기를 내어 부동산 투자에 성공할 수 있도록 하는 것이 나의 목표다. 인생을 위해 아무것도 하지 않는 사람에게 무엇을 줄 수 있을까? 열정과 상상력을 가지고 부동산 투자에 성공하는 상상을 하라.

부동산 중개 일을 할 때 혼자 할 수 없어서 실장을 두었다. 함께 일하던 사람이 본인의 사무실을 내서 독립하는 것도 나에게는 기쁜 일이다.

"정 실장도 3년까지 하고 오픈해야지?"

"전 골치 아프게 사무실 오픈하지 않을 거예요. 그냥 사장님하고 계속할 거예요."

"정 실장. 어차피 아이들 떼어 놓고 나와서 일하는데 돈 많이 벌어야지. 시간이 아깝지 않아?"

"저는요, 돈 많이 벌면서 머리 아픈 거 싫어요. 이렇게 저녁에 친구들과 맥주 한잔하면서 쿨하게 살고 싶어요."

그렇게 머리 아프지 않고 쿨하게 살 수 있으면 좋으련만 세상 이치가 어디 그런가? 얼마 지나지 않아 정 실장은 남편이 회사에서 명예퇴직을 하고 실업자가 되어 수입이 없게 되자 치킨집을 하겠다고 일을 그만두었다. 부동산 사무실 일도 버거워하던 정 실장이었는데 치킨집은 부동산보다 몇 배나 힘든 일이다. 나의 미래를 성공으로 이끌 큰 그림을 그려야 한다. 그저 오늘 같은 내일을 살려고 한다면 그것마저도 허락되지 않을 수도 있기 때문이다. 진심으로 부를 원하는 자만이 부를 얻을 수 있다.

실장을 두어도 내 마음 같지 않다. 착한 실장은 착해서 좋지만 실적이 없다. 나는 착하고 실적 없는 실장을 원하지 않는다. 착한 의사를 무엇에 쓰랴, 병 잘 고치는 의사가 필요하다.

실장들 중에도 부동산에 촉이 있는 실장들이 따로 있다. 그들의 눈은 항상 반짝반짝 빛나고 하나라도 더 알려고 눈에 불을 켠다. 고객마다 원하는 것이 다르기 때문에 고객이 원하는 것을 찾아 쉼 없이 일한다. 항상 고객의 입장에서 일하다 보니 개인적으로 찾는 고객들도 많다. 시키지 않아도 척척 알아서 하니 남들보다 두 배는 거뜬히 수익을 올린다. 항상 자신은 성공할 거라며 큰소리치다 보니 정말 성공할 사람처럼 보인다. 성공도 성공을 믿는 사람에게 가는 것이다. 그들은 본인이 계획했던 것보다 빠르게 사무실도 오픈하고 지금은 억대 연봉자가 되었다. 강한 욕망을 가지면 강한 행동이 뒤따른다.

부동산 일을 하고 싶어 실장으로 일하는 사람보다 사실 사정이 어려운 실장들이 더 많다. 계약이 한창일 때 매도와 매수자 두 부부가 다 오면 사무실이 꽉 찬다. 그날도 여러 건의 계약으로 한창 바쁠 때 전화벨이 울렸다.

"뭐, 그럼 어떻게 해요. 지금 나갈 수 없어. 당신이 집에 빨리 좀 가 봐."

어린 아이들을 집에 놔두고 일하러 나오는 실장인데 아이가 아프다고 연락이 온 것이다. 그때부터 실장은 안절부절못하고 쩔쩔맸다. 계약이 있으면 쉽게 나갈 수 없기에 더욱 애가 탄다. 아이가 어린 실장들은 항상 마음은 아이와 함께 있고 몸은 사무실에 나와 있다. 그런 실장들을 보면 가슴이 아팠다.

빨리 성공해서 아이들이 필요할 때 시간을 같이 보내야 하는데 현실은 그렇지 못하다. 실적대로 급여를 주기 때문에 열심히 한 사람과 그렇지 않은 사람의 차이는 크다. 정작 아이들이 필요로 하는 시간에도 사무실에 묶여 있는데 그 시간을 피같이 유용하게 보내지 못하고 급여도 많이 받지 못한다면 누굴 탓하겠는가? 본인이 만든 결과이고 분명 본인이 만든 원인이 있을 것이다. 또한 그것은 의식의 차이다. 꿈을 꾸는 자와 꿈이 없는 자의 차이인 것이다.

나는 그들에게 꿈을 주어 부를 창출하게 해 주는 동기부여가가 되고 싶다. 그리고 강연가로 우뚝 솟아오르고 싶다. 대한민국의 명강사를 말할 때 김미경 강사를 이야기하지만 나는 그녀보다 더 멋진 강연을 할 수 있다. 왜냐하면 나에게 더 멋진 마음이 있기 때문이다.

나는 많은 사람들에게 그들이 원하는 부자로 가는 길을 알려주고 도움을 주고 싶다. 그들에게 나의 부동산 투자 경험과 오랜 노하우를 들려주어 크게 생각하는 의식을 심어 주고 큰 그림을 그리게 하여 이기는 싸움을 하게 할 것이다. 물론 선택은 그들이 하는 것이다. 두려움을 물리치고 용기를 가지고 실행한다면 그들은 틀림없이 부자가 될 것이다. 이순신 장군은 승리의 기술에 대해 이렇게 말했다.

"성공과 승리의 경험은 무엇보다 값진 자산이다. 이기는 싸움을 해 본 적이 없는 군대는 절대 승리할 수 없다. 이겨 본 자만이 이긴다."

나는 이 말을 아주 좋아한다. 부동산 투자도 승리한 자만이 승리할 수 있다. 오르는 곳에만 투자하기 때문이다. 매의 눈으로 기회를 잡을 준비를 하고 있어야 한다. 기회는 우리를 오래 기다려 주지 않고 바로 낚아챌 수 있는 시간만 준다고 한다. 나의 강연을 듣는 많은 사람들 중 한 사람이라도 부동산 투자를 실행하려 한다면 그 사람에게 내가 가진 모든 방법을 알려 줄 것이다.

나를 나타내는 나의 말과 글에는 나조차 미처 생각하지 못하는 위대한 힘이 있다. 나는 매일 내가 크게 되어 부자가 아닌 사람을 부자로 만들어 주는 일을 하겠다고 외친다. 또한 부동산 투자로 후천적 부자가 되라고 책도 쓴다. 베스트셀러 작가와 멋진 강연가야말로 내가 꿈꾸는 나의 인생이다. 나는 상상의 힘을 믿는다. 그것은 예전부터 내가 해 오던 감사기도로, 이루어진 것에 미리 감사하는 기도다.

나는 강연가로 대통령 앞에서 강연하는 꿈을 꾼다. 믿는 대로 이뤄질 것이다.

20

꿈 부부로 시간적, 경제적 자유를 누리며 행복한 인생 살기

· 허동욱 ·

〈한책협〉 독서법 코치, 청춘 멘토, 자기계발 작가, 동기부여가

자투리 시간을 오로지 독서에 투자했다. 그렇게 읽은 수백 권의 책들로 자신만의 독서법을 정립해 현재 〈한책협〉에서 독서법 코치로 활동하고 있다. 앞으로 더 많은 사람들이 독서를 통해 자신만의 특기(특별한 기쁨)를 찾을 수 있도록 하는 데 앞장서고 있다. 저서로는 《자투리 시간 독서법》, 《미래일기》 외 5권이 있다.

· Email princebooks@naver.com   · Blog blog.naver.com/princebooks

"당신의 꿈은 무엇인가요?"라고 질문하면 대부분의 사람들은 선뜻 대답하지 못한다. 나 역시 확신에 찬 목소리로 '내 꿈은 무엇이다.'라고 말하지 못하는 사람 중의 한 명이었다. 어려서부터 내 꿈을 깊이 고민하기보다는 가까운 지인과 주변 사람들이 의사, 변호사, 대기업 직장인 등 돈을 잘 버는 직업이 가장 좋다고 알려주면 그것을 순수하게 그대로 받아들였다.

그래서 다른 사람들처럼 평범하게 서울에 있는 대학교에 진학해서 좋은 기업에 취업해 마음이 맞는 아내를 만나 행복한 가정을 꾸리는 것을 꿈꾸었다. 한 살이라도 젊을 때 꿈을 실현시키기 위해 나는 고등학교를 졸업하고 바로 대기업에 입사해 이른 나이에 직장생활을 시작하게 되었다.

직장생활을 하면서 직원들과 부딪치고 고객들에게 서비스를 제공하는 것이 절대 쉬운 일이 아니며 돈 버는 것이 호락호락하지 않다는 것을 제대로 깨닫게 되었다. 내가 흘린 땀방울과 노력들로 인해 받는 월급으로 친구들과 이곳저곳 자유롭게 여행도 다니고 싶고 놀고 싶었지만, 지금의 만족보다 미래의 아내와의 행복한 가정을 꿈꾸며 한 달 월급 중 용돈을 제외한 나머지 금액은 오롯이 저축했다.

1년여 간 직장생활을 하면서 모은 돈이 어느 덧 3,000만 원에 가까워졌을 때 나는 직장을 휴직한 상태로 군대에 가게 되었다. 입대하면서 자투리 시간을 활용해 본격적으로 책들을 섭렵하기 시작했다. 읽은 책 권수가 한 권씩 두 권씩 쌓일수록 기존에 가지고 있던 꿈은 물론, 미래에 대한 생각 또한 달라지기 시작했다. 다양한 저자들을 만나면서 지금껏 생각하지 못한 다양한 생각과 세계관을 접할 수 있었고, 전역할 때쯤엔 수백 권의 책을 읽을 수 있었다.

또한 내가 가진 지식과 경험, 노하우로 다른 사람들에게 동기를 부여해 주는 동기부여 강연가와 독서를 통해 자신만의 특기(특별한 기쁨)를 찾을 수 있도록 도와주는 독서법 코치라는 새로운 꿈까지 생기게 되었다.

　많은 책들로 인해 의식과 시야가 넓어진 나는 다시 회사에 복직했을 때 선후배 직장인들의 모습이 전과는 다르게 느껴졌다. 어제와 다름없이 살아가는 선후배들의 모습을 보면서 앞으로 직장생활을 계속했을 때의 내 모습을 보는 것만 같았다. 그러곤 '평범하게 직장생활을 하면서 내 인생을 살아가는 것이 맞는 것일까?' 하는 강한 회의감이 들기 시작했다.

　100세 시대를 살아가는 지금의 나에게는 직장생활이 더 이상 답이 아니라는 것을 깨닫게 되었다. 인생을 살아가는 데 있어서 돈이 전부가 아니지만, 돈이 없으면 가정도 행복도 지킬 수 없다. 수입에 한계가 있는 직장에서 보호받다 아무런 준비도 없이 직장을 나가게 되는 순간 막막한 미래에 맞닥뜨리는 건 시간문제다.

　그래서 나는 평생 현역으로 살아갈 수 있는 방법으로 1인 기업가를 생각하게 되었다. 하지만 경력이 적은 내가 다른 사람들에게 가지고 있는 지식과 정보를 전달하고 신뢰감을 얻기 위해서는 다른 무언가가 필요했다. 1인 기업가를 준비하기 위해 정보들을 찾던 중 전 국민 1인 1책 쓰기를 목표로 퍼스널 브랜딩을 시켜 주는 〈한책협〉 네이버 카페를 발견하게 되었다.

　〈한책협〉 카페를 둘러보면서 내가 생각한 것보다 많은 이들이 책을 쓰고 작가, 코치, 강연가로서 인생 2막을 살고 있다는 것을 알 수 있었다. 책을 쓰고 전국을 누비며 강연하면서 많은 사람들에게 동기를 부여해 주고 있는 그들은 모두 내가 꿈꾸던 삶을 살고 있었다. 그 순간 나는 〈한책협〉이라면 내가 꿈꾸는 모습으로 살아갈 수 있게 도움을 줄 수 있을 것이라는 확신을 갖게 되었다.

그리하여 나는 책 쓰기 〈1일 특강〉을 시작으로 〈책 쓰기 과정〉, 블로그 마케팅, 강연학교 등 〈한책협〉의 모든 프로그램들을 수강하게 되었다. 더 나아가 많은 작가님들과 함께 소통하고 그들에게 도움을 주고 싶어서 전에 다니던 직장을 그만두고 〈한책협〉 코치로 활동하게 되었다.

평범한 직장인들 사이에서 자신의 꿈을 말하면 이상한 사람 취급을 받거나 무시당하지만, 〈한책협〉의 긍정적인 문화는 자신의 꿈을 자랑하거나 이야기하면 지지하고 응원해 준다. 그래서 꿈을 응원해 주는 친구의 줄임말로 꿈맥이라는 단어를 자주 사용한다. 꿈맥에 이어서 꿈 부부라는 단어도 두 부부가 함께 서로의 꿈을 지지한다는 뜻에서 생기게 되었다. 대표적인 꿈 부부로는 현재 작가, 코치, 강연가로 활동하고 있는 〈한책협〉의 김태광 대표 코치와 〈위닝북스〉 권동희 회장이 있다. 김태광 대표 코치는 권동희 회장을 만나기 전 종이에 원하는 이상형의 조건을 아래와 같이 구체적이고 생생하게 적었다고 한다.

첫째, 긍정적이고 책을 좋아하는 여자

둘째, 자기계발을 꾸준히 하는 여자

셋째, 어른을 공경할 줄 아는 여자

넷째, 강아지를 좋아하는 여자

다섯째, 영어를 할 줄 아는 여자

구체적으로 이상형을 적은 결과 이상형 조건에 모두 해당되는 권동희 회장을 만나게 된 것이다. 그 외에도 현재 〈책 쓰기 과정〉을 수강 중이거나 수료한 작가들 중에 꿈 부부가 많아졌다. 그만큼 많은 부부들이 서로의 꿈을 지지하고 응원해 준다는 반증이기도 하다.

나 역시 많은 꿈 부부들을 보면서 미래의 아내와 함께 책을 쓰는 작가, 코치, 강연가의 꿈을 가지게 되었다. 더 나아가 주식과 부동산을 공부해서 아내의 명의로 빌딩 다섯 채를 지어 시간적, 경제적 자유를 누리며 행복한 인생을 만들어 가고자 하는 목표까지 정하게 되었다. 혼자 드림카를 타고 멋진 집에서 살며 전국을 여행하는 것도 좋지만, "혼자 가면 빠르게 가지만 함께 가면 멀리 간다."라는 말처럼 이 모든 것을 사랑하는 사람과 추억도 남기며 함께할 수 있다면 더욱더 좋고 행복할 것이다.

그렇게 〈한책협〉과 인연을 맺은 나는 이곳에서 나의 이상형에 맞는 여자를 만났고, 그녀는 내 꿈을 지지해 주는 꿈맥이자 사랑하는 애인이 되었다. 각자가 살아온 배경과 경험은 다르지만, 같은 장소에서 하루하루 서로를 이해하고 지지하며 지내는 것이 꿈만 같다. 앞으로 꿈 커플에서 꿈 부부가 되어 함께 시간적, 경제적 자유를 누리며 멋진 인생을 만들어 갈 것을 생각하면 감사하고 행복하다. 몇 개월, 몇 년 뒤 내가 어떤 모습으로 행복한 인생을 만들어 가고 있을지 앞으로의 미래가 기대된다.

21

인생 2막 평생
작가, 강연가, 코치로 살기

· 경수경 ·

유아교육 전문가, 마음코칭 컨설턴트, 잠재의식 메신저, 동기부여가, 자기계발 작가

20년 동안 어린이집과 유아놀이학교를 운영하며 아이들의 심리와 부모들의 마음을 코칭했다. 인생에서 얻은 경험과 지식을 나누는 가치 있는 삶을 꿈꾸며, 사람들의 마음을 코칭하고 잠재력을 일깨워 꿈을 찾아 주는 메신저로 살고 있다. 한국외대 교육대학원 유아교육전공 졸업을 앞두고 있으며, 감정에 관련된 개인저서를 집필 중이다.

· Email kidseledu@naver.com　　　· C·P 010. 2499. 3193

　　나의 과거의 직업은 어린이집 원장, 놀이학교 원장이었다. 그렇게 20년이 넘는 시간을 유아, 학부모, 교사들과 보냈다. 20년 넘게 현장에서 학부모를 대하는 일이 쉬운 일은 아니다. 단 한 번도 일을 쉬지 않았던 나는 평범한 주부의 삶을 동경하기도 했다. 특히 아이들이 어릴 때는 육아에만 전념하고 싶은 마음도 컸다. 그렇게 오랜 시간을 현장에서 보냈던 나는 운영하던 놀이학교를 선배에게 인계하게 되었다.

　　다시는 어린이집 등을 운영하지 않겠다는 생각으로 일을 그만

둔 나는 1년 동안의 휴식을 가지며 하고 싶은 일을 했다. 낮잠 자기, 매일 운동하기, 동네 아줌마와 브런치 타임 갖기, 아이들 학교 모임에 참석하기 등 직장인이 경험하기 어려운 소소한 일상을 즐겼다. 하지만 평생 유아, 학부모 그리고 교사와 함께 지내 왔던 나는 점점 성취감 없는 일상에 무미건조함을 느끼기 시작했다. 그래도 내가 선택한 일이라고 생각했고, 평범한 주부로서의 삶에 적응하는 기간이라 생각했다.

그러던 어느 날, 선배님의 전화 한 통은 나의 인생을 다르게 디자인하는 계기가 되었다.

"수경아, 잘 지내고 있지? 어린이집 일이 너무 바쁜데 좀 도와줄 수 있을까?"

어린이집 일에 일손이 필요했던 언니가 전화를 주었다. 늘 좋아했던 언니라 한달음에 달려갔다. 언니와 이런저런 얘기를 하며 식사를 하던 중 언니는 내게 대학원 공부를 권유했고, '국공립 어린이집 원장'이 될 수 있는 길을 제안했다. 1년을 쉬고 있던 나는 선배의 권유에 솔깃했고, 늘 학업에 대한 갈망이 있던 터라 대학원을 준비하기 시작했다. 떨리는 마음으로 대학원 결과를 기다렸고, 합격이라는 소식과 함께 2015년 봄 새롭게 한국외대 교육대학원 유아교육전공 과정을 밟기 시작했다.

우연한 기회로 준비하게 된 대학원 공부가 국공립 어린이집 원장 준비에 필요한 과정이라고 생각했다. 교육 대학원의 특성상 수업은 저녁에 있다. 유아교육은 현장 경험이 중요한 일이므로 현장 경험과 공부를 병행하면 좋겠다는 권유를 받고 짧은 시간 근무하는 누리보조라는 자리에 들어가게 되었다.

처음에는 내키지 않았다. 15년 동안 어린이집 원장과 놀이학교 원장으로 지내 왔던 내가 누리보조라는 역할을 잘할 수 있을지 걱정이 앞섰다. 솔직히 늘 지시를 하던 입장에서 지시를 받아야 하는 것에 거부 반응이 있을까 봐 겁이 났다고 해야 맞을 것이다. 며칠을 고민 끝에 일을 시작하게 되었고, 역시나 상상 이상의 부딪침이 있었다. 원장이라는 직함을 내려놓고 하는 일이니 당연한 것임에도 하고 있는 일이 부끄럽게 느껴졌다. 어찌 보면 스스로의 자격지심 때문에 힘들었던 것이었는지도 모른다.

놀이학교를 운영할 때 나는 학부모들의 육아 고민을 상담해 주고, 교육에 필요한 정보를 찾고, 항상 교육에 대해 고민하며 부모 교육을 준비하는 등 늘 주도적으로 일하며 보람을 느꼈다. 그랬던 내가 어린 선생님의 수업을 도우며 옆에서 보조를 하는 입장으로 바뀐 것이다. 도움이 필요하다고 연락해 오면 이곳저곳에 불려 다녀야 하는 입장이 되었다.

'내가 지금 뭘 하고 있는 건가?'

남의 옷을 입은 듯 너무 불편했다. 하지만 그만둘 수 없었다. 소개해 준 언니의 낯을 생각하니 그만두겠다는 말이 입에서 떨어지지 않았다. 가족들도 내가 하는 일을 정확히 모른다. 어린이집 누리보조 교사 일을 하는 줄은 남편만 아는 비밀이다. 가끔 놀이 학교 원장님들에게서 연락이 와도 받지 않았고, 연락이 되더라도 그냥 잘 지낸다는 말만 할 뿐 그 이상도 이하도 얘기하지 않았다. 나의 지금의 형편을 얘기할 수 없었다. 다른 사람 시선으로 지금의 나를 평가받는 것이 싫고, 다른 원장님들의 구설수에 오르는 일이 싫은 것이 이유다.

누리보조 교사 일과 대학원 학업을 병행하는 것은 쉽지 않았다. 하지만 국공립 어린이집 원장으로 가는 길이라 생각하면서 몇 번 마음을 다잡던 중에 〈한책협〉이라는 곳을 우연히 알게 되었다. 가끔 혼자만의 생각으로 마흔 살이 될 때 책을 쓰고 싶다고 했던 적이 있다. 그냥 단순하게 생각했다. 사람은 죽어서 이름을 남긴다고 했으니 불혹의 나이에 내 이름으로 된 책이 있으면 좋겠다는 그런 생각이었다.

〈한책협〉의 많은 작가들이 자신만의 경험과 지식을 담아 책을 내어 작가, 코치 그리고 사람들에게 동기부여를 해 주는 강연가의 삶을 살고 있다. 그런 삶을 사는 이들을 '메신저'라고 부른단다. 나는 그런 생소한 이름을 여기에서 처음 들었다. 나도 '메신저'가 될 수 있을까? 단순히 20년 동안 아이들과 학부모 그리고 교사와 보내며 얻은 경험과 지식을 '국공립 어린이집 원장'으로 귀결

시키려 했을 뿐인데 새로운 세상을 만난 느낌이 들었다.

　이미 많은 작가들이 자신의 경험과 지식을 바탕으로 책을 쓰고 작가가 되어 코치, 강연가의 삶을 살고 있다. 특히 〈임마이티 컴퍼니〉임원화 대표는《하루 10분 독서의 힘》이라는 첫 책을 통해 중환자실 간호사의 삶을 벗어던지고 모든 사람들의 잠재력을 일깨운다는 소명을 이루어 나가고 있다.《스물아홉, 직장 밖으로 행군하다》에 이어 세 번째 개인저서인《한 권으로 끝내는 책 쓰기 특강》에서는 아무리 평범한 사람이라도 자신의 직업에 관한 이야기를 책을 통해 들려준다는 것은 의미 있는 일이라고 말하고 있다.

　또한 지식인이나 저명하고 유명한 사람만이 책을 쓰는 것이 아니라 오히려 일상을 살아가는 다양한 사람들이 책을 써야 한다고 강조한다. 이유는 평범한 대중들이 쓴 책은 공감을 불러올 수 있고, 저자가 배출되지 않은 직업에 종사하는 사람이 책을 쓰면 그 직업 자체의 환경이나 인권, 이미지 개선에도 도움이 되기 때문이라고 말한다. 나는 임원화 대표의 말에 적극 공감한다.

　막연히 마흔에 이름을 남기고 싶어 책을 쓰고자 했던 나의 생각은 잘못되어도 한참 잘못되었다는 것을 깨달았다. 나의 경험과 지식을 아낌없이 책 속에 흐르게 하여 사람들을 돕고, 저자로서 대중들을 만나는 메신저의 삶이 가슴 설레는 삶임을 알게 된 것이다.

나는 얼마 전《버킷리스트11》을 출간했다. 공저가 출간되었을 때 가족들과 친구, 지인들에게 출간 소식을 전했다. 사인이 들어간 프로필 사진과 멋진 책표지 디자인 사진을 첨부해 알려 주었다. 그들은 한마디로 '깜짝 놀랐다'는 표현밖에는 할 말이 없다고 했다.《버킷리스트11》은 공저다. 공저 작가님들과 함께 올라 있는 '경수경 작가'라는 이름을 보는 순간 가슴이 뜨거워지는 것을 느꼈다.

더욱이 국공립원장 CEO 과정을 함께 준비했던 오 원장님은 책을 구입했다며 인증사진과 함께 응원의 메시지를 보내 주었다. 그 기쁨은 이루 말할 수가 없다. 책을 통해 나의 이야기가 공감을 받고, 누군가에게 도움이 되고, 나의 경험과 지식을 코칭해 주는 삶은 생각만 해도 가슴 설레게 한다. 내가 책을 쓰지 않았다면 이런 삶을 꿈꿀 수 없었을 것이다.

나는 공저에 이어 개인저서를 준비 중이다. 개인저서에는 그동안의 나의 경험을 녹였다. 아이와 함께 성장하기 위한 엄마들에게 필요한 것들에 대해 썼다. 분명히 큰 보람을 안겨 줄 것이라 믿어 의심치 않는다.

하루하루 내가 꿈꾸는 세상을 도화지에 그림 그리듯 그릴 수 있다면 얼마나 좋겠는가? 참으로 멋진 삶이 아닌가. 책은 그것을 가능하게 해 줄 것이라 믿는다. 이제 평범한 삶에서 비범한 삶이 나를 기다고 있다고 상상하는 일은 일상이 되었다. 책은 인생 2막을 준비하는 강력한 무기가 될 것이다. 그리고 내가 꿈꾸는 작가, 코치, 강연가의 삶을 살게 해 줄 것이다. 우아하게 바쁠 수 있는 멋진 삶을 만들어 줄 것이다.

꼭 이루고 싶은 나의 꿈 나의 인생

22-31

포민정   이나흔

김웅규   민근희

양현진   이용태

김리나   김영숙

이송이   미셸 리

대한민국 대표 연애 메신저로 건강한 연애 코칭하기

· 포민정 ·

〈한책협〉 코치, 1인 창업 코치, 마케팅 코치, 연애 코치, 자기계발 작가

열정덩어리 행동주의자다. 치과위생사로 일하다 1인 창업으로 자신의 경험과 지식을 나누는 메신저 산업에 눈을 뜨고 현재 1인 기업가를 꿈꾸는 작가들을 코칭해 주는 1인 창업 코치가 되어 강의하고 있다. 꿈꾸는 사람들을 돕는 동기부여가이자 네이버 카페 관리 및 매출을 올리는 포스팅 비법에 대해 코칭하는 마케팅 코치로도 활동하고 있다. 앞으로 더 많은 사람들이 책 쓰기로 자신을 브랜딩하고 작가, 코치, 강연가로 나아가길 바라며 〈한책협〉에서 코치로 활동 중이다. 현재 연애 경험, 건강하게 연애하는 방법을 담은 개인저서를 준비하고 있다.

· Email vhalsrhkd@naver.com   · C·P 010.2490.1603

"제 이야기를 누가 읽기나 할까요?"

많은 스토리와 오랫동안의 경험을 가지고 있으면서도 자신의 스토리와 경험은 평범하다며 자신의 가치를 알지 못하는 사람들을 만나게 된다. 그럴 때면 스스로의 가치를 모르는 그 모습에 안타까움을 느낀다. 사람들은 모두 각자 다른 환경에서 태어나 자라고 각자 다른 스토리와 삶의 경험을 가지고 있다. 그리고 그 경험은 세상 사람 누구도 경험한 적 없는 나만의 경험이다.

나는 현재 김태광 대표가 이끄는 〈한책협〉에서 함께 코치로

활동하며 다양한 직업에 종사하는 다양한 사람들을 만난다. 그 사람들은 모두 다른 환경 속에서 살아왔고, 서로 각기 다른 경험과 노하우들을 가지고 있다. 나에게는 평범한 일상이고, 당연한 일이지만 다른 사람에게는 꼭 필요한 지식과 경험이 될 수 있는 것은 그 때문이다.

3년 전 나는 치과에서 일하는 치과위생사였다. 그때 나도 나의 경험과 지식의 가치를 알지 못했다. 그냥 남들이 알고 있듯 전문지식을 갖고 있는 많은 치과위생사 중의 한 명이었고, 남들보다 조금 다른 열정을 가지고 조금 더 피곤하게 스스로를 단련하고 배우려 하는 사람이라고 스스로를 생각했었다. 처음 김태광 대표를 알게 되고 그의 책을 읽었을 때 아무도 알려 주는 사람 없이 어렵게 혼자 책을 쓰고, 출판사에서 수백 번 거절을 당하면서도 20년 동안 꾸준히 책을 써 왔다는 것이 대단하게 느껴졌다. 보통 사람이라면 힘들게 노력하다가 1~2년 만에 포기하고 말았을 텐데 말이다.

김태광 대표는 끝까지 포기하지 않고 책을 집필해 온 결과 현재는 책을 쓰고 싶어 하는 사람들에게 단기간에 제대로 책을 쓸 수 있도록 코칭해 주고 있다. 그런 그를 보면서 자신이 어렵고 힘들게 배웠던 경험과 책 쓰기 노하우를 작가가 되고 싶어 하는 사람들에게 알려 주는 메신저의 세계를 처음 접하게 되었다. 실제로 책 쓰기 수업을 듣고는 단 2개월 만에 출판사와 계약해 책을 출간하기도 하고, 수료 몇 주 만에 출판사와 계약하는 사람들이 대다수다.

〈한책협〉을 찾아오는 사람들은 김태광 대표에게 책 쓰기 지식과 노하우를 배워서 시행착오를 줄이게 된다. 그런 김태광 대표를 보면서 나는 자신의 경험과 지식을 돈으로 바꾸고 지식이 필요한 사람들에게 도움을 줘서 문제를 더 빠르게 해결할 수 있도록 도와주는 메신저의 삶을 피부로 느끼고 있다. 그리고 남들에게 없는 특별한 경험이 있는 나도 누군가에게 선한 영향력을 미치는 사람이 될 수 있다는 것을 알게 되었다.

우리는 모두 자신만의 달란트를 가지고 태어난다고 한다. 그것은 나만이 가지고 있는 달란트여서 어느 누구도 나를 대신할 수 없으므로 내가 그 달란트를 활용해서 세상에 기여해야 한다. 몇 년 전에만 해도 나는 5평짜리 원룸에 사는 평범한 직장인이었고, 나의 남자 친구는 고시원에서 편입을 준비하는 편입준비생이었다. 그때 우리는 함께 스타벅스에서 성공학과 부에 대한 책을 읽으며 함께할 미래를 꿈꾸면서 자기계발을 했었다. 그 결과 지금은 각자의 자리에서 인정받는 코치가 되었다.

"내가 말하면 그냥 그랬구나 하면서 얘기 들어주면 되잖아! 나는 네가 해결해 주길 바라고 말하는 게 아니라고! 근데 내가 잘못을 했다는 둥 그런 얘기는 왜 하는 거야?"

"아니, 아닌 걸 아니라고 하는데 왜 짜증이야?"

우리 커플도 처음부터 잘 맞는 커플은 아니었다. 나는 그냥 내 기분을 공유하고 공감받고 싶어서 한 얘기인데 연애 초반에 남자 친구는 그래서 누가 잘못했으니 이렇게 해라 저렇게 하라 하면서 판단을 하곤 했다. 그렇게 서로 소통이 안 돼서 말다툼으로 이어지고 괜히 말했다 싶어 오히려 더 화가 났던 적이 있다. 나는 "그랬구나, 기분이 많이 안 좋았겠다."라고 그냥 이야기를 들어주길 바랐다고 남자 친구에게 솔직히 이야기한 후 서로를 이해할 수 있었다.

커플의 말다툼은 대부분 서로에 대한 이해 부족에서 시작된다. 나는 내가 가진 연애 경험과 남자 친구와의 연애 스토리를 바탕으로 많은 솔로와 커플들이 건강한 연애를 하며 서로 성장하고 함께 꿈을 향해 나아가도록 돕고 싶다.

우리 커플은 카페에서 같이 원고를 쓰거나 책을 읽고 서로의 꿈을 이야기하기를 좋아한다. 하지만 우리도 처음부터 함께 미래와 꿈을 이야기하며 책을 읽던 커플은 아니었다. "싸우고 헤어지고 또 만나고. 연애는 왜 이렇게 어려운 건가요?" 누군가 이렇게 물었다. 그렇다. 연애는 어려운 것이다. 태어나면서부터 함께해 온 가족들도 지지고 볶으며 사는데 20년, 30년 동안 다른 세상에서 살던 두 사람이 만나서 사랑하고 연애한다는 것은 당연히 쉬운 일이 아닐 것이다. 나 또한 과거 어려운 연애를 했었고, 싸우고 헤어지고 그리고 또 만나기를 반복했었다. 그 과정에서 나는 많이 성장했고, 진짜 나를 알게 되었으며 스스로를 사랑하는 법, 그리고 나 아닌 다른 사람을 사랑하고 배려하는 법을 배우게 되었다.

"나랑 사귀자."라는 말에 설레어서 어떻게 답을 해야 할지 몰라 했던 때가 떠오른다. 2010년 1월 고3 수능이 끝나고 대학에 입학하기 전 편의점에서 아르바이트를 하던 날이었다. 그날도 썸을 타던 지금의 남자 친구가 아르바이트가 끝날 시간에 맞춰 나를 데리러 왔었다. 집 앞까지 나를 데려다준 그는 머뭇거리다가 내게 사랑한다고 고백했다. 그날은 내 평생 가장 아름답게 함박눈이 내리던 날이었다. 그렇게 나의 연애는 시작되었고 그와 벌써 8년째 달콤하고 살벌한 연애를 하고 있다.

8년 동안 연애를 하며 많은 이야기들이 있었다. 장거리 연애를 하며 2시간 동안 만나기 위해 왕복 8시간을 버스와 기차를 환승해서 만나기도 했고, 남자 친구가 군대에 갔을 때는 왕복 12시간을 바쳐 버스와 기차를 타고 철원으로 면회를 가기도 했다. 군인과 곰신으로, 그리고 직장인과 대학생으로 우리의 역할도 그동안 많이 바뀌었다. 보통 같은 고향에 있다가 각각 다른 곳으로 대학교를 가게 되면 많이들 헤어진다. 그리고 군대에 보내고 헤어지고,

둘 중 한 명이 먼저 직장인이 되면서 헤어지는 경우도 많이 있는데 우리는 그 모든 장애물을 극복해 내며 사랑해 왔다.

많이 부족했던 여자와 남자가 만나서 서로 부족한 부분을 채워 주고 함께 배워 가며 성장하고 아름답게 성숙해지는 것이 연애라고 생각한다. 나도 연애를 하며 상처를 주기도 하고 받기도 했지만 서로 용서하고 사랑하고 미안해하며 많이 배우고 성장했다. 나도 그랬기에 많은 커플들이 서로의 장애물을 극복하고 연애하면서 아름답게 성장해 나가길 바라는 마음이다. 그런 마음으로 연애에 어려움을 겪는 사람들에게 도움을 주는 건강한 연애 메신저가 되겠다고 다짐하고 연애코칭을 시작했다.

많은 청춘들이 연애를 어려워하고 힘들어한다. 그리고 연애로 인해 울기도 하고 웃기도 한다. 그런 연애를 통해서 나는 성장했고 인생을 배울 수 있었다. 처음부터 완벽하고 잘 맞는 찰떡궁합일 수는 없다. 한 단계 한 단계 차곡차곡 만남을 쌓아 가며 서로 맞추어 가고, 싸우고 지지고 볶기도 하면서 추억을 쌓고 성장해 가고, 성숙해 가는 것이다.

한 사람과 인연이 되어서 건강한 관계를 맺어 가고 서로를 맞춰 가고 유지해 가는 것은 인생 최고의 배움이자 성장을 이루는 길일 것이다. 혼자라면 알 수 없던 감정을 경험하고 서로 풀어 가고 함께 울기도 하고 웃기도 하며 우리는 연애를 통해 성장해 간다.

대한민국이 건강한 연애를 하는 연애강국이 될 수 있도록, 청춘들이 연애를 더 건강하고 현명하게 할 수 있도록 대한민국 대표 연애 코치가 되는 미래를 꿈꾼다. 사랑이 가득한 세상이 되기를 바라며, 나에게 코칭 받은 모든 커플들이 더욱 현명하게 사랑하고 사랑받기를 바란다.

23

버킷리스트를 이루기 위해
노력하며 의미 있게 살기

· 이나흔 ·

국제청소년 멘토, 자기계발 작가, 동기부여가

미국에서 유학생활을 하며 한국에서 해 보지 못한 새로운 것에 도전하는 것을 즐긴다. 국제무대에서 사람들에게
긍정적이고 선한 영향력을 끼치는 전문가가 되고자 한다. 저서로는 《인생을 바꾸는 감사일기의 힘》이 있으며 현재
미국생활과 유학생에 대한 개인저서를 집필 중이다.

· Email naheunlee@naver.com

"넌 커서 뭐가 되고 싶니?"

초등학교 시절 선생님들이나 주위 사람들이 하는 단골 질문이
다. 사실 시간이 지나도 명쾌한 대답을 하는 것은 쉽지 않다. 어렸
을 때부터 자신의 꿈과 장래 희망이 확고한 사람들을 제외하고는
대다수의 사람들은 자신이 정말 원하는 일이 무엇인지 잘 모르기
때문이다. 그래서 어린 시절 희망 직업을 말할 때 대부분 의사나
변호사 등 어른들이 선호하는 전문 직업으로 답하는 경우가 많다.

사실 아직은 미래에 내가 어떤 일을 하게 될지 확실하지 않다.

그러나 나의 미래는 언제나 밝고 희망찰 것이라 기대한다. 또한 나의 꿈은 조금씩 변할 수 있다는 여지를 둔다. 왜냐하면 초등학교 때부터 지금까지 꿈이 조금씩 변했으며, 앞으로도 변할 수 있기 때문이다.

중학교 시절에 나는 방송국 PD가 되고 싶었다. 방송을 만들고 책임지는 일이 멋있어 보였고 유명 연예인들도 마음만 먹으면 마음껏 만날 수 있다고 생각했다. 물론 아주 단순한 이유였지만 PD가 되기 위한 노력과 열정은 누구에게도 뒤지지 않았다. 학교에서는 방송부 연출에 지원해 보기도 했고 학교 밖에서는 유명 PD 강연을 직접 찾아가 들어 보거나 방송국 체험도 하며 PD에 대해 알아 가는 시간을 가졌다.

고등학교에 올라오면서 나의 장래희망은 PD에서 외교관으로 바뀌었다. 시간이 지날수록 나의 생각은 변해 갔고 다양한 책을 읽으면서 내게 보이지 않았던 세상이 보이기 시작했다. 그리고 생각보다 더 다양한 직업이 있다는 것을 알게 되었고 많은 경험을 할수록 인생이 풍부해진다는 것을 깨달았다.

나는 종종 진짜 내가 원하는 것이 무엇인지 생각해 본다. 그리고 미래에 대해 걱정하며 심각하게 고민하기보다는 하루하루를 소중하고 의미 있게 보내야겠다고 생각했다. 그러곤 더 나은 나의 미래를 위해 내가 이루고 싶은 것들의 목록을 적어 보았다. 바로 종이에 나만의 버킷리스트를 적은 것이다. 이 목록이 있으면 하루 하루를 허투루 보내지 않게 되고 더 나은 미래를 만들어 갈 수 있다고 생각했다.

- 내가 원하는 최고의 대학교에 입학하기
- 세계여행 하기
- 꾸준히 책 출간하기
- 세계에서 영향력 있는 차세대 리더 되기
- 4개 국어 이상 유창하게 구사하기
- 다양한 경험을 하며 세계무대에서 꿈을 펼치기
- 어떤 일을 하던 내가 하는 일을 즐기고 사랑하고 재미있게 삶을 살기

나만의 버킷리스트 중 하나는 꾸준히 책을 쓰는 것이다. 나는 초등학교 때부터 글 쓰는 것을 매우 좋아했다. 초등학교 3학년 때 는 한 포털 사이트에서 주최하는 가상 소설 공모전에 지원해 보 기도 했고 반응도 좋았다. 글을 쓰면서 새로운 이야기를 만들고 내 생각을 표현하는 게 너무 좋았다. 지금도 여전히 글 쓰는 것을 좋아하고, 책을 쓰고 싶다는 생각을 갖게 되면서 글쓰기의 매력 에 더욱 흠뻑 빠졌다. 이제는 책을 읽고 나 혼자 일기를 쓰는 것 을 넘어 책을 써서 다른 사람들에게도 좋은 영향을 끼치고 싶다.

예를 들어, 대학생이 되고 나서는 대학생활과 나의 생각들에

대한 책을 써서 내 책을 읽는 사람들에게 대학생활에 대한 실질적인 정보와 도움을 주는 것이다. 그리고 시간이 흘러 전문인이 되어 일할 때는 그 일을 하면서 깨달은 점과 소소한 일상들을 담은 책을 내고 싶다. 사람들에게 도움을 줄 수 있는 책 주제는 생각보다 다양하다. 나는 평생 나의 일을 하면서도 다양한 주제로 1년에 한두 권씩 내 이름으로 된 책을 내고 싶다.

또 다른 버킷리스트는 세계여행을 하는 것이다. 혼자 하는 배낭여행도 좋고 가족과 함께 하는 가족여행도 좋다. 유럽, 아시아, 남미, 아프리카 등 세계 곳곳을 여행하며 시각을 넓히고 잊지 못할 추억을 쌓고 싶다. 나는 어렸을 때부터 새로운 곳에 가는 것을 좋아했고 그곳에서 내가 몰랐던 세상을 알아 가는 것이 좋았다.

몇 년 전 가족들과 함께 갔던 뉴욕 여행이 매우 기억에 남는다. 방송이나 책에서 보고 듣기만 했던 세계 중심 도시에 간다는 생각에 기대가 컸다. 아니나 다를까 뉴욕에 도착하자마자 뉴욕 특유의 분위기에 압도되었고, 책에서만 보던 건물들과 장소를 눈앞에서 보고 있으려니 감탄사가 저절로 나왔다. 내 기대를 훨씬 뛰어넘었던 여행이었다. 하루하루 지나가는 것이 아까웠고 시간이 멈추었으면 좋겠다고 생각했다.

순간 갑자기 '다시 일상으로 돌아가도 이 행복한 순간을 계속 기억하고 싶다.'라는 생각이 들었다. 사람들이 글과 사진으로 여행기를 남기는 이유를 알 것만 같았다. 사실 나는 여행을 가면 그 순간을 즐기는 것이 우선이라고 생각해 특별히 따로 글을 쓰거나 사진을 많이 찍으려고 노력하지는 않았다. 그러나 여행을 느끼고 즐기는 것도 중요하지만 그에 못지않게 기록으로 남기는 것도 중요하다는 것을 깨달았다. 글과 사진으로 기록하지 않으면 언제 어디에 갔는지조차 나중에는 기억이 잘 나지 않기 때문이다. 그래서 앞으로 나의 버킷리스트에 있는 세계여행을 하게 될 때는 그 느낌들을 생생하게 그대로 기록으로 남기고자 한다.

　나는 나의 다양한 꿈들, 버킷리스트를 보고 상상할 때마다 저절로 미소가 지어지고 마치 당장이라도 이루어진 것처럼 기분이 좋아진다. 이러한 꿈이 있다는 것만으로도 나는 감사하고 행복하다. 어렸을 때부터 도전하고 남들이 안 하는 새로운 것을 하는 것을 좋아했다. 그로 인해 뿌듯함과 성취감을 얻을 수 있었다. 세상은 넓고 내가 할 수 있는 일은 많다. 과감하게 도전하고 어떤 일이든 즐기면서 최선을 다하는 멋진 삶을 살고 싶다.
　"삶이라는 캔버스는 매일 우리가 겪는 경험과 행동, 반응과 감정으로 채워지며, 그 붓을 움직이는 것은 우리 자신이다. 우리는 모두 자신의 인생을 그리는 예술가다."라고 오프라 윈프리가 말했듯이 우리의 미래와 인생은 우리가 만들어 나가는 것이다. 나는 삶이라는 큰 캔버스를 채우는 예술가가 되어 하루하루를 더 의

미 있게 살아가고자 한다. 나의 버킷리스트와 꿈들은 하루하루를
더 희망차게 해 주는 원동력이 되어 내 인생을 더욱 특별하고 소
중하게 만들어 줄 것이다.

24

30대에 월세 1,000만 원 받는
건물주 되기

· 김응규 ·

'30대를 위한 부동산 투자 연구소' 코치, 부동산 코치, 자기계발 작가, 동기부여가

많은 이들에게 각종 부동산 투자 노하우를 전수하고 있으며 긍정 에너지로 동기부여하고 있다. 여러 사람들과 소통하고 희망을 나누는 코치로도 활동하고 있다. 대한민국의 많은 청년들처럼 스펙에 목매던 시절이 있었으나 학교를 박차고 나와 진정한 주인이 되는 삶을 살고 있는, 미래가 기대되는 남자다. 저서로는 《또라이들의 전성시대》 외 4권이 있다.

· Email euenggyu@naver.com   · C·P 010, 2627, 0894

〈석세스 매거진〉의 창간자이자 미국의 근대 성공철학의 선구자라 불리는 오리슨 S. 마든은 자신의 저서 《아무도 가르쳐주지 않는 부의 비밀》에서 "아무리 긍정적인 사람이라도 가난과 빚으로 시달리는 한 행복해질 수 없다. 앞으로 나아갈 희망을 잃게 되기 때문이다."라고 말했다. 항간에는 "가난은 죄가 아니다, 다만 불편할 뿐이다."라는 말이 있지만 나에게 가난은 불편한 것을 넘어 불행을 가져다주었다.

나의 어릴 적 삶을 생각해 보면 잿빛과 같은 어둠으로 가득하다. 유년 시절부터 불화로 집안이 조용할 날이 없었는데 여러 이유 중 가장 큰 원인은 돈이었다. 아버지는 근면하고 성실하셔서 직장 내에서 인정을 받으셨고 그렇게 번 돈을 착실하게 저축해 수천만 원을 모았다. 하지만 IMF로 아버지 회사가 어려워져 다른 곳으로 넘어가게 되면서 생활이 어려워졌다. 어머니는 이대로는 안 되겠다고 하시며 아버지께 사업에 도전하기를 권하셨지만 가정을 지켜야 한다는 책임감 때문이었는지 아버지는 사업보다는 안정을 택하셨다.

　이때부터 시작된 아버지와 어머니의 의견 차이는 좁혀지지 않았고 자주 갈등을 빚는 원인이 되었다. 어머니는 이것저것 맞벌이에 도전하셨지만 연이은 실패로 가계 빚만 늘게 되었다. 결국 내가 중학생 때 두 분은 이혼했고 나는 아버지 슬하에서 자라게 되었다.

　사실 어릴 적에는 우리 집이 가난하다는 사실을 잘 몰랐다. 하지만 친구 집에 놀러 가서 냉장고에 우유, 요거트, 아이스크림, 과일 등 맛있는 것들이 많은 것을 보고 '왜 우리 집에는 아무것도 없지?'라며 비교하게 되었고, 아버지와 다른 친구들 아버지 차의 차이가 눈에 들어오게 되었다. 밥을 짓고 2~3일이 지나면 냄새가 나기 시작하며 색이 노랗게 변하는데 우린 그런 밥을 자주 먹었다. 그렇게 자라며 학창 시절을 보냈다. 그래도 중학교 시절에는 공부를 좀 하는 편이어서 주변의 기대를 한 몸에 받았지만 고 등학교 시절 사춘기를 겪으며 성적이 뚝뚝 떨어졌다. 난 이리저리 방황했다.

　낮은 성적으로 인해 대학입시에 실패하며 원치 않는 대학교에 입학했고 군대를 다녀와서야 정신을 차리게 되었다. 그 시절을 되 돌아보면 정말 열심히 살았다. 주중에는 수업 듣고 공부하고 금요 일과 주말에는 공장에서 야간 아르바이트를 하며 생활비와 학비 를 벌었다. 안 그래도 예민한 편인데 3일 동안 밤낮을 바꿔 사는 터라 일요일 밤에 야간 공장 일을 다녀오고 나서 바로 월요일 수 업에 들어갈 때는 신경이 곤두서고 피곤해서 정말 힘들었다.

　공장에 일이 없을 때는 막노동을 하며 용돈을 벌었다. 다른 편 한 아르바이트도 많이 있었지만 급여가 적은 데다 한 달이 지나 야 지급되기 때문에 한 달 동안 버틸 수가 없어서 어쩔 수 없이 선택한 아르바이트였다. 그렇게 주말마다 2~3일씩 공장 일을 하고 한 달에 100~120만 원 가까이 용돈을 벌어서 생활하며 공부했 다. 지금 생각해 보면 어떻게 그렇게 일하며 공부하고 학교를 다 녔는지 스스로도 놀랍다.

　주말을 제외한 평일에는 열심히 공부해서 성적장학금을 받으 며 학교를 다녔다. 오히려 너무 열심히 한 것이 독이 되었는지 '뭐 때문에 이렇게 살고 있나.'라는 생각에서 헤어 나올 수 없었다. 고민 끝에 휴학 신청을 하고는 대학교 편입을 알아보게 되었다. 단기간에 편입을 준비하고 성공하기 위해선 학원을 다녀야 했기에 다시 공장에 들어가 3~4개월 동안 주야로 2교대 근무를 하며 1,000만 원을 벌어서 서울로 상경했다. 짧은 준비 기간이었지만 열심히 공부해 나름 좋은 성적을 거두었다. 하지만 좋은 대학교에 들어가려는 것이 결국 좋은 직장에 취직하기 위한 방편일 뿐이라는 사실에 혼란스러움을 느꼈다. 그러던 중, 내 삶의 변화는 전혀 생각지도 못한 곳에서 찾아왔다.

우연한 기회에 여자 친구에게서 김태광 작가의 《서른여덟 작가, 코치, 강연가로 50억 자산가가 되다》를 선물 받았다. 큰 기대 없이 책을 펼쳤는데 저자의 삶이 온전히 녹아 있는 책의 스토리에 흠뻑 빠져들어 단숨에 읽었다. 그리고 당장 그가 운영하는 〈한책협〉에 가입해 카페활동을 하기 시작했다. 처음 느껴 보는 긍정적이고 성공을 향한 열망으로 가득한 카페 분위기는 나에게 신선한 충격을 주었다. 나는 곧바로 〈한책협〉에서 진행하는 〈1일 특강〉을 수강했다. 김태광 코치의 강의는 죽어 있던 내 심장을 깨우기에 충분했고 내 인생을 송두리째 바꿔 주었다. 그동안 가지고 있던 '왜 사는가?'란 의문이 완전히 해소되는 것을 느꼈고 편입시험 준비를 바로 그만두었다.

그렇게 〈1일 특강〉부터 시작해 〈한책협〉의 프로그램을 하나하나 수강하기 시작했다. 편입 공부를 하던 학생 신분인지라 당시 수중에는 돈이 거의 남아 있지 않았기 때문에 저축은행에서 대출을 받아 김태광 코치와의 일대일 컨설팅을 신청했다. 나는 컨설팅에서 앞으로의 진로에 대해 조언을 구했다. 한 시간 동안의 컨설팅은 내 삶을 바꿔 놓기에 충분했다. 나는 김태광 코치의 조언대로 실천하며 내 인생을 설계해 나가기 시작했고 생계는 막노동으로 해결했다. 몸은 고되고 힘드나 가슴 뛰는 목표가 있기에 너무나 행복해서 차가운 겨울날 캄캄한 새벽에도 저절로 눈이 뜨이는 신기한 경험을 하기도 했다. 그렇게 미래를 향한 준비를 이어가던 어느 날, 생각지도 못하게 〈한책협〉의 정식 스태프로 근무해 보지 않겠느냐는 제의를 받았다. 나는 감사한 마음으로 그 제안을 받아들였다.

그렇게 현재 나는 최고의 자기계발 기업 〈한책협〉의 코치가 되어 다양한 직업과 연령대의 사람들을 만나고 그들이 더 나은 삶을 살 수 있도록 돕고 있다. 그 과정에서 3권의 저자가 되었으며 내가 상상하던 꿈들이 하나둘 이루어지는 것을 경험했다. 나는 20대에 벤츠를 타고 다니며 작가, 코치, 강연가의 삶을 살고 있고 집이 생겼으며 7년 동안 연애하던 사랑하는 사람과 결혼했다. 이 과정은 마치 물 흐르듯 자연스럽게 이루어졌다. 어린 시절 가정불화와 가난으로 힘겨운 삶을 살았던 나였지만, 책을 쓰며 내면이 바뀌어 긍정적인 환경에 놓이고 더 나은 사람으로 변화되면서 좋은 일들이 연쇄적으로 일어났다. 실제 나뿐만 아니라 〈한책협〉을 만나고 좋은 일이 생기고 하는 일이 잘되는 등 긍정적인 변화를 겪는 이들이 많다.

단기간에 성장하고 변화한 지금, 나는 새로운 미래를 꿈꾼다. 그것은 30대에 월세 1,000만원을 받는 건물의 주인이 되는 것이다. 월세 외에 개인 수입도 벌면서 경제적 자유를 누릴 것이다. 처음에 나는 '부동산 투자'라고 하면 어느 정도 초기 자본에 여유가 있는 사람들만 하는 것이라는 선입견을 가지고 있었다. 하지만 이나금 작가의 《나는 쇼핑보다 부동산 투자가 좋다》에서 "부동산 투자는 큰돈이 있어야 할 수 있다고 생각하는 당신의 고정관념을 바꾸기만 해도 이미 반은 투자에 성공한 것이나 다름없다."라는 말을 읽고 생각이 완전히 달라졌다. 무엇을 하든 마찬가지이지만 부동산 투자도 관점을 바꾸는 것이 중요하다는 것을 깨달았다.

나는 〈한책협〉에서 진행하는 부동산 투자 과정을 통해 최고의 부동산 멘토에게 제대로 배워 20대부터 부동산 투자를 시작함으로써 부의 추월차선으로 나아갈 것이다. 과거 불행한 삶을 살았기에 나는 무조건 부자로 살아야 한다. 아무것도 모르는 어린 시절부터 가난을 겪었던 내 인생에 월세라는 연금을 주고 싶다. 부동산 투자는 평범한 내가 부를 누리기 위한 최고의 방법이라 생각한다. 나는 30대에 월세 1,000만 원 받는 건물의 주인이 되어 부모님께 마음껏 용돈을 드리고, 사랑하는 가족과 함께 1년에 네 번씩 해외여행을 하며, 나와 아내 각자 고급 외제차를 2대씩 소유하는 풍요로운 삶을 살 것이다. 20대부터 시작하는 부동산 투자를 통해 자랑스러운 부자 아들, 부자 남편, 부자 아빠가 되어 경제적 자유를 누리고 주위에 베풀며 살아갈 것이라 확신한다.

25

대한민국 초등 학부모
멘토 되기

· 민근희 ·

초등학교 교사, 초등 학부모 멘토, 아이미래 연구가, 초등수학 전문가

초등학교 교사로 일하며 누구보다 초등교육 전문가의 필요성을 절실히 느끼고, 그 선두에 서기 위해 노력하고 있다. 또한 수학 학력 저하와 초등 진로의 문제점과 그 해결책을 제시하기 위해 개인저서를 집필 중이다.

· Email happyistudy@naver.com   · Kakaotalk happyistudy

몇 년 전 개그콘서트에 개그맨 최효종 씨가 진행한 '애정남'이 라는 코너가 있었다. '애정남'이란 '애매한 것을 정리해 주는 남자' 의 약자였다. 사람들이 고민하는 여러 가지 상황들을 설정하고 그 상황에 맞는 것을 정해 주고 기준을 만들어 주면서 웃음을 유 발하는 코너였다. 사람들은 그 코너를 보면서 이러지도 못하고 저 러지도 못하는 상황을 딱 부러지게 정리해 주는 모습에 카타르시 스를 느꼈던 것 같다. 나도 그 코너를 무척 재미있게 봤었다.

생활 속에서 이렇게 누군가 딱 부러지게 옆에서 알려 주면 좋 겠다고 생각하는 일이 한두 가지가 아니다. 아이가 다쳐서 병원에 가서 진료받고 처치받은 이후에는 주변 사람들에게 아는 의사가 있는지 물어보기도 한다. 경찰서와 연관된 일이 생길 때는 또 아 는 경찰관을 찾게 된다. 아이들의 학습과 관련해 '카더라' 통신이 난무하면 아는 사람에게 진짜 정보를 묻게 된다. 초등 교사를 하 면서 돌고 돌아 받았던 질문들이 너무 많다. 그러한 과정 속에서 나는 거꾸로 내가 나서서 다른 사람들에게 제대로 된 정보를 전 달하고 싶다는 생각을 많이 하게 되었다.

사교육이 발달한 우리나라에는 중·고등과정과 관련된 학업 질 문을 할 곳들은 참 많다. 그런데 초등 학습과 관련한 전문가는 많 지 않다. 있어도 대부분 교사로 재직하시는 분들이다. 따로 나서 서 알려 주시는 분들은 많지 않은 것 같다. 나는 이런 사람이 되 려고 한다. 대한민국 초등 학부모 멘토로서 수많은 학부모들에게 '애정남'이 되고 싶다. 오바마도 부러워한 대한민국의 교육 열기에 편승하는 그 수많은 학부모들의 가려운 곳을 긁어 주고 올바른 길을 안내해 주는 멘토가 되고 싶다.

학부모들을 보면 가끔은 '아, 저 길이 아닌데….'라는 생각이 들 때가 있다. 그렇지만 나서서 말하기가 애매하다. 그러다 보면 그들은 점점 더 미궁 속으로 빠지기도 한다. 한번 잘못된 길에 들어서면 점점 더 잘못된 길로 가게 마련이다. 멈춰서 최초에 잘못 들어선 길로 다시 돌아와야 하는데 아무도 그것을 알려 주지 않는다. 그것이 요즈음의 초등 학부모들의 현실이다.

초등 학부모들에게 꼭 필요하면서 내가 할 수 있는 것이 있다.

첫째, 초등수학 전문가다.

날이 갈수록 교육은 첨단에 첨단을 걷고 수많은 사교육을 받고 학원에 엄청난 돈을 쏟아부으면서도 아이들의 학력은 점점 더 떨어지는 아이러니한 현상들이 나타나고 있다. 부모들은 그런 상황들을 마주하며 그것을 해결해 줄 답을 구하고 싶어 한다. 나 또한 세 자녀를 키우면서 육아의 답, 학습법의 답을 어디엔가 물어보고 싶을 때가 많이 있었다.

특히 수학의 학력 저하 문제는 매우 심각하다. 수학에 대한 흥미도 문제는 더욱 심각하다. OECD에서 시행하는 국제학업성취도평가(PISA)에서 우리나라 학생들의 수학에 대한 흥미도는 참가국 34개국 중 28위로 조사되었다. 수포자(수학을 포기한 사람)의 분포를 보면 고3 때 80%, 고1 때 70%, 중2, 3 때 60%, 초6 때 50% 정도가 된다. 그 이유는 무엇일까? 해답은 없을까?

해답이 있다. 그 방법은 초등학교 때만 가능한 것이다. 그런데 많은 학부모들이 그것을 모른 채 뒤늦게 중·고등학교 때 해답을 찾으려고 노력한다. 호미로 막을 일을 가래로 막으려 하는 것이다.

왜 이러한 일이 일어날까? 이러한 것을 알려 주는 초등수학 학부모 멘토가 대한민국에 없기 때문이다. 나는 나의 책을 통해 이러한 것을 알릴 생각이다. 우리나라의 더 많은 초등학생들이 수학을 좋아하고 즐길 수 있도록 학부모들을 도와주고 싶다.

둘째, 초등 진로 전문가다.

수년간 초등 6학년을 맡아 오면서 안타까움을 느낄 때가 많다. 아이들은 장래에 대해 생각하지 않는다. 목표가 없다. 아이들의 잘못일까? 나는 부모뿐만 아니라 미디어, 더 나아가 우리나라 전체의 잘못이라고 생각한다. 진로의 중요성은 지속적으로 대두되고 있지만 '진로와 진학'이라는 용어가 혼돈되어 사용되고 있다. '진로라 쓰고 진학이라 읽는다.'라는 느낌이 많이 든다. 그렇다 보니 초등학생들은 진로교육의 사각지대에 빠져 있다. 요즘 초등학생들의 장래희망의 1순위는 '없어요', 2순위는 '연예인', 3순위는 '사장님'이다.

나는 학부모들의 멘토가 될 것이다. 아이들의 생각에 가장 중요한 역할을 하는 것은 선생님이 아니고 부모다. 부모들도 공부해야 한다. 부모가 공부하고 노력하면 아이들은 바뀔 것이고 대한민국의 미래는 밝아진다. 나는 대한민국 초등 진로 학부모 멘토가 될 것이다.

이제 우리나라에도 학교 밖의 초등교육 전문가의 활동이 필요한 시기가 왔다. 나는 그 선두에 서려 한다. 2000년대 초반 아이들이 수학을 공부하는 모습을 보며 답답함을 느낀 적이 있다. 학원에서 수학을 선행학습 해 오는 아이들의 대다수가 수학을 싫어하고 수학을 공식 중심으로 알고 있었다. 그 이유를 찾아 연구해 보다 깜짝 놀랐다. 우리나라 학원에서 초등수학을 가르치는 대부분의 강사분들이 초등수학을 전공하지 않은 것이었다. 그러면서 초등학생들에게 중학교 방식으로 수학을 지도하는 모습을 볼 수 있었다.

그 당시 공식 출판은 하지 않았지만 '초등수학 방과후지도자 과정'이라는 교재를 만들었었다. 지금은 '초등수학 방과후지도자 과정'이 많이 있는 걸로 알고 있는데 당시는 방과후지도사라는 말 대신 모 독서논술 회사에서 오래도록 진행한 '독서지도자'란 말만 존재할 때였다. 그 과정을 만들고 교재를 집필했던 이유는 단 하나였다. 아이들에게 맞는 지도 방법을 널리 알리고 싶었기 때문이다.

나는 이제 더 큰 미래를 꿈꾸게 되었다. 대한민국 초등 학부모 멘토로서 나만의 차별화된 날개를 달고 대한민국 어느 곳에서도 독보적인 전문가로 나를 찾게 하려 한다. 초등 학부모들이 가장 만나고 싶어 하는 사람, 언제든지 무엇이나 아는 사람처럼 애매한 것을 정리해 주는 사람, 곁에 두고 이용하고 싶은 사람이 되려 한다. 내가 꼭 필요한 사람에게 도움이 되는 모습을 생각만 해도 행복하다.

이제 머지않았다. 이 책이 첫걸음이 되어 줄 것이다.

선한 영향력을
행사하는 책 출간하기

· 양현진 ·

아빠육아 전문가, 정보보안 전문가, 자기계발 작가, 강연가, 동기부여가

포스코건설에 근무 중이며, IT 업무를 담당하고 있다. 선한 영향력을 끼치는 최고의 메신저로서의 삶을 살고자 한다. 저서로는 《실전 정보보호개론》, 《인생을 바꾸는 감사일기의 힘》, 《보물지도9》가 있으며, 다둥이 아빠로서 겪었던 경험을 통해 '아빠 육아' 관련 주제로 개인저서를 꾸준히 집필 중이다.

· Email lufang3@naver.com   · Blog blog.naver.com/lufang3

나의 아버지는 식품 유통업 일을 하시며 서울에 있는 음식점에 식재료를 납품하셨다. 그래서 매일같이 새벽에 일어나 출근하셨다. 아침에 일어나면 아버지는 항상 이미 출근하고 안 계셨기에 저녁에만 아버지를 볼 수 있었다.

내가 초등학교 여름방학 때의 일이다. 방학도 몇 주 지나니 심심하고 노는 것에도 한계가 느껴졌다. 그래서 저녁을 드시는 아버지에게 내일 일하는 곳에 같이 따라가도 되냐고 물었다. 아버지는 흔쾌히 새벽 4시에 일어날 수 있으면 같이 가자고 하셨다. 그 다음 날 아침 졸린 눈을 비비며 겨우 일어났다. 지금 안 나오면 간다는 아버지의 말에 서둘러 씻고 따라나섰다. 아버지의 봉고차를 타고 가는데 일찍 일어났다는 만족감에 뿌듯했다.

"아빠는 새벽에 일어나면 안 졸려요?"

"아빠도 졸리지. 그런데 먹고살려면 부지런해야 돼."

나는 방학이라 항상 늦잠 자고 놀기만 했는데, 아버지는 졸린 눈을 비비고 매일 새벽에 일어나 일하시러 가신다니 죄송한 마음이 들었다.

"이 차들 좀 봐라. 이 사람들도 일찍 일어나서 일하러 가는 사람들이야. 이렇게 부지런한 사람들이 많아."

새벽시간이라 도로는 막히지 않았지만 차들이 제법 있었다. 그 이후로 몇 차례 더 아버지가 일하시는 곳으로 따라갔는데, 항상 아버지와 함께하는 시간보다 기다리는 시간이 더 많았다. 아버지는 거래처 식당들을 돌아다니시느라 정신없이 바쁘셨다. 나는 차에서 기다리며 혼자 놀았다. 아버지가 차 열쇠를 가져가셔서 시동은 못 켜 봤지만 운전석에서 만져 보고 싶은 것들은 다 건드려 봤다.

한참을 기다리다 아버지가 오시면 너무 반가웠다. 식사는 아버지 거래처 식당에서 해결했다. 집에서 못 먹어 보던 것들을 먹어 보는 기쁨도 있었다. 밤늦게 아버지와 함께 집에 가는 길은 항상 막혔다. 그래도 아버지와 하루 종일 함께 보낼 수 있어 즐거웠다.

부지런히 일하시는 아버지를 보며 자연스럽게 나도 열심히 살아야겠다는 생각이 머릿속에 박이게 되었다. 아버지가 말로만 "열심히 살아야 한다."라고 하셨으면 잔소리밖에 되지 않았을 것이다. 하지만 아버지는 행동으로 직접 보여 주시며 '부지런히 항상 최선을 다해야 한다.'라는 메시지를 나에게 전달해 주셨다. 그래서 그런지 세 아이의 아빠가 된 지금도 항상 새로운 일에 도전하고 발전하는 사람이 되도록 노력하고 있다.

"에이 씨."

어느 날 첫째 아이가 갑자기 나쁜 말을 하기 시작했다. 이때까지만 해도 누구에게 배웠는지 알 수가 없었다. "서준아. 누가 그런 말 하래. '에이 씨' 하고 싶으면 '아이참'이라고 해야지."라고 말해 줘도 아이는 재미있다는 듯 더 했다. 이를 보고 둘째도 똑같이 나쁜 말을 따라 했다. 나는 조금 더 강한 어조로 그런 말을 하면 안 된다고 타일렀다.

"그런 말 하면 아빠 속상해. 다음부터는 '아이참'이라고 해. 알았지?"

아이는 고개를 끄덕이며 알았다고는 했지만 종종 나쁜 말을 썼다.

주말에 가족들과 차를 몰고 외출을 했다. 항상 가는 도로는 신호가 언제 바뀌고 어떻게 가야 빨리 갈 수 있는지 머릿속에 경로가 그려져 있다. 마침 좌회전을 해야 하는데 앞 차가 느릿느릿 가는 것이었다. 그 차에는 초보 스티커가 붙여져 있었는데 왠지 모르게 마음이 급해졌다. 그러다 신호가 바뀌고 앞 차는 아슬아슬하게 좌회전을 해서 가 버렸다. 나만 빨간불 신호에 걸려 기다려야 했다.

"에이 씨."

나도 모르게 거친 말이 입 밖으로 튀어나왔다.

"아빠. '에이 씨' 하면 어떻게 해요. '아이참'이라고 해야지."

뒷좌석 카시트에 타고 있던 첫째 아이가 말했다. 순간 뒤통수를 얻어맞은 기분이었다. 그토록 아이에게 했던 말을 반대로 내가 듣게 된 것이다. 나도 모르게 내뱉은 말을 아이는 그대로 따라 한다는 것을 알게 되었다. 아이에게 나쁜 말을 한다고 혼낼 것이 아니라 나부터 조심해야겠다고 깨닫게 된 것이다.

아이는 부모의 말보다 행동을 따라 한다. '우리 아이는 왜 이렇게 말을 안 듣나.'라고 생각한 적이 많았다. 주변 사람들은 그 정도면 말을 잘 듣는 편에 속한다고 했지만 순간순간 욱할 때도 많았다. 그런데 사실 아이는 나의 말보다 행동을 따라 하고 있었던 것이다. 아이에게는 백번 말하는 것보다 한 번 행동으로 보여 주는 것이 더 효과적이다. 때로는 행동과 말투뿐만 아니라 부모의 사고방식까지 아이들은 닮는다.

그래서 아이에게 좋은 영향을 주기 위해서는 부모가 직접 아이의 롤모델이 되어야 한다. 아이는 부모가 말하는 것을 보며 배우는 것이 아니라, 행동하는 것을 보며 따라 하고 배우기 때문이다. 그래서 나 스스로 아이들에게 모범을 보이는 롤모델이 되어 주고 싶다. 책 쓰기도 롤모델이 되어 주는 것 중의 하나다. 책을 써서 출판하는 것이 꿈이기도 했지만 아이에게 긍정적인 영향을 미치며 훌륭한 롤모델이 되어 주고 싶기 때문이다.

아버지를 통해 전해 받은, '부지런히 항상 최선을 다해야 한다.' 는 메시지를 내 아이에게도 전달해 주고 싶다. 그리고 '새로운 것에 도전하고 항상 발전하는 사람이 되라.'라는 메시지도 덧붙이고 싶다. 그러기 위해서 선한 영향력을 행사하는 책을 출판할 것이다. 아빠도 항상 도전하고 발전한다는 것을 행동으로 보여 주어 아이들의 훌륭한 롤모델이 되고 싶다.

27

많은 사람들이 꿈을
이룰 수 있도록 도와주기

· 이용태 ·

'직장성공연구소' 대표, 품질정보시스템 전문가, 자기계발 작가, 동기부여가, 강사

SK하이닉스에서 29년간 품질정보시스템을 구축하고 운영했다. 글로벌 IT 고객과 일하고, 직장생활에서 얻은 경험을 후배들에게 나누고 싶어 개인저서 《회사는 이런 사람을 원한다》를 출간했다. 그 외에도 《버킷리스트11》, 《나는 책쓰기로 당당하게 사는 법을 배웠다》, 《인생을 바꾸는 감사일기의 힘》 등이 있다.

· Email ytlee0311@naver.com   · Blog blog.naver.com/ytlee0311
· Cafe cafe.naver.com/rkfcl123456   · C·P 010.4741.7760

사람은 누구나 직장생활을 하면서 인정받고 싶어 한다. 하지만 직장에서 성공하는 사람들은 극소수이며, 대다수 직원들은 하루하루 일과에 허덕이며 살아간다. 나 또한 신입사원으로 입사해서 열심히 일해 보려고 노력했지만 많은 실패와 좌절을 겪어야 했다. 직장에서는 내게 주어진 일을 스스로 처리하는 능력을 깨우쳐야 했다. 선배나 상사도 맡은 일이 있기에, 많은 시간을 들여 나를 도와줄 수는 없었다. 그때의 경험이 지금 이렇게 〈한책협〉을 통해 책을 쓰고 펴내는 동기가 되었다.

1987년 1월, 나는 대학을 졸업하고 운 좋게도 H사에 공채 4기로 입사했다. 인사팀에서는 신입사원을 대상으로 오리엔테이션을 진행했다. 주로 회사에서 지켜야 할 규정을 알려 주었는데 때로는 공장에 가서 현장 실습을 하기도 했다. 그때 가장 기억에 남았던 것은 자동차 카스테레오를 만드는 공정이었다. 그곳에서 나는 하루 종일 카스테레오에 라벨을 붙이는 작업을 했다. 컨베이어 시스템을 통해 이루어지는 그 작업에서 나는 벨트 속도에 따라 정신 없이 라벨을 붙여야 했다.

컨베이어 시스템은 사람을 마치 기계처럼 만들었다. 옆에서 같이 일하던 직원은 내게 "빨리 붙이시되 정확히 붙여야 해요."라고 말했다. 한시도 머리로 생각할 틈이 없었다. 오전과 오후에 한 번씩 각 10분간의 휴식이 주어졌는데, 휴식 시간이라기보다는 화장실 가기에도 부족한 시간이었다. 휴식 시간을 알리는 종이 "찌르릉" 하고 울리면, 마치 기다렸다는 듯이 모두가 쏜살같이 화장실을 향해 달려 나갔다. 나는 '여기서 일하는 직원들은 얼마나 힘들까?'라고 생각했다. 그렇게 하루 동안의 현장 실습이 끝나자, 내 몸은 온통 땀으로 뒤범벅이 되었다.

오리엔테이션 교육을 받으면서 현장 일이 이렇게 힘든 일이라는 것을 알았다. 현장 경험은 회사생활을 하는 동안 내게 큰 사명감을 주었다. 사명감이란 바로 '현장에서 일하는 직원들이 재미있고 즐겁게 일하게 만들자.'라는 것이었다. 하지만 경영자들은 '생산

량 달성을 위해서는 일분일초도 아깝다.'라고 생각했다. 그들을 설득해서 현장 사원들이 재미있게 일하도록 만들기 위해서는 과장의 역할이 매우 중요했다.

나는 신입사원 때의 오리엔테이션에서 얻은 교훈을 거울삼아 현장 사원들이 근무 시간 중에 여유 시간을 확보할 수 있도록 힘썼다. 먼저 사원들의 정확한 시간을 파악하기 위해, 검사원들에게 "매 시간별로 검사 수량을 적어 주세요."라고 요청했다. 현장 사원들은 마음이 정말 순수했다. 모든 것을 사실대로 기록해 주었다. 데이터가 현장과 차이가 크면, 상사로부터 결재를 받을 때 어려움이 발생한다. 모든 것을 사실대로 기록해야 상사를 설득할 수 있었다. 가끔 어떤 직원들은 현장 파악을 잘못해 곤란한 상황에 직면하기도 했다. 검사 표준 시간은 한번 정해 놓으면, 경영 계획을 세울 때마다 유용하게 사용할 수 있었다.

과장이 되면서부터는 현장과 거리가 점점 멀어졌다. 반대로 상사로부터 받는 업무는 늘어났다. 대부분 고객이나 경영층에서 요구하는 일을 기안하고 추진해야 하는 일이었다. 업무를 기안하는 일에 신경 쓰다 보면, 현장 일에서 멀어질 수밖에 없었다. 하지만 모든 일은 현장과 관련되었기에, 시간이 날 때마다 현장을 파악해야 했다. 현장 사원들 입장에서는 '나를 또 감시하러 왔나?'라는 생각이 들 수도 있었다. 하지만 과장은 현장 사원과 현장 일에 모든 책임을 져야 했다. 그런 이유로 남들보다 더 현장에 관심을 가질 수밖에 없었다. 나는 현장에 갈 때마다 현장에서 일하는 사원들에게 "현장에서 필요한 것이나 내가 도와줄 것은 없나요?"라고 질문했다. 그때마다 현장 사원들은 내게 그들의 고충을 털어놓았다.

과장은 현장 사원들과 항상 열린 마음으로 대화해야 문제를 사전에 예방할 수 있다. 상사와 부하 간에 의사소통이 되지 않으면, 나중에 더 큰 어려움에 직면할 수 있다. 실제로 어떤 직원이 현장 사원을 마치 종 부리듯 하는 것을 목격한 적이 있었다. 참으로 안타까운 일이었다. '만약 현장 사원이 자신의 동생이라면, 그렇게 대할 수 있었을까?'라는 생각이 들었다. 이런 일은 자주 일어나지 않지만, 그런 직원들이 어디에나 한 명씩은 존재했다.

업무 경험은 시간이 지나면 쌓이게 되지만, 사람과의 관계는 쉽지가 않았다. 생전 겪어 보지 못한 일도 경험해야 했다. 직장생활을 하다 보면 '성공을 위해서는 인간관계가 중요하다.'라는 것을 새삼 느끼게 된다. 업무 성과도 올려야 하지만 동료와의 관계가 원만해야 직장생활이 순조롭다. 그렇지 않으면 인간관계로 인해 많은 스트레스를 받을 수밖에 없다.

한편으로는 품질 수준을 높이기 위해 협력 업체를 자주 점검해야 했다. 나는 협력 업체를 방문하면서 그들의 업무 환경을 보고 깜짝 놀라고 말았다. 마치 나와 회사의 과거 모습을 보는 것 같았다. 시간은 21세기였지만, 중소협력 업체의 환경은 1990년대만큼 열악했다.

일하는 환경이나 업무시스템에서도 많은 차이가 있었다. 협력 업체의 품질은 곧바로 모기업과 고객에게 영향을 끼쳤다. 중소협력 업체의 열악한 환경에서 세계적인 수준의 품질시스템을 구축하는 일은 쉽지 않았다. 나는 협력 업체와 품질 개선 활동을 추진하면서 '앞으로 내가 해야 할 일은 중소협력 업체의 품질 발전을 이룩하는 것이다.'라고 다짐했다. 모 중소협력 업체 사장도 그런 나를 응원해 주었다.

나는 내가 그동안 직장에서 경험했던 지혜를 그들과 나누고 싶었다. 모기업의 협력 업체뿐만 아니라, 우리나라 중소협력 업체 품질 수준을 높여 세계적인 회사들과 어깨를 나란히 하며 비즈니스를 하는 모습을 보고 싶었다. 그렇게 하기 위해서 '앞으로 내가 해야 할 일은 무엇일까?' 곰곰이 생각하게 되었다. 답은 직장에서 일하는 사원들을 위해 직장성공연구소를 세우는 것이었다. 회사에서 퇴직하자마자 나는 내 꿈을 실현하기 위해 구체적인 실천 방안을 찾아 나섰다. 모든 것을 혼자 생각하고 행동해야 했다. 내가 갖고 있는 자산이라고는 직장에서의 업무 경험뿐이었다. 퇴직 후 1년 동안 어떻게 창업할 것인지 고민했다. 그 결과 내가 내린 결론은 세 가지였다.

첫째, 직장인들과 소통하기 위해 회사 카페를 개설한다.

둘째, 나의 업무 경험을 책으로 써낸다.

셋째, 직장인들을 위한 강연 콘텐츠를 만든다.

그렇게 긴 시간 동안 준비해 온 결과, 현재는 꿈꾸어 왔던 '이용태 직장성공연구소'라는 1인 창업 회사의 카페를 개설해 운영 중이다. 여기에 나의 업무경험을 담은 《회사는 이런 사람을 원한다》라는 개인저서를 출간했다. 현재 나는 직장에서의 업무 노하우에 대한 다양한 지식을 폭넓게 공부하고 있다. 그동안 경험했던 업무 노하우를 직장인들뿐만 아니라, 일반인들과도 SNS를 통해 교류하고 있다. 내가 그동안 꿈꿔 왔던 나의 목표를 하나씩 실천으로 옮기고 있다. 앞으로 나의 꿈은 대중들과의 소통을 넓혀 가는 것이다. 사실상 아무것도 모르는 상태에서 홀로서기란 쉽지 않았지만, 더 높은 목표를 위해 스스로 나만의 길을 개척해 가고 있다.

성공하는 데 필요한 세 가지 요인은 행동, 경험, 지식이다. 마음속에 품고 있는 꿈을 실천하기 위해서는 행동으로 옮기는 작업이 중요하다. 큰 꿈을 가지고 있어도 행동으로 옮기지 않으면 아무 소용이 없다. 시간과 돈을 미래의 꿈에 투자해야 인생의 목표를 실현할 수 있다. 그렇게 꿈을 행동으로 옮기며 다양한 경험을 하면 지혜가 쌓인다. 지혜가 쌓이면 다음 단계로 나아갈 수 있다. 지식은 많은 책과 성공한 사람을 통해 배우는 것이다. 지식이 많으면 시행착오를 줄이고 빠르게 성공할 수 있다.

앞으로 내가 이루고 싶은 꿈은 내 경험을 필요로 하는 이들과 소통하는 것이다. 경험이 없으면 나처럼 많은 시행착오를 겪어야만 한다. 나는 모든 사람들이 시행착오를 줄이고, 성공을 앞당길 수 있도록 도움을 주는 것이 인생의 꿈이다. 나는 앞으로 나의 꿈을 향해 힘차게 나아갈 것이다. 행동으로 옮기는 사람만이 성공이라는 목적지에 도달할 수 있기 때문이다.

28

월 1,000만 원 이상의 임대수익을
올리는 꼬마빌딩 소유하기

· 김리나 ·

'뷰티유통연구소' 대표, 뷰티유통 코치, 신사업 구축 전문가, 자기계발 작가

현 뷰티유통연구소 대표로서 10년 차 직장인을 대상으로 뷰티 유통 전문가를 위해 꼭 필요한 저서와 강연, 코칭 프로그램을 기획 중이다. 저서로는 《보물지도8》, 《인생을 바꾸는 감사일기의 힘》, 《나는 책쓰기로 당당하게 사는 법을 배웠다》가 있다.

우리는 현재 저성장 시대를 살아가고 있다. 시대상을 반영한 신조어는 계속 넘쳐 난다. 흙수저, 금수저 등 수저 계급론은 일상 용어가 되어 버렸다. 청년들은 대학교에 입학하면서 빚더미에 올라서기 시작한다. 흔히 공부만 잘하면 성공할 수 있다는 말에 반감까지 생겨 버렸다. 부모가 지원해 줄 수 있는 데도 한계가 있기 때문에 스스로 자급자족해야 하는 게 요즘 현실이다. 공부하기도 전에 학자금 대출, 주거비 등 감당해야 할 무게가 너무나도 크다. 취업을 해도 늘어나는 건 세금과 빚뿐이다. 특히 청년들은 '지옥고'를 벗어나려고 애쓴다. 지옥고는 반지하, 옥탑방, 고시원의 줄임말로 2030세대의 생활고를 의미한다. 나 역시 지옥고를 경험했다.

대학교 4학년 때 부모님의 반대를 무릅쓰고 부산에서 서울로 상경했다. 혼자서도 잘할 수 있다며 큰소리치고 나왔다. 그래서 부모님에게 경제적인 지원을 해 달라고 감히 이야기할 수도 없었다. 내 자존심이 허락하지 않았다. 부산에 있었으면 부모님 그늘 아래에서 편안하게 지냈을 텐데 고생을 사서 한 케이스다.

서울에 올라온 후 열다섯 번 이상 이사를 다녔다. 역세권 위주로 안 살아 본 동네가 없을 정도다. 처음에 시작할 때는 남의 집에 얹혀살았다. 인턴으로 시작했기에 첫 월급이 70만 원 정도였던 것으로 기억한다. 그걸로 모든 걸 해결해야 했다. 정말 맨손으로 올라왔다. 그 당시의 열정페이치고는 너무나도 가혹했다.

지금 생각해 보면 왜 그랬을까 싶다. 부산에서 공주처럼 지내다가 눈칫밥이란 걸 처음 겪었다. 이건 아니다 싶었다. 그때 꿈을 이루겠다고 같이 올라왔던 친구들은 전부 포기하고 부산으로 내려갔다. 그러나 난 어디서 오기가 생겼는지 끝까지 서울에서 살아남겠다고 수십 번을 다짐하고 또 다짐했다. 그러면서 고시원, 옥탑방, 반지하순으로 이사를 갔다. 서울에서 내 집 하나 갖고 싶다는 열망은 더욱 커졌다.

이때의 경험이 내가 재테크에 제대로 눈을 뜨게 된 계기가 되었다. 나는 회사 일을 마치면 부동산 공부를 했다. 평과 평형의 차이점 등 기초 지식부터 하나씩 배워 나갔다. 심지어 직장인 국비지원으로 경매까지 공부했다. 적은 돈으로 내 집을 마련할 수 있는 방법을 계속 연구했다. 특히 내가 거주하는 사당동 지역의 부동산 사무실을 틈틈이 방문했다. 부동산 투자에 실패하지 않기 위해 세운 내 나름대로의 기준이었다.

그러면서 친한 공인중개사들도 생겼고 부동산에 대한 고급 정보도 들을 수 있었다. 정말 발품을 많이 팔았다. 그리고 마침내 스물아홉 살에 내 이름으로 된 집을 장만할 수 있었다. 하늘을 날듯 기뻤다. 1층에 주차장이 있는, 필로티 구조의 연립 빌라였다. 당시 매매가보다 현재 2배 이상 시세가 올랐다.

내 집을 마련하면서 재테크에 탄력을 받기 시작했다. 실주거지용이 아닌 임대수익을 보장하는 소형 오피스텔로 눈이 돌아가기 시작했다. 그때부터 역세권 위주로 지역을 넓혀 나갔다. 심지어 서울이 아닌 경기 지역까지 확대했다. 여윳돈이 있는 상태에서 알아보는 게 아니었기 때문이다. 주말마다 물건을 찾으러 돌아다닌 것 같다. 또다시 발품을 팔기 시작했다.

지금은 모르겠지만 그 당시만 해도 장마가 시작되면 매번 물에 잠기고 침수되는 동네가 있었다. 게다가 빈번하게 단수되는 곳도 있었다. 이런 곳들을 미리 제외하고 물건을 알아봤다. 그때는 공인중개사가 주는 정보에만 의존하지 않았다. 내가 잘 아는 지역이 아니었기 때문이다. 주변 상권부터 시작해서 개발 호재까지 내 눈으로 하나씩 다 확인했다. 심지어 동네 엄마들이 모여서 정보를 공유하는 카페에도 가입했다. 그 지역 주민만이 알고 있는 사소한 것까지 확인하고 싶었기 때문이다. 그러면서 후보 지역을 계속 좁혀 나갔다.

최종적으로 검토된 지역이 관공서, 백화점, 대형마트, 공원이 한 블록에 밀집되어 있으면서 2년 후 지하철 개통이 예정된 지역이었다. 하지만 서울로 가는 교통편이 한 번에 연결되어 있지 않아 저평가되어 있었다. 그 지역에 20년 만에 개통되는 지하철역도 걸어서 375m만 가면 되었다. 경인고속도로의 접근성까지 뛰어나서 서울로 출퇴근하기도 좋았다. 그래서 살고 있던 빌라를 전세 놓은 뒤 대출을 끼고 오피스텔을 구입했다.

그다음 단계의 꿈은 신축 아파트를 구입하는 것이었다. 나는 평생 신축 아파트에서 살아 본 적이 없었다. 이미 내 경제 수준 이상으로 빌라, 오피스텔을 구입해 놓은지라 엄두가 나지 않았다. 그러다 지금의 남편을 만나면서 잠시 내려놓았던 신축 아파트의 꿈을 다시 꾸기 시작했다. 35년 넘게 잠실에서 부동산을 하고 계시는 시어머님의 영향이 컸다. 서당 개도 3년이면 풍월을 읊는다고 남편이 딱 그랬다.

나와 결혼하기 전에 남편은 퇴근 후 평일 저녁과 주말에 부모님의 부동산 일을 도와드렸다고 했다. 모델하우스 방문은 기본이고 땅까지 보러 다녔단다. 반공인중개사인 양 부동산을 대하는 안목부터 달랐다. 남편 회사의 사장님이 물류센터 매매를 남편에게 전부 일임할 정도였다.

2015년에 결혼을 준비하면서 신축 아파트 구입 계획은 더욱 구체화되기 시작했다. 그 당시 서울외곽순환고속도로 인근 신축 아파트가 가장 핫한 이슈였다. 서울과의 접근성이 뛰어나 출퇴근 이동거리가 짧은 게 큰 장점인 데다 분양가도 서울보다 저렴했기 때문이다.

위례 신도시처럼 이미 오를 대로 오른 지역은 전부 제외 대상이었다. 평당 700~800만 원대의 중소형 아파트를 찾기 시작했다. 아파트 시세 변동 등 여러 가지 요인들을 고려했기 때문이다. 특히 잠실과의 접근성이 뛰어난 지역의 신축 아파트가 검토 대상 1순위였다.

그러다 25평 로열층에다 평당 850만 원대의 이름 있는 자회사 아파트를 찾았다. 2008년 이후 오랜만에 일반 분양이 되는 지역이었다. 2011년에 경춘 고속도로 IC가 개통되면서 아파트 매매가도 오른 지역이었다. 그 지역에서는 2012년 이후 아파트 공급이 아예 없었다. 처음 분양되는 아파트였다. 심지어 2020년 수도권 제2순환고속도로가 완공될 예정이라 개발 호재도 있었다. 그래서 단숨에 계약해 버렸다. 올 5월부터 입주가 시작되었고 현재 1,500

만 원 정도 가격도 올랐다. IC 접근성이 뛰어나 더 오를 것이라고 예상한다. 하지만 나는 입주하지 않고 전세로 돌렸다. 2018년 1월 입주 예정인 34평 브랜드 아파트도 같이 매매를 진행하고 있었기 때문이다.

최근 서울외곽순환고속도로, 북부간선도로, 강변북로 등의 교통망을 갖춰 서울 생활권이라 평가받으며 급부상하는 곳이 있다. 바로 다산신도시다. 벌써 프리미엄가가 5,000만 원 이상 붙었다. 지하철 8호선 연장 구간(별내선)의 개발 호재 때문이다. 2022년에 다산역(예정)이 개통되면 잠실, 강남 방향으로 30분대에 진입할 수 있다. 지하철이 개통되면 아파트 매매가가 대폭 상승할 것으로 예상된다.

최근 2년 사이에 나는 아파트 매매 2건을 추진했다. 아파트 매매를 연달아 과감하게 진행할 수 있었던 비결은 든든한 전문가이자 35년 베테랑 공인중개사인 시어머님과 남편 덕분이다. 물론 금전적으로 벅찬 현실은 피할 수가 없다. 2018년 1월까지 잔금 마련도 불가피하다. 그래서 기본적인 품위 유지 및 자기계발 등 더 하고 싶은데도 포기해야 하는 부분들이 하나둘씩 생겨났다. 하나를 얻으면 하나를 잃게 되는 것 같다. 한편으로는 더욱더 돈을 벌기 위해서 열심히 살게 되는 채찍질 효과도 있다.

요즘 직방, 다방 등 온라인으로 전월세가 거래되고 있다. 인터넷에 취약하신 시어머님인지라 많이 속상해하신다. 나중에 더 나이가 드시면 부동산을 운영하기 힘들 것이라 예상하신 시어머님은 최근 들어 남편에게 공인중개사 공부를 제안하셨다. 2남 1녀 중 가장 부동산에 특화된 인물인지라 나중에 부동산 사무실을 아예 맡기실 심산이신가 보다. 이미 시아버님께서는 남편에게 공부하라고 책까지 사 주신 상태다.

그래서 올해 나에겐 새로운 목표가 생겼다. 남편이 공인중개사 자격증을 2018년에 취득할 수 있도록 돕는 것이다. 사실 맨땅에서 공인중개사를 시작한다고 했으면 무조건 반대했을 것이다. 공인중개사도 한 집 걸러 넘쳐 나고 변호사까지 부동산 중개업을 하겠다고 나서는 실정이기 때문이다. 하지만 남편의 경우는 시어머님께서 35년 동안 잠실에서 부동산 중개업을 계속 해 오시면서 건물주와 건축업자 등 탄탄하게 쌓아 온 인맥들을 그대로 활용할 수 있다.

얼마 전 사주를 봤는데 공인중개사 자격증을 남편이 취득하더라도 실질적인 운영은 내가 하게 될 거라고 했다. 마치 시아버님과 시어머님처럼 말이다. 오히려 같이 해야 빛을 발할 것이라고 당부까지 했다. 처음에는 너무 당황했다. 나의 미래는 이미 차근차근 진행 중이기 때문이다. 하지만 나의 최종 목표인 꼬마빌딩 한 채를 갖는 것이 머지않은 미래에 꼭 실현될 것만 같은 기분이 든다. 월 1,000만 원 이상 임대수익이 발생하는 입지 좋은 역세권 꼬마빌딩을 갖는 모습을 상상하는 것만으로도 마음이 설렌다.

29

수입의 다각화 시스템 구축하기

· 김영숙 ·

교육행정공무원, '덧셈육아연구소' 대표, 워킹맘 육아 멘토, 직장인 글쓰기 전문가, 자기계발독서 전문가, 자기계발 작가, 동기부여가

엄마 경력 8년 차로 두 아이를 키우며 일하는 평범한 워킹맘이다. 현재 아이들과 공감대를 형성하고 아이들의 롤모델이 되기 위해 열심히 공부하고 있다. 저서로는 《내가 두 아이를 키우면서 배운 것들》, 《미래일기》, 《부모님께 꼭 해드리고 싶은 39가지》, 《되고 싶고 하고 싶고 갖고 싶은 47가지》, 《되고 싶고 하고 싶고 갖고 싶은 40가지》, 《나는 책쓰기로 당당하게 사는 법을 배웠다》 등이 있다.

· Email iamgod100_@naver.com   · Blog blog.naver.com/iamgod100_
· Cafe cafe.naver.com/cubeadvice

워킹맘으로 힘들게 살면서 나는 하루하루 지쳐만 갔다. 사는 게 재미없다고 느껴질 때 내게 한 권이 책이 다가왔다. 바로 임원화 작가의 《하루 10분 독서의 힘》이다. 이 책을 읽고 나도 책을 써내고 싶다는 생각이 들었다. 우여곡절 끝에 〈책 쓰기 과정〉에 등록하고 책을 쓰기 시작했다. 그러나 다른 사람들은 다 잘하는 것 같고 실제로 책도 빨리 나왔는데 나에게는 아주 요원한 일로만 느껴졌다. 힘들어서 포기하고 싶을 때도 있었지만 꾸준히 쓴 결과 1년 만에 책을 펴낼 수 있었다.

책이 출간되자 많은 사람들이 축하해 줬고 나의 자존감도 높아졌다. 책을 써내자 이제 저자강연회라는 숙제가 주어졌다. 다른 사람들의 사례를 보면서 책이 나오면 나도 당연히 저자강연회를 해야 한다고 생각은 했지만 막상 현실이 되니 정말 어렵게만 느껴졌다. 그러나 도전했고 지난 주말에 저자강연회를 무시히 마쳤다. 이 모든 것이 나의 선택이었고 행동한 결과였다.

저자강연회에는 오랫동안 만나지 못했던 친구들이 많이 참석해 줬다. 다들 내가 대단하고 부럽다고 칭찬했다. 내성적이고 소심한 내가 책을 쓰고 저자강연회를 하는 모습에 오랜 친구는 대단하다고 나를 치켜세웠다. 저자강연회에 와 준 것만으로도 고마운데 커다란 꽃바구니까지 나에게 선물했다. 나의 용기와 결단력, 추진력이 놀랍다는 편지가 꽃바구니에 들어 있었다. 배울 점이 많은 친구를 둔 자신은 운이 좋다는 편지를 받고 나는 우쭐해졌다. 그리고 소신 있게 행동했던 내가 자랑스러워졌다. 내가 누군가에게 희망이 되고 동기부여를 해 준다는 사실에 기뻤다.

사실 나의 스토리는 지극히 평범했다. 그러나 내 이야기를 책으로 읽은 많은 사람들이 동기부여를 받았다고 문자를 보내왔다. 그동안 나는 스스로 항상 부족하고 자신감 없는 사람이라고 생각했다. 그런데 책 한 권을 내자 사람들이 나를 전문가로 받아들이고 존경하기까지 한다는 사실이 믿기지 않으면서도 너무 기뻤다.

'1t의 생각보다 1g의 행동이 중요하다.'라는 말이 있다. 계속 생각만 하는 것보다 행동으로 옮기는 것이 중요하다. 우리는 무엇을 하면 성공할 수 있는지 정답을 알고 있다. 그러나 '나는 할 수 없다.'라고 미리 한계를 그어 놓고 행동하지 않는 사람들이 대부분이다. 내가 책을 써내자 사람들은 다 부럽고 대단하다고 칭찬했다. 그들에게 내가 '시간과 열정을 쏟으면 누구든지 할 수 있는 일'이라고 강조해도 자신은 못 해낼 텐데 뭐 하러 시작하느냐는 답변이 대부분이었다. 자신의 한계를 미리 그어 놓고 시도조차 하지 않고 살아가는 것이다.

저자강연회를 끝내고 또 다른 꿈이 생겼다. 바로 전문적인 강연가가 되는 것이다. 작가로서 강연은 당연히 해내야 하는 과정이다. 첫 저자강연회는 참석자들이 대부분 지인이라서 그럭저럭 해낼 수 있었다. 그러나 다음에는 생판 모르는 사람들 앞에서 강연을 해야 한다. 지금보다 더욱 잘하기 위해서 노력해야 한다. 살아남기 위해서는 강연 전문가가 되어야 한다. 나는 시간당 수백만 원대의 강연료를 받는 뛰어난 강연가가 되고 싶다.

나는 평소 소심한 성격에 남들 앞에서 한마디라도 하려고 하면 심장이 두근거리는 사람이다. 명강사가 되려면 이런 나의 성격을 완전히 버리고 전혀 다른 사람이 되어야 한다. 남들에게 '나'라는 상품을 팔아야 한다. 이 과정에서 나의 스토리와 '나'라는 상품을 잘 만들고 포장해야 한다. 내가 지구별에 온 소명은 남들에게 나의 스토리와 '나'라는 상품을 팔러 온 것이다. '나'라는 상품을 사람들이 사지 않으면 견디지 못할 정도로 나를 단련하고 싶다.

나의 육아 관련 책이 출판되자 내게 새로운 기회가 다가왔다. 육아법 과정을 개설할 수 있는 기회가 생긴 것이다. 나는 이 기회를 주저하지 않고 잡았다. 공무원으로서 내가 그런 과정을 개설한다는 것은 생각지도 못했다. 단지 아이를 키우면서 책 한 권을 낸 상태이기에 내가 누구를 가르친다는 생각은 전혀 해 보지 않았다. 그러나 모든 것이 내가 성장할 수 있는 기회를 주는 것이기 때문에 나에게 온 기회는 반드시 잡아야 한다고 생각했다. 나는 반드시 해내고 말 것이다.

〈덧셈육아과정〉을 개설하기 위해서 또다시 나는 도전의 길로 들어섰다. 작가, 강연가, 코치로 살아가기 위해서 지금은 부족하지만 묵묵히 도전해 보려고 한다. 한 번도 해 보지 않았던 책 쓰기에 도전해서 책이 나왔듯이 무엇이든지 하기만 하면 이루어 낼 수 있을 것이다.

〈덧셈육아과정〉을 개설한 만큼 덧셈육아 코치로서 수많은 사람들에게 나의 육아법을 알려 주고 싶다. 힘들었던 육아 경험을 통해 내가 깨닫게 된 것이 조금이라도 다른 사람에게 도움이 된다면 좋겠다. 이렇게 다른 사람에게 선한 영향력을 끼치는 메신저로서 살아갈 것이다. 또한 누군가에게 동기부여를 해 주는 동기부여가로서 살아갈 것이다.

내가 꿈꾸고 행동하면 나는 무엇이든지 될 수 있다. 작가가 되고 강연가가 되고 코치가 되어 결국에는 1인 창업을 하게 될 것이다. 1인 창업을 통해 수입의 다각화 시스템을 구축해 보려고 한다. 인세, 강연료, 코칭, 컨설팅으로 수입의 다각화를 이루어서 경제적인 자유를 얻을 것이다. 이를 위해 시작한 것이 주식 공부다. 그동안 주식에 대한 안 좋은 선입견이 있었다. 주식 투자에 실패해 빚을 지는 사람들도 많이 봤기 때문이다. 그러나 새로운 관점에서 주식 투자에 대해 쓴 책을 접한 뒤 나는 새로운 세계를 경험했다. 책을 읽어 보니 내가 그동안 잘못 알고 오해했던 부분이 많았다.

나는 그동안 열심히 살면 언젠가는 돈 걱정 없이 살 수 있을 줄 알았다. 그러나 그것은 나의 착각이었다. 자본주의 사회에 살면서 자본주의 시스템을 몰랐고 공부할 생각도 하지 않았다. 직장을 다니면서 아끼고 열심히 저축하면 돈을 많이 모을 수 있을 줄 알았다. 그런데 아이들을 교육시키고 노후 준비하기도 어려운 상황이 되었다. 월급에 비해 물가상승률이 높아서 생활비를 쓰고 나면 남는 돈이 없는 것이 현실이었다. 나는 젊었을 때부터 경제에 대해 공부하지 않았던 것이 후회되었다. 자본주의 사회에서 살면서 금융을 전혀 몰랐을 뿐더러 주식은 생각도 하지 못했고 부동산에도 관심이 없었다.

책을 쓰면서 여러 분야의 사람들을 만나다 보니 나의 시각이 넓어졌다. 주식에 대한 공부도 하게 되었고, 부동산 공부도 해야겠다는 생각이 들었다. 주식 투자, 부동산 투자로 100억대 자산가가 되고 싶다. 그래서 1년에 한 번씩은 해외여행도 가고, 제주도에 별장도 구입해서 그곳에서 휴가를 즐기고 싶다. 벤츠를 타며 70평대의 아파트에서 아름다운 경치를 내려다보며 책을 쓰고 음악을 들을 것이다. 이제 더 이상 일하지 않아도 수입이 들어오는 시스템이 구축되어 있을 것이기 때문이다. 나는 경제적·시간적 자유를 누리며 노후를 여유롭게 살아갈 것이다.

대한민국을 대표하는
동기부여 강연가 되기

· 이송이 ·

꿈을 현실로 만드는 드림워커, 동기부여가, 행복메신저, 행복한 꿈쟁이 작가

세 아이의 엄마이자 공무원으로 재직하면서도 끝없는 도전을 통해 다양한 꿈을 실현하고 있다. 꿈으로 인생을 디자인하고 가슴 뛰는 삶을 살아가도록 도움을 주는 동기부여가를 꿈꾼다. 저서로는 《보물지도8》, 《인생을 바꾸는 감사일기의 힘》, 《나는 책쓰기로 당당하게 사는 법을 배웠다》 등이 있으며, 현재 '꿈과 행복'이라는 주제의 개인저서 출간을 앞두고 있다.

· Email 2pooya3@naver.com　　　· Blog blog.naver.com/2pooya3

　　어릴 적 나의 꿈은 작가였다. 두 반밖에 없는 시골 학교에서 온갖 백일장에 나가서 상을 타 왔기 때문에 어린 마음에 글 쓰는 데 소질이 있다고 생각했다. 하지만 중·고등학교에 가면서 내가 우물 안 개구리였다는 것을 알았다. 세상에는 나보다 글을 잘 쓰는 사람이 훨씬 많았다. 나는 자연스럽게 학업에 열중했다. 그러면서 나도 모르는 사이 어릴 적 품었던 작가라는 꿈은 서서히 사그라들기 시작했다.

　　하지만 책과 글쓰기는 살아오는 동안 나의 삶의 위안이자 안

식처였다. 여유 시간이 허락될 때 내가 가장 하고 싶어 하는 일은 클래식 음악을 들으며 책을 읽는 것이다. 책 속을 거니는 것은 내 삶에 많은 위안이 되었다. 나는 중학교 때 이후로 일기를 꾸준히 쓰고 있다. 매일매일 일기장에 나의 마음을 속삭이면서 내면에 귀를 기울이는 그 시간이 세상 어느 때보다 행복하고 감사하다. 힘들 때도 기쁠 때도 억울할 때도 나는 언제나 일기장을 펼쳤다. 시시때때로 느끼는 감정들을 고스란히 일기에 담았다.

일기를 쓰면서 삶의 매 순간을 되돌아보고 그 삶 속에서 흘러가는 나의 생각을 포착해서 자세히 글로 표현하는 것이 즐겁고 행복했다. 가끔씩 1년 전의 일기를 읽어 보면서 그때보다 훨씬 성장한 나의 모습을 발견하는 것은 삶 속의 또 다른 기쁨이 되어 주었다.

아이를 낳으러 갈 때 챙겨야 할 출산 준비물들이 있다. 나의 출산 준비물 1호는 일기장이었다. 12시간 진통 끝에 아이를 낳아 기진맥진한 상태에서도 내가 제일 먼저 한 일은 일기를 쓰는 것이었다. 아이를 낳고 몇 시간이 지나지 않아서 통증이 심했지만 회음부 방석 위에 앉았다. 아이를 낳는 그 경이로운 경험을 한순간이라도 놓칠세라 엄마와 아기의 일생일대의 대사건을 생생하고도 빠르게 적어 내려갔다. 그날 쓴 일기장을 지금 펼쳐 보면 그 당시 나의 감정과 느낌이 그대로 되살아난다. 나는 가끔 달콤하면서도 쓰디쓴 눈물을 흘리며 나의 역사책 속으로 여행을 떠난다. 나는 그 순간이 어느 때보다도 행복하다.

이처럼 책을 읽고 글을 쓰는 일은 내 삶의 자연스러운 일부였다. 하지만 고된 일상 속에서 삶에 위안을 주는 쉼표 같은 역할을 하고 있을 뿐이다. 그러던 어느 날, 내가 매일 접하는 교육 사이트에서 〈책 쓰기 특강〉에 대한 글을 보게 되었다. 나는 그 글을 본 순간 강렬한 이끌림에 의해 강연회에 참석하게 되었다. 이 책 쓰기 강연이 내 인생의 터닝 포인트가 되어 주었다. 강연을 듣는 내내 내가 모르고 살던 세계에 대한 놀라움에 사로잡혔다. 그야말로 신선한 충격이었다.

"평범할수록 책을 써라!"

"성공해서 책을 쓰는 것이 아니라 책을 써서 성공하는 것이다!"

강연가의 한마디 한마디가 나의 가슴을 쿵쾅거리게 만들었다. 현실에 맞춰서 모범생으로 살아가느라 저 깊숙한 곳에 묻어 두어야만 했던, 나의 어릴 적 작가라는 꿈이 꿈틀거리기 시작했다.

그 강연을 들은 다음 날부터 누가 시키지도 않았는데 새벽이면 눈이 뜨였다. 평소 저녁에는 회사 일과 육아를 병행하는 치열한 삶을 살아 내느라 녹초가 되어 버린다. 그 어떤 에너지도 남아 있지 않다. 하지만 푹 자고 일어나 아침을 맞으면 어제의 고단함이 다 사라지고 새로운 에너지가 가득 채워진다.

나는 책을 쓰겠다는 확실한 꿈이 생기기 전에도 책을 읽고 일기를 쓰는 시간을 확보하기 위해 새벽시간에 알람을 맞췄다. 하지만 그때는 해도 되고 안 해도 되는 일이라고 생각해서인지 피곤하고 지친 날은 알람을 듣지 못했다. 그래서 새벽에 일어나지 못하는 날이 더 많았다. 하지만 책 쓰기라는 명확한 꿈이 나를 이끌어 주자 어떤 날은 새벽 알람이 울리기도 전에 눈이 뜨이기도 한다.

요즘 나는 책을 쓰기 위해 평생 내가 읽은 책보다 더 많은 책들을 읽고 있다. 수많은 책을 읽으며 나의 흐릿했던 꿈에 색깔을 입혀 나가고, 그 꿈들을 하나하나 내 삶 속에 담아 내고 있다.

책 속에서 만난 수많은 성공자들은 꿈이 구체적일수록 좋다고 이야기한다. 당연히 한 번도 생각해 보지 않은 꿈이 이루어질 리 없다. 구체적인 꿈을 그리고 그 꿈을 이룬 자신의 모습을 생생하게 마음속에 그림으로써 잠재의식은 그 꿈을 이루겠다는 신념을 더욱 강하게 만든다. 그리고 어느 순간 마음속 소망은 현실로 이루어지게 된다.

다음은 꿈을 이뤄 가는 과정 속에서 내가 작성한 나의 소명선언문이다. 나의 꿈과 인생이 모두 함축되어 있는 소명선언문을 벽에 붙여 놓고 매일 아침 진심을 담아 읽는다. 그러면서 꿈을 이룬 나의 모습을 생생하게 상상한다.

"나는 대한민국 공무원이자 대한민국을 대표하는 '동기부여 강연가'다. 책을 써서 세상에 나를 알리고 꾸준히 역량을 키우는 삶을 살아간다. 성공한 공무원의 롤모델이자 꿈 멘토로, 진정성 있게 소통하며 경험과 지식을 나누는 '메신저'이자 끊임없이 변화하고 성장하는 '이송이'로 나아간다. 그리스도의 향기를 풍기는 꿈쟁이 작가가 되어 세상에 선한 영향력을 미친다."

이 글을 쓰고 있는 지금 이 순간, 심장이 떨리고 가슴이 벅차오른다. 나의 소명선언문을 책 속에 담아 세상을 향해 선언하는 순간이다. 나의 집 벽면 위에 붙어 있을 때와는 느낌이 다르다. 종이 위에 쓰면 이루어진다는 기적을 믿는다. 내가 이 소명선언문을 이 책에 쓰는 순간, 꿈을 이루겠다는 나의 신념이 더욱 강렬해질 것이다. 그리고 어느 순간, 나의 꿈은 현실이 되어 내 삶 속에 펼쳐질 것이다.

나는 꿈의 강력한 힘을 매일매일 경험하고 있다. 나 혼자 알고 있는 것에서 끝내고 싶지 않다. 나를 아는 사람들뿐만 아니라 모르는 사람들도 책을 통해 나를 만나고 꿈의 중요성과 그 힘을 알게 되기를 바란다. 나는 명확한 꿈이 생기고 변화된 나의 삶의 모습을 통해서 더 많은 사람들의 삶을 변화시키는 데 도움을 주고 싶다. 그런 이유로 나는 오늘도 모두가 잠든 이 새벽, 열심히 자판을 두들기고 있다.

이 책이 세상에 나와서 내가 직접적으로 만날 수 없는 사람들의 삶 속으로 들어가 그 사람의 마음과 삶을 변화시키길 기대한다. 책이 출간되면 강연을 통해 직접 독자들과 소통할 수도 있을 것이다. 내가 꿈꾸는 여러 가지 것들을 이루기 위해서는 책을 쓰는 것이 첫걸음이다. 일단 책부터 써야 하는 이유이기도 하다.

당신의 마음속에도 놓치고 싶지 않은 간절한 꿈이 있을 것이다. 지금 현실의 무게가 너무 무거워 꿈이 사치라고 생각된다면, 지금이 바로 당신에게 꿈이 가장 필요한 때다. 인생은 원하는 만큼 누릴 수 있다. 하지만 단순히 꿈을 꾸는 것과 그 꿈을 현실로 받아들일 준비를 하는 것은 엄연히 다르다. 꿈이 반드시 실현될 것이라고 삶의 매 순간순간마다 마음에 강하게 각인시켜야 한다.

내가 나의 꿈을 믿어 주는 만큼 꿈도 나에게 기회를 준다. 명확하고 구체적인 꿈은 나를 계속해서 행동하게 만드는, 나의 눈부신 미래를 보장하는 가장 강력한 도구다. 지금까지 항상 뒷전으로 밀려나 있던 나의 꿈에게 한 번만이라도 기회를 주어 한 번뿐인 인생, 최고로 행복하게 살아가자.

31

꿈꾸는 여자들을 돕는
리더로 살아가기

· 미셸 리 ·

'미셸 리 여성자기경영스쿨', '터치앤업' 대표, 컨설턴트, 동기부여가, 자기계발 작가

현대무용과 무용교육을 전공했다. 자이로토닉 마스트, 척추전문병원 자이로토닉센터 디렉터, 병원 홍보 담당자 등
여러 직업을 거쳐 현재는 작가, 동기부여가로 활동하고 있다. 또한 코칭, 특강, 워크숍 등을 진행하면서 자기경영에 대해
고민하는 여성들에게 도움이 되고자 한다. 저서로는 《바른 자세와 운동》, 《미셸 리의 키 성장 프로젝트》, 《보물지도8》,
《인생을 바꾸는 감사일기의 힘》, 《나는 책쓰기로 당당하게 사는 법을 배웠다》 등이 있다.

· Email touchnup@naver.com   · Blog blog.naver.com/touchnup
· Cafe cafe.naver.com/touchnup   · Instagram touchnup
· C·P 010.9700.8060

영어 학원 강사로 일하는 딸이 퇴근길에 전화를 했다.

"어머니, 저를 이렇게 착하게 키워 주셔서 감사합니다."

"하나, 무슨 일 있어? 지원금 필요한 거 맞지? 웬 어머니?"

"하하하! 진짜야, 엄마. 오늘 학원에서 아이들을 가르치며 계속 생각했던 말이야. 엄마처럼 나이 들수록 멋진 사람은 본 적이 없거든. 최고예요!"

딸아이가 갑자기 칭찬 세리머니를 엄마에게 하게 된 동기는 이랬다. 학원에는 초등학생부터 고등학생까지 수강생의 나이대가 다

양하기 때문에 수시로 융통성을 발휘해야 하는 일이 많았다. 책 읽기, 쓰기, 말하기, 녹음하기를 진행할 때는 늘 독특한 상황이 발생했다. 그러나 딸은 아무리 힘들어도 자신이 가르쳐 준 방식을 학생들이 재미있게 따라 할 때 가장 행복하다고 말한다. 아이들이 고민을 상담할 때면 진심으로 도와주고 싶은 마음이 더 간절하다고 했다. 근무지에서 경험이 쌓일수록 자신은 참으로 따뜻한 교육을 받은 행운아라고 느낀다는 것이다.

나는 딸과의 통화가 끝난 후 옛 사진첩을 꺼내 보았다. 한 장씩 들여다보니 아이들을 키울 때 내가 애쓰며 지켰던 행동들이 생생하게 떠올랐다. 나는 아이들에게 장난감으로 잘 놀아 주는 엄마는 결코 아니었다. 대신 아이의 친구들을 모아 집에서 함께 놀 수 있도록 작은 파티를 열어 주거나, 아이들이 우울할 때 말을 잘 들어 주는 엄마였다. 일과 학업을 병행하던 아줌마 학생이었기 때문에 짧은 시간 안에 큰 효과를 내는 방법을 주로 찾았던 것이다.

학교 강의를 들으며 아이의 생일파티를 걱정하던 엄마인 나는 일찌감치 완벽한 엄마가 되려는 욕심을 버렸다. 대신 짧은 순간이라도 아이의 마음을 채워 주는 엄마가 되려고 애썼다. 아마도 이러한 노력이 성인이 된 딸에겐 편안한 기억으로 남아 있는가 보다.

20대의 나는 야망이 너무 컸다. 무대의 주역으로 날아오르는 현대무용가가 되고 싶었다. 그러나 우아한 몸짓과 독특한 표현력을 타고났으며 크게 될 무용가라는 말은, 허황된 꿈이 되었다. 가장 큰 문제는 무용가에겐 너무도 중요한 '연속돌기'를 할 때 두려움을 느끼는 것이었다. 아무리 우아한 몸짓과 긴 팔로 뛰어난 표현을 해내더라도 두 발은 늘 불안했다.

무용을 잘하고 좋아했지만 나에게는 뛰어난 무용가가 될 만큼의 재능과 열정은 없었다. 발레리나 강수진처럼 무용 외엔 아무것도 보이지 않을 만큼 미친 적이 단 한 번도 없다는 점이 이를 증명한다. 나의 열정 속에는 저버릴 수 없는 부모님의 기대가 숨겨져 있었던 것뿐이었다.

힘겹게 예술대학에 복학했을 때 나는 전공을 무용교육학으로 바꾸었다. 나에 대한 진실을 더 이상 덮어 두지 말아야 한다는 사실을 깨달았기 때문이다. 한 걸음 더 나아가 무용가에 의해 창안된 보디시스템도 선택했다. 자이로토닉이었다. 감정이 풍부한 나는 물처럼 흐르는 자이로토닉의 유연한 동작에 매료되었다. 솔로 무용가는 포기했지만 자이로토닉 움직임으로 내 꿈을 대신할 수 있었다. 인생에서 빠져나간 한 부분이 다른 영역으로 채워지면서 다시 힘을 얻게 된 것이다. 지난 20년은 모든 것을 다 이루기보다 나 자신을 가장 진지하게 대하며 살아온 시간이었다.

20대가 된 딸이 "엄마, 난 참 좋은 사람이에요. 다른 사람을 도와줄 수 있는 내가 자랑스러워요. 감사합니다."라고 말하던 그날, 나에겐 새로운 꿈이 생겼다. '여자들이 원하는 삶을 사는 비결을 찾도록 도와주는 사람'이 되는 것이다.

여자로 살아가면서 부닥쳐야 되는 현실적인 일들이 얼마나 많은가. 결혼 전의 진로 선택, 결혼 후 직장, 육아와 같은 문제들 속에서 느끼는 여자들의 어려움은 늘 존재한다. 나는 후배 여성들에게 행복한 삶을 사는 비결을 알려 줄 때 가장 흥미롭고 신난다. 나 역시 삶이 뒤죽박죽일 때 진실을 받아들임으로써 본래의 내 모습을 되찾는 직업을 찾을 수 있었다. 인생에서 그 순간만큼 짜릿한 희열을 느껴 보지 못했다.

내가 일과 공부를 병행할 때 나를 알고, 사랑하고, 걱정해 주는 사람들의 조언들이 나를 더 힘들게 했던 적이 있었다. 정작 아이들은 슈퍼맘이라 생각했지만 친구들은 그렇게 생각하지 않았다. 아이들과 충분한 시간을 보내지 않는 이기적인 엄마, 욕심이 많아 남편을 힘들게 하는 아내라는 비수 같은 말도 쉽게 날렸다. 하지만 끝이 안 보이며 어렵고 험한 것 같았던 과정들도 시간이 지날수록 나아졌다. 그때 내가 지켰던 두 가지 행동 방침은 열악한 상황들까지도 종결시켰다. 그 두 가지는 첫째, 내 인생을 내가 장악하고 둘째, 나에게 주어진 모든 조건들을 최고로 활용하는 방법을 찾아내는 것이었다.

여성에게 행복한 삶은 결코 '일하는 삶', '결혼한 삶', '전업주부의 삶'으로만 구분되지 않는다. 여성들이 자신의 삶을 행복하게 끌어가는 것은 무엇을 하느냐가 아니라 무엇을 선택하는가에 달려 있다. 나는 여성들이 아름답고 사랑스런 아내이자 멋진 엄마 혹은 당당한 커리어 우먼으로 더 활발하게 활동하기 위해서는 스스로 자유로운 선택을 할 수 있어야 한다고 믿는다.

나는 인생 3막을 또 다른 꿈으로 설계했다. 그동안은 나의 인생을 어떻게 살 것인지 기획하는 인생이었다. 이제부터는 더 많은 여성들이 일에 대한 열정을 되찾고 스스로 삶에 변화를 일으키도록 돕는 리더로 살 것이다. 책을 써내 더 많은 사람들에게 위안과 희망의 메시지를 전하고 싶다. 내가 꿈을 이루기 위해 많은 역경들을 지혜롭게 이겨 내면서 만들어 낸 방법을 나눌 것이다.

좋은 꿈은 좋은 현실을 만들고, 나쁜 꿈은 나쁜 결과를 만든다. 상상하면 현실이 된다는 말처럼 나는 원하는 꿈을 이룬 것처럼 행동한다. 30년이 넘도록 소중하다고 생각하는 것을 수첩에 적으며 순간순간을 즐거운 상상으로 살고 있다. 삶의 고단함을 어깨에 짊어지지 않은 사람은 없다. 그러나 꿈을 가진 여자는 의기소침해지기보다 행복을 선택할 수 있다.

나의 인생 3막은 더 많은 여성들에게 꿈을 이룰 수 있는 비결을 알려 주는 메신저로서의 삶으로 채워질 것이다. "자신이 행복해지기 위해서는 자신을 사랑하고 자신의 일을 사랑하는 것이다." 라는 사실을 알리는 데 최선을 다할 것이다. 어느 날, 방송인 오프라 윈프리가 개최하는 강연장에서 '나이 들수록 아름답게 사는 법'에 대해 강연하는 백발 할머니도 상상해 본다.

딸의 칭찬은 다시 내 가슴을 뛰게 만들었다. 재능과 열정은 있지만 진로를 선택하지 못하는 여성들을 도우는 상상만으로도 뜨거운 감정이 앞선다. 자아성취감을 느껴 보지 못해 삶의 방향을 찾기 힘들어하는 청춘들, 경력단절 때문에 일에 대한 열정을 되찾기 힘든 여성들이 자신감을 회복하도록 도울 것이다. 여성이 자기 본연의 모습을 지키며 주부, 아내, 직장인, 엄마 역할을 척척 해내는 방법을 함께 찾아낼 것이다. 많은 여성들이 변화를 두려워하지 않을 만큼 열정을 다시 쏟을 수 있는 일을 찾을 수 있다면, 나의 행복한 꿈은 모두 이루어진 것이다.

꼭 이루고 싶은 나의 꿈 나의 인생

32-41

김경목   정성원

이유정   김주연

이주연   이소윤

김윤이   연지영

류한윤   박서인

대한민국 상위 1%의
럭셔리한 삶을 살아가기

· 김경목 ·

회사원, 자신감 메신저, 청년 멘토, 자기계발 작가

디자인학부를 졸업하고 대기업에 영업관리직으로 입사해 고객서비스, 인사업무, 신사업기획 등 다양한 직무를 경험했다. 취미와 자기계발에 거침없이 도전하면서도 업무와 학업을 병행해 성균관대 경영대학원을 졸업했다. 이런 경험을 토대로 현재 취업 관련 개인저서를 집필 중이다.

• Email backblast@naver.com   • Blog blog.naver.com/moki18

어릴 적 나의 꿈은 아버지처럼 회사원이 되어 화목한 가정을 이루고 무난하게 사는 것이었다. 한때는 자동차 레이서가 되고 싶었지만 공개하지 못한 마음속 꿈이었다. 초등학생 시절 자신의 미래를 그리거나 발표하는 시간이 있으면 다른 친구들은 과학자나 운동선수, 대통령과 같이 큰 꿈을 말했지만 나는 소박하게 회사원이라고 말했던 기억이 떠오른다. 그 덕분인지 지금 나는 아주 평범한 회사원이 되었다.

취업은 갈수록 더 힘들어지고 있지만 내가 지원할 당시에도 경기가 좋지 않고 세계적인 불황으로 취업난이 심각했다. 그러나 나는 내세울 만한 '스펙'이 없었음에도 간절한 마음과 자신감만 갖고 도전한 결과, 운 좋게 취업에 성공해 지금까지 직장생활을 하고 있다.

근래 자기계발과 성공학에 많은 관심이 생기면서 나를 돌이켜 보는 시간을 가진 적이 있었다. 많은 성공한 사람들이 공통적으로 말하는 것이 있다. 바로 자신이 원하거나 간절히 바라는 것을 그림으로 그리거나 사진으로 찍어 벽에 붙여 두고 매일 몇 번씩 그것을 보며 "나는 할 수 있다! 나는 가질 수 있다!"라고 외치고 상상하라는 것이다. '에이, 그렇게 해서 성공한다면 세상에 성공 못할 사람이 어디 있겠어?'라는 생각과 '자신들은 성공했으니 저런 말을 하지.'라며 부정적인 생각이 들었던 것도 사실이다. 그러나 내가 지금 회사원이 된 것도 돌이켜 보면 어릴 적부터 회사원이 된 나의 모습을 그렸고, 장래희망도 회사원이라고 말했던 소박한 어린이의 바람에서 비롯되었다는 것을 알 수 있다. 거기에 취업 준비를 하던 시절의 간절함까지 더해져 이런 결과가 나온 것 같다는 생각이 들었다.

사람마다 생각하는 것은 다르지만 굳이 하나 더 끼워 맞춘다면 내가 상상하던 회사원의 모습, 즉 아버지의 모습을 강하게 상상해서인지 나 역시 아버지와 같은 대기업에 입사했다. 그룹 내 관계사는 다르지만 어쨌든 같은 그룹사에 입사했다는 사실을 생각하면서 성공한 자들이 말하는 저 말에 믿음을 더할 수 있었다.

한 가지 아쉬운 점은 상상력과 외치는 힘이 이렇게 강하다면 '어릴 적부터 조금 더 큰 꿈을 그릴 걸.' 하는 생각이 드는 점이다. 하지만 꿈은 언제든지 바뀌라고 있는 것이 아닌가. 그래서 나는 꿈을 제설계했으며, 이 책을 통해 재설계한 나의 꿈을 이룰 수 있다고 믿는다. 나는 이제 지금보다 더 크며, 자신에 대한 믿음이 없다면 아무나 도전할 수 없는 그런 꿈을 시작하려고 한다.

나는 약 3년 전부터 취미 삼아 블로그를 운영하고 있다. 정말 순수한 목적의 블로그이기에 일상 위주로 포스팅을 한다. 댓글이 많지는 않지만 내 글에 공감하거나 질문을 하는 댓글이 달리면 성심성의껏 답변해 준다. 그렇게 자기만족을 느끼면서 블로그를 하는 재미를 알게 되었다. 소소하게 블로그를 운영하며 이웃을 맺어 가고 또 다른 이웃의 포스팅을 보면서 재미와 공감을 느끼던 어느 날 우연히 한 블로그의 글을 보게 되었다. 그것을 보면서 나는 머리를 한 대 얻어맞은 것 같은 충격을 받았다. 그 이유는 내 또래면서도 엄청 럭셔리한 삶을 살아가는 모습 때문이었다. 더욱 놀라웠던 건 그런 럭셔리한 삶을 보여 주는 블로그가 생각보다 꽤 많다는 것이었다. '아니 어떻게 저 사람들은 저 나이에 저렇게 부를 이뤘을까?'라는 생각이 들면서 처음에는 그냥 금수저거나 허세라고 생각했다. 하지만 허세라고 보기엔 일반적인 수준을 넘어선 삶이었고, 금수저가 아니라는 것도 포스팅을 보면서 알 수 있었다.

그들은 고급 주택이나 아파트에 거주하면서 남들이 일하는 평일 낮에 슈퍼카를 타고 커피 한잔을 즐기러 다니기도 하고, 업무와 여행을 병행한 해외 출장도 다니곤 했다. 또한 화려한 취미도 하나씩 갖고 있었다. 내가 취직에 성공해 회사원이 되었을 시점에만 해도 그들은 학생이거나 그렇게 화려한 삶을 살고 있지 않았다. 세부적인 것까진 모르지만 어쨌든 그 몇 년 사이에 어떠한 노력과 변화로 인해 그들은 지금의 화려한 삶을 살고 있는 것이다.

과거에는 부자나 유명인들의 삶은 나에겐 먼 세상 이야기였다. 그냥 외계인과 같은 존재라 생각하고 상위 1%의 삶은 생각지도 못했다. 아니, 정확히 말하면 부자의 삶은 동경하고 갈망했지만 나는 지금 당장 손에 쥔 떡을 뿌리치고 새로운 것에 도전할 용기가 없었다. 그러다 보니 나 자신을 대다수의 평범한 사람들 중의 하나로만 생각하며 살아왔다.

하지만 지금 나는 생각이 많이 달라졌다. 나 역시 럭셔리한 삶을 살 수 있다는 믿음이 생겼다. 살아오면서 쌓은 나의 경험과 지식을 바탕으로 나만의 브랜드를 만들고, 그 가치를 공유하며 수익 창출과 함께 명성도 얻게 될 것이다. 부수적으로 따라오는 부를 통해 대한민국 1%의 삶을 누릴 것이다.

아침에 한강이 펼쳐 보이는 넓은 집에서 눈을 뜨고 평일 낮에

페라리, 람보르기니와 같은 슈퍼카를 타고 드라이브도 다닐 것이다. 기분에 따라 보트나 카라반 여행을 갈 것이며, 서킷레이싱, 바이크 라이딩, 오프로드 등 계절과 날씨에 따라 다양한 취미도 즐길 것이다. 이 모든 것이 허상이 아닌, 곧 나에게 다가올 미래라고 믿어 의심치 않는다. 왜냐하면 나는 이미 상상력을 통해 간절히 바라고 외치면 이뤄진다는 것을 경험했기 때문이다. 따라서 그 저력을 굳게 믿으며, 바라는 바를 이루기 위해 열심히 노력하고 배우면서 기술을 쌓고 있다.

당연한 말이지만 하루아침에 결과가 나타난다고 생각하지는 않는다. 그리고 내가 꿈꾸던 미래가 현실이 되어도 자각하기가 힘들 것이다. 하지만 내 생각이 긍정적으로 바뀌고, 그로 인해 심장이 불타오르며, 삶이 지금보다 조금씩 더 나아지는 모습을 통해 미래의 가능성을 측정하고 확신할 수 있다.

꿈이 있고 목표가 있으면 생활 패턴이 변한다는 것을 느끼고 있다. 그동안 나는 항상 미래에 대한 불안함으로 밤에 잠을 이루지 못하고, 그러다 보니 아침에 피곤하고 업무에 집중하지 못하는 삶을 반복하고 있었다. 하지만 큰 크림을 그리며 꿈을 이루기 위해 노력하고 상상하다 보니 안정적인 생활을 되찾을 수 있었다. 행복한 미래가 보이면서 숙면을 취하게 되었고, 새벽 일찍 일어나 나만의 시간을 갖는 여유도 생겼다. 그러다 보니 일과 시간에 더욱 집중할 수 있게 되었다.

　이렇듯 꿈을 갖게 되면 사소한 것에서부터 변화가 일어나기 시작한다. 이런 사소한 변화에 나의 큰 그림이 꼭 이뤄질 것이라는 믿음이 더해진다. 누군가 옆에서 찬물 끼얹는 소리를 하더라도 멈출 수 없다. 그리고 큰 꿈이 완벽하게 이뤄지지 않는다고 해도 꿈을 위해 내달린 삶이 지금보다 훨씬 성장해 있을 것이라 확신한다. 도전과 노력도 안 하고 후회하는 삶보다 크게 그리고 꿈을 위해 도전하고 노력하는 삶이 더 빛나고 가치 있는 것은 확실하다. 성공은 누구에게나 주어지는 기회다. 나는 그 기회를 잡기 위해 매일 최선을 다할 것이다. 조만간 다가올 대한민국 상위 1%의 삶을 위해 오늘도 나는 전진할 것이다.

33

100만 명에게 긍정의 힘
설파하는 메신저 되기

· 정성원 ·

'한국취업코칭협회' 대표, 취업 컨설턴트, 대한민국 청춘 멘토, 대기업 연구원, 책 쓰는 엔지니어

취업을 위해 이력서를 넣는 과정에서 수백 통이 넘는 불합격 통지서를 받으며 깨달은 취업의 노하우를 취준생들에게 공유해 주고 있다. 또한 인생을 즐기는 동시에 존중받으며 사는 법을 알려 주는 '대한민국 청춘 멘토'의 꿈을 향해 달려가고 있다. 취업 컨설턴트를 넘어 책 쓰기, 올림픽 성화봉송, 영화제작, TED 강연 등 인생에서 꼭 이루고 싶은 꿈들을 하나씩 실천하는 중이다. 저서로는 《취업하려고 이력서 1,000번 써봤니?》, 《인생을 바꾸는 감사일기의 힘》, 《나는 책쓰기로 당당하게 사는 법을 배웠다》, 《보물지도9》 등이 있다.

· Email qktp3@naver.com   · Blog blog.naver.com/qktp3
· Homepage vjob.co.kr   · C·P 010.5025.5022

　　지인의 추천으로 〈행복을 찾아서〉라는 영화를 본 적이 있다. 주인공인 크리스 가드너가 가난한 형편에 잘 팔리지도 않는 골밀도 스캐너라는 우스꽝스러운 기계를 판매하는 일상을 담고 있다. 골밀도 스캐너를 팔기 위해 힘든 일상을 보내던 어느 날 크리스는 빨간 스포츠카에서 내리는 행복한 얼굴의 한 남자를 만난다. 남자의 직업을 묻자 그는 주식 중개인이라고 말한다. 가드너가 주식 중개인이 되려면 대학을 나와야 하냐고 묻자 남자는 숫자에 밝고 사교성만 있으면 된다고 웃으며 말한다.

이 장면의 배경은 증권사 건물 앞인데 대부분의 사람들이 행복해 보인다. 그리고 주인공도 그 증권사에서 일하면 행복해질 수 있겠다는 기대감을 가지고 증권사에 입사하기 위해 노력한다. 마침내 주인공이 증권사의 사장에게서 입사 통보를 받으며 행복에 찬 눈물을 흘리는 것으로 영화는 끝난다.

세상에는 다양한 사람들이 살고 있다. 각자 다른 생활을 하면서도 모두 행복하게 살기를 원한다. 어떤 사람들은 맛있는 음식을 먹을 때 행복을 느끼고 또 다른 사람들은 친구들과 만나 이야기하고 여행할 때 행복을 느낀다. 당연한 이야기일지 모르지만 사람들은 자신이 하고 싶은 일을 할 때 행복함을 느낀다. 나는 사소한 것들에도 감사함을 느낄 수 있는 '긍정의 힘'을 알고 있기 때문에 매일 행복함을 느낀다. 맛있는 음식을 먹을 수 있어서 감사하고 건강한 눈으로 푸른 하늘을 볼 수 있어 감사하고 일을 할 수 있는 일자리가 있음에 감사하다.

지금은 하루하루 감사한 삶을 살고 있지만 나는 처음부터 이렇게 긍정적인 사람은 아니었다. 그저 평범한 사람 중 하나였다. 나는 대부분의 대학생들처럼 고등학교를 졸업하면 대학교에 진학하는 사회적 분위기에 휩쓸려 대학생이 되었다. 공부하고 싶은 무엇이 있었던 것도 아니고 위대한 사람이 되겠다는 생각도 해 보지 않았다. 그저 '남들이 가니깐 나도 가야하는구나.'라고 생각하며 대학교에 진학한 것이다. 교수님께서 내주시는 과제만을 묵묵히 해내고 1등을 못하면 기억되지 않는 줄 아는 평범한 학생이었다. 내가 하고 싶은 일이 무엇이고 목표가 무엇인지 고민한 적은 없었다. 꿈과 목표 없이 지루하기 짝이 없는 일상을 보냈다.

대학생이 된 후 가장 먼저 부닥친 문제는 등록금이었다. 우리 집은 형과 나 2명의 대학 등록금을 지원해 줄 수 있는 가정 형편이 아니었기 때문에 학비, 기숙사비, 교재비 등 1년에 1,000만 원이 넘는 지출을 대부분 대출로 메꿨다. 2년이 넘도록 목표도 없이 그저 남들이 공부하기 때문에 나도 공부했다. 그렇게 살다 보니 '목표도 없는데 굳이 왜 이렇게 많은 돈과 시간을 들여서 대학 생활을 해야만 하는가?'라는 고민이 생겼다. 고민하며 하루하루를 보내던 중 한 교수님이 강의에서 이런 말씀을 하셨다.

"여러분들 너무 학비를 아까워하지 마세요. 자신에 대한 투자라고 생각하세요. 우리 학교에서 열심히 공부해서 대기업에 들어간 선배들 많습니다. 학비가 1년에 약 1,000만 원 들지요? 대기업 연봉은 4,000만 원이 넘습니다. 여러분들 4년 동안 열심히 공부하면 그동안 들었던 기회비용 모두 1년 만에 만회할 수 있습니다. 그리고 좋은 직장에 들어가서 잘 먹고 잘 사는 것이 가장 큰 효도입니다. 열심히 공부하세요."

이 말을 듣고 나에게는 '대기업 입사'라는 일차원적인 목표가 생겼다. 멋있는 직장, 경제적 여유 그리고 효도까지 한 번에 해결할 수 있다고 생각하니 꼭 한번 도전해 보고 싶었다. 이루고 싶은 목표가 생기니 생활이 달라지기 시작했다. 아침 6시가 되면 기숙사에서 일어나 샤워를 하고 곧장 도서관으로 향했다. 수업이 있는 날이든 없는 날이든 도서관에 가서 공부했다.

평범했던 대학 생활과는 다르게 목표가 생기니 오기도 생겼다. 구체적으로 계획을 세우면서 학업에 더욱 집중할 수 있었다. 하루 동안 공부해야 할 양이 많은 날에는 화장실 가는 시간도 아까워 물도 마시지 않으며 공부했다. 공부를 그다지 열심히 하지 않았던 나인지라 전공서적 한 페이지를 넘기는 일도 힘들었다. 하지만 지치고 힘들 때마다 '나도 할 수 있다!'라고 나 자신에게 긍정적인 메시지를 보내며 목표를 향해 조금씩 전진할 수 있었다.

그렇게 목표가 생긴 후부터 열심히 공부했고 4학년 1학기 한 대기업에서 모집하는 인턴십의 기회를 잡을 수 있었다. 그 당시 나는 드디어 첫 목표를 이뤘다고 생각했다. 하지만 목표는 그렇게 쉽게 손에 잡히지 않았다. 인턴은 인턴으로 끝났고 정규직원으로 전환되지 못했다.

인턴 생활이 끝난 후에도 대기업 입사라는 목표를 위해 열심히 노력했지만 어떤 회사도 나의 이야기를 들어 주지 않았다. 그렇게 대학교를 졸업했고 집에서 홀로 구직 사이트만을 바라보는 취업준비생이 되었다. 수백 번 넘게 이력서를 제출했지만 줄줄이

낙방했다. 그러나 나는 목표가 있었기 때문에 포기하지 않았다. '지금까지 잘해 왔잖아. 조금만 더 노력하면 할 수 있어!'라고 긍정적으로 생각했다. 이렇게 조금씩 모인 긍정적인 생각들이 긍정의 힘이 되어 취업준비생인 나를 도와줬다. 시간이 오래 걸리긴 했지만 결국 내기업 신입사원이 되었다.

신입사원이 되고 나에게 투자하기 위해 대출받았던 비용들을 갚아 나가기 시작했다. 대출금 총액은 꽤나 큰 금액이었기 때문에 여러 번으로 나누어 갚았다. 2년에 걸쳐 대출금을 갚고 마지막 상환을 하는 순간 가슴이 뭉클했다. 목표를 달성한 나 자신이 대견했고 그동안 옆에서 응원해 준 가족들과 친구들이 생각났다.

나의 작은 목표를 달성하며 깨달은 것이 있다. 바로 사람은 누구나 잠재력을 가지고 있다는 것이다. 나는 이 잠재력을 맛보기 전까지는 잠재력이 얼마나 위대한지 몰랐다. 수백 번의 지원서를 제출하며 나는 역시 안 될 인물이라고 자책도 많이 했다. 그때마다 나도 남들처럼 해낼 수 있다고, 나도 행복해질 수 있다고 생각하며 목표에 집중했다.

힘들 때면 머릿속에서 악마와 천사가 싸움을 벌였다. 나는 부정적인 생각을 한다고 해서 상황이 달라지지 않는다는 사실을 알았기 때문에 그럴 때마다 긍정적인 생각을 했다. 결국 긍정적 생각들은 나의 행동을 바뀌게 했고 그런 행동들이 모여 내 안의 잠재력이 발휘되도록 도왔다.

사람들은 행복하기 위해서 살아가지만 행복하기 위해서 어떤 생각과 행동들을 하고 있느냐는 질문에 대답하기는 쉽지 않다. 나를 포함한 모든 사람들이 그 답을 찾기 위해 살아가고 있을 것이다.

나는 어렸을 때부터 "배워서 남 주자."라는 좌우명을 가지고 있었다. 학구열이 치열한 대한민국에서 공부하며 가장 많이 들었던 말 중 하나가 "공부 열심히 해라. 배워서 남 주나?"였다. 이에 대한 반항심 때문이었는지는 모르겠으나 나는 내가 알고 있는 지식과 노하우를 남들에게 나누어 주고 싶다는 생각을 마음속에 지니고 살아왔다. 운이 좋게도 나는 누구나 잠재력을 갖고 있다는 것을 깨우쳤고 긍정의 힘이 그 잠재력을 발휘하는 데 도움을 준다는 사실까지 경험할 수 있었다. 이 과정에서 많은 사람들로부터 도움을 받았다. 때문에 나는 이 도움을 다시 많은 이들에게 전파하고 싶다는 욕망을 갖게 되었다.

가장 먼저 긍정의 힘을 겪은 나의 이야기를 책으로 쓸 것이고 그 후에는 강연으로 사람들에게 다가갈 것이다. 사람들에게 긍정의 힘을 설파하는 메신저가 되어 많은 사람들이 행복을 느끼며 살아가는 데 일조할 것이라는 목표를 한 번 더 다짐한다.

34

사람들에게 꿈과 희망을 주는
삶의 멘토 되기

· 이유정 ·

초등교사, 인생 멘토, 자기계발 작가, 강연가, 동기부여가

경기도 소재 초등학교 교사이자 수많은 학생들의 인생 멘토다. 행복한 삶을 위해서는 이루고 싶은 꿈과 목적이 분명해야 한다는 신념을 바탕으로, 학생들을 대상으로 한 '1인 1꿈 찾아 주기 운동' 및 '관계 회복 프로젝트'를 진행하고 있다. 더 나아가 이 세상 모든 사람들의 행복을 위해 온라인으로 활발히 소통 중이다.

· Email celeb_yu@naver.com   · Blog blog.naver.com/celeb_yu

어린 시절, 나는 하고 싶은 것이 많은 열정 가득한 학생이었다. 어렸을 때는 그림 그리기를 좋아해서 화가라는 꿈을, 초등학생 때는 노래 부르는 것을 좋아해서 성악가라는 꿈을, 중학생 때는 아버지의 영향으로 판사라는 꿈을 꾸었다. 고등학생이 되어서는 대부분의 학생들이 그러하듯 주변의 권유와 나의 상황에 따라 진로를 정하게 되었다. 경찰, 군인, 교사와 같은 수많은 나의 장래희망 속에서 교사를 선택했고, 교육대학교에 진학했다. 그 후 나는 대학교 4년을 무사히 마치고, 임용시험에 합격해 주변 사람들의 축하 속에 교사가 되었다.

당시에는 단순히 교사가 되는 것이 내 꿈이자 소망이었다. 교사라는 직업을 가지면 행복은 당연히 보장될 것으로 생각했다. 그런데 기대와는 달리, 교사가 되고 난 후 오히려 마음속에 공허함이 찾아왔다. 산 정상에 한 발 한 발 오르는 것처럼 내 의지를 붙들고 열심히 준비했던 임용시험이었는데, 막상 시험이 끝나고 공허함이 찾아오니 스스로 납득할 수 없었다.

공허함을 달래기 위해 더 열심히 학생들을 지도하기도 했고, 각종 악기를 배우며 자기계발을 하기도 했다. 그리고 관련 연수도 열심히 받았다. 바쁘게 살려고 노력했다. 하지만 교사라는 직업에서 오는 만족감 이외에 말로 형용할 수 없는 무언가가 나의 마음을 불편하게 했다. 바쁘게 몸을 움직였지만 충족되지 않는 마음의 빈자리는 채울 수 없었다.

당시에는 알지 못했지만 이제는 무엇이 내 마음을 공허하게 만들었는지 알고 있다. 그 이유는 나의 꿈을 오해하고, 내 삶의 설계도를 잘못 그려 나갔기 때문이다. 꿈이란 그 범위가 매우 넓어 단순히 직업에 한정할 수 없다. 애초부터 교사라는 직업 자체는 꿈이 될 수 없었다. 장래의 희망 '직업'일 뿐이었다.

꿈은 직업을 넘어서서 그 직업에 대한 또 다른 비전이 필요한 일이었다. 누구나 교사는 될 수 있지만 꿈을 꾸는 교사, 희망을 주는 교사는 누구나 될 수 있는 것이 아니다. 결국 꿈은 내 미래의 비전을 설정하는 일이다. 그런데 당시 어렸던 나는 교사가 되는 것으로 내 꿈을 한정 지음으로써 꿈을 이뤘다고 착각하고 있었다. 단순히 교사라는 직함 속에서 평범한 하루하루에 안주하며 살고 있었다.

이와 비슷한 예로 평소 학생들을 지도하다 보면 안타까운 경우가 종종 있다. 나의 어릴 적 모습처럼 단순히 직업을 꿈이라 생각하며 좇아가는 경우도 있고, 아예 원하는 직업조차 없는 학생들도 있다. 나는 그중에서도 특히, 미래에 대해 아무런 생각과 준비가 없는 친구들을 보면 정말 안타까웠다. 삶의 의미를 찾지 못하는 학생들을 보며, 학생들이 자신만의 신념과 생각을 기르도록 도움을 주는 교육의 필요성을 절감했다. 생각과 의식을 키워 줌으로써 자신만의 신념을 가지게 되면 꿈은 자연스레 따라오는 것이기 때문이다.

나는 학생들에게 처음부터 자신의 미래에 대한 바른 설계도를 그릴 수 있는 힘을 길러 주고 싶었다. 그래서 사람들에게 꿈과 희망을 줄 수 있는 책을 쓰기로 결심했다. 자라나는 어린 학생들은 그들 옆에서 자신의 꿈을 위해 스스로 동기부여를 하고, 생각을 키워 나갈 수 있도록 도와주는 조력자가 꼭 필요하다. 또한 학생뿐만 아니라 모든 사람들도 마찬가지다.

많은 사람들의 미래가, 세상이 밝아질 수 있도록 글의 힘을 빌리기로 했다. 책을 통해 세상에 긍정적인 에너지를 전파하고, 좋은 영향을 끼치는 사람이 되는 것이다. 좋은 것은 나누면 그 기쁨이 배가 된다고 했던가. 내가 올바르다고 생각하는 신념이나 생각이 있다면 홀로 가지고 있는 것보다 남들에게 알려 주는 것이 이 세상을 위해서도, 우리 모두를 위해서도 바람직하다. 이왕 이 세상에 태어났다면, 긍정적인 파동을 널리 퍼뜨리고 전수해 살기 좋은 세상을 만드는 것이 좋지 않을까.

현대 과학으로 사람이 가장 오래 살 수 있는 나이는 120세 정도라고 한다. 얼핏 보면 120년이 매우 길게 느껴지지만 시간이 흘러가는 것은 한순간이다. 찰나에 불과하다. 그 짧은 순간을 슬퍼하고 찡그리며 보내기보다는 기쁘고 행복하게 보내는 것이 바람직한 삶이다. 이처럼 가장 기본적이면서도 바람직한 삶을 살기 위한 필수 조건은 모두가 긍정적인 꿈을 가지고 그 꿈을 꾸준히 실천해 나가는 것이다. 그리고 우리가 실현해야 할 궁극적인 꿈을 위해 평화롭고 아름다운 세상을 만들려고 노력해야 한다.

나는 사람들에게 꿈과 희망을 심어 주며, 나눔을 실천하며 더불어 살아가고 싶다는 명확한 꿈이 생긴 이후로는 예전과 같은 공허함을 느끼지 않는다. 꿈이 생김으로써 하루하루 삶에 감사를 느끼고, 더 나은 미래를 생각하며 행복하게 지내고 있다. 꿈은 삶의 원동력으로서 누구에게나 필요하고 중요한 것이다. 이 세상 모든 사람이 자신만의 꿈을 가질 수 있도록 도움이 되는 것이 진정한 나의 꿈이다.

현대사회는 과거보다 변화의 속도가 훨씬 빠르다. 변화의 속도는 빨라졌지만, 변화에 적응하기 위해 마음의 여유를 찾을 시간은 과거보다 줄어들었다. 그만큼 사람들은 자신들의 꿈을 제대로 꿀 여유가 없다. 일부 젊은 사람들은 꿈을 포기함과 동시에 연애, 결혼, 출산 세 가지를 포기한 삼포세대가 되었다. 꿈을 꾸지 못하고 산다는 사실은 삶을 살아가는 인간으로서 너무나 비참한 일이다. 꿈이 없으면 목표가 사라진다. 목표가 없으면 삶의 가치를 느끼지 못하고, 자신의 현재 상태에 안주하게 된다.

하나씩 본인 스스로 설정한 목표를 이뤄 가다 보면 어느새 꿈에 가까워진 자신의 모습을 발견할 수 있을 것이다. 나는 지속적으로 꿈을 되새기고, 꿈을 전수하며, 부족한 사람들에게 나눔을 실천하는 사람이 될 것이다. 그리고 살아온 삶을 되돌아보며 '알차게, 보람차게, 잘 살았지.'라고 생각할 수 있는 삶을 살 것이다. 또한 지금보다 더 큰 에너지와 열정을 기르기 위해 내 마음을 고무시키고, 세상 모든 일이 내 뜻과 같이 이루어진다고 믿을 것이다. 몸은 쇠약해져도 마음만큼은 병들지 않은, 건전한 사고를 지닌 사람이 될 것이다. 나의 꿈을 위해서도, 다른 사람들의 꿈을 위해서도 더 열심히 꿈꾸고 정진해 나가는 내가 되어야겠다고 다짐해 본다.

35

빨간 머리 앤처럼
꿈을 이루기

· 김주연 ·

'한국프로강사코칭협회', '올댓스피치' 대표, 프로강사 코치, 스피치 코치, 자기계발 작가, 동기부여가

10여 년간 방송 진행자로 활동했고 현재는 한국프로강사코칭협회 대표다. 아나운서를 비롯해 쇼호스트, 리포터, 기상캐스터, 프로강사 등 수많은 제자들을 배출하고 있다. 더불어 취업준비생, 직장인, 세일즈맨, 교수 등 스피치를 잘하고 싶어 하는 사람들에게 스피치 코칭을 진행하고 있다. 목표를 만들어 꿈을 이룰 수 있는 '파인드 마이 골 아카데미' 설립을 목표로 하고 있다. 저서로는 《버킷리스트11》, 《나는 책쓰기로 당당하게 사는 법을 배웠다》 등이 있으며, 스피치 코칭 경험을 바탕으로 스피치 관련 개인저서를 출간할 예정이다.

· Email voicecoach@naver.com   · Blog blog.naver.com/atspeech_kim
· Cafe cafe.naver.com/atspeech   · Facebook juyeon.kim.10004
· Instagram kimju.yeon

어려서부터 아나운서가 꿈이었던 나는 빨간 머리 앤 같았다. 외모도, 성적도, 집안 형편도 뭐 하나 내세울 것은 없었지만 상상하는 것을 참 좋아했다. 틈만 나면 TV 리모컨을 마이크 삼아 손에 쥐고는 아나운서가 되는 상상을 했다. 그리고 사람들 앞에서 아나운서처럼 연기를 했다. 급기야 카세트에 공테이프를 넣고 아나운서 흉내를 내며 신문 읽는 것을 녹음했다. 녹음된 테이프는 엄마, 오빠, 친구들에게 전달되었다. 나는 "아나운서 같지?"라고 끝도 없이 물으며 잘 들어 보라고 사람들을 괴롭히고는 했다.

하지만 충남 공주에서 자라 20년 가까이 그곳을 떠나지 못한 시골 아가씨에게 아나운서는 말 그대로 꿈같은 꿈이었다. 그리고 주변의 모든 사람들도 내가 아나운서가 된다는 것은 불가능하다고 판단했다.

대학교 1학년이 되었을 때 나는 첫 번째 시련을 맞았다. TV를 보고 있는데 나의 가슴을 뛰게 하는 장면이 나왔다. 리포터를 공개 채용한다는 MBC의 공지였다. 나는 필요한 지원서를 며칠 동안 정성을 들여서 준비했다. 하지만 옆에서 지켜보시던 엄마는 걱정을 많이 하셨다. 엄마는 서울 MBC 방송국 근처에 살고 있는 큰삼촌에게 전화를 걸어서 도움을 요청했지만 삼촌은 완강하게 반대하셨다.

"여기에 실력 있는 애들이 넘쳐 나요. 주연이 괜히 바람만 들고 실망만 커지니까 오디션 같은 것은 아예 못 보게 하세요."

그렇게 내 꿈은 묻히는 듯했다. 1년쯤 지나 친구를 만나러 서울로 가는 버스에 몸을 실었다. 그때 서울 톨게이트에 멈춰 서 있던 학교 버스의 광고 문구가 내 가슴을 흔들었다.

'방송인의 꿈이 이루어지는 곳, 동아방송예술대학'

서울에 도착하자마자 동아방송예술대학에 대해 알아보았고 가족에게 알리지 않고 열심히 학교 입학을 준비했다. 다행히 합격은 했지만 등록금을 내고 무사히 학교에 입학하기까지 엄청난 시

련을 겪어야 했다. 나는 외할머니, 막내 이모, 엄마와 함께 입학
이틀 전날 등록금과 기숙사비를 환불받기 위해서 학교가 있는 경
기도 안성으로 올라왔다. 충남 공주에서 안성으로 가는 2시간 내
내 차 안에서 대성통곡했다. 막내 이모는 나를 설득하느라 바빴다.

"주연아, 방송은 아무나 하는 것이 아니야. 그리고 여자애가
서울에서 혼자 어떻게 지내려고 그래? 그러지 말고 이모가 은행
일을 알아봐 줄 테니까 거기서 안정적으로 일하면서 돈도 모으고
결혼도 하고 엄마 옆에서 살아."

세상이 무너지는 마음으로 학교에 도착했다. 등록금은 어렵지
않게 환불받을 수 있었다. 기숙사비를 돌려받기 위해서 기숙사로
향했다. 기숙사에 짐을 풀고 있는 신입생들의 모습에는 활기가 넘
쳤다. 나는 눈물범벅이 되어 창밖에 펼쳐진 모습만 하염없이 바라
보고 있었다. 그때 외할머니께서 하신 한마디가 내 운명을 바꾸
어 놓았다.

"주연 엄마, 다른 애들도 다 다니는데 우리 주연이도 그냥 다
니게 해 주자."

나는 그렇게 빈 몸으로 기숙사에 입성할 수 있었다. 많이 부
족한 모습으로 학교 생활을 시작했다. 부족함은 절박함을 낳았고
그 절박함으로 남들보다 더 많은 노력을 했다. 나는 방학이 되어
도 집에 가지 않았다. 밤낮을 가리지 않고 방송 프로그램 제작에
대해 배웠고 방송 훈련을 했다. 그 결과 나는 1학년을 마치자마자

오디션에 합격해 누구보다 빠르게 방송활동을 시작할 수 있었다.

그렇게 시작한 방송 진행자의 길을 10여 년간 걸어왔다. 물론 중간에 방송 FD를 비롯해 실내 포장마차 운영, 박람회 기획, 1년간의 캐나다 여행 등 다양한 경험을 하기도 했다. 그만큼 실패와 시련도 많았다. 하지만 그런 경험들이 없었다면 지금의 풍부한 감정과 공감 능력은 없었을 것이다. 지금은 진행자가 아닌 스피치 전문가로서 TV 프로그램에 출연하고 있다. 기업과 대학에서 수백만 원대의 강사료를 받으며 강의하고, 스피치 과정과 강사 과정을 열어 아나운서, 쇼호스트, 강사, 스튜어디스 등 수많은 제자들을 배출하고 있다. 그사이 결혼도 했다. 이제는 한 남자의 아내이자 두 아이의 엄마이기도 하다.

나는 현재 올댓스피치 대표, 스피치 전문가, 4권의 책을 쓴 저자, 강사, 아내, 엄마 등 많은 역할을 맡고 있다. 이런 나를 보면 대부분의 사람들이 바쁘고 힘들지 않느냐고 물어본다. 그럴 때마다 나는 힘들지 않다고 웃으며 답할 수 있다. 직장에 매여 있는 것이 아니라 내 마음대로 시간을 자유롭게 쓸 수 있으니 일상이 풍요롭기만 하다. 대부분의 사람들이 일을 하고 있는 시간에 카페에 앉아 책을 읽다 보면 새삼스레 나의 모든 일상이 감사하기만 하다. 사실 이제는 일상이 되어 버린 지금의 모든 일들을 가만히 되돌아보면 모두 기적 같은 일이기 때문이다. 시골 소녀였던 내가 이런 삶을 살 것이라고는 상상도 못했다. 아니 상상에서나 가능한 일이었다. 나는 꿈만 같았던 꿈을 마침내 이루었다.

　어느 날 35개월 된 딸아이가 엽서 한 장을 손에 들고 다녔다. 무슨 엽서인가 싶어서 자세히 보니 5년 전 썼던 나의 버킷리스트였다.

　　1. 책을 쓴다.

　　2. 몸값을 올린다.

　　3. 방 3개, 화장실 2개, 빛이 잘 들어오는 집을 장만한다.

　　4. 건강하고 매력적인 몸을 만든다.

　　5. 남편, 아이들과 매일 장난치는, 웃음이 가득한 가정을 꾸린다.

　　6. 강의실 3개, 원장실을 갖춘 아카데미를 갖는다.

　　7. 10명 이상의 강사를 양성한다.

　　8. 비전이 같은 비서를 옆에 둔다.

　내 얼굴에 미소가 번졌다. 5년 전 버킷리스트를 모두 이루었기 때문이다. 버킷리스트를 쓰던 5년 전에는 '과연 이룰 수 있을까?'라는 마음으로 적었던 기억이 난다. 하지만 지금 나는 3권의 공저와 한 권의 개인저서를 갖고 있는 작가다. 유튜브 상위권에 올라 있는 나의 강의 영상과 책을 통해 몸값도 2배 이상 올랐다. 양가 부모님의 도움 없이 빛도 안 들어오는 다가구주택에서 월세로 살았던 나와 남편은 그사이 아파트를 구입했다. 빛이 잘 들어오고 녹지 공간이 가득한, 누가 봐도 살기 좋은 곳이다. 늦은 나이이지만 건강하게 아이 둘을 출산했고 우리는 아이들과 함께 웃음이 끊이질 않는 가정을 꾸리고 있다. 그리고 〈동아일보〉 교육법인과 손잡고 100평 규모의 아카데미를 비서를 비롯한 직원들과 운영하기도 했다. 무엇보다 프로강사로 활동 중인 제자들이 20명이 넘는다. 1인 기업 대표로 발전하는 제자들을 보면 뿌듯하고 행복하다.

나는 더 크고 명확한 목표를 가지고 새로운 버킷리스트를 작성했다. 5년 전 버킷리스트를 작성할 때와는 마음가짐이 다르다. 이제는 '과연 이룰 수 있을까?'라는 의심 따위는 하지 않는다. 반드시 이룰 수 있다고 믿기에 더욱 거침없이 리스트를 채워 나가게 된다.

1. 주 4일간 뜨겁게 일해서 성과를 내고, 주 3일간 지상 최고의 휴식 취하기

2. 1,000명 이상의 1인 기업 강사 배출하기

3. 유튜브 스타 강사 과정 오픈하기

4. 스테디셀러 작가 되기

5. 내 이름을 건 영향력 있는 토크쇼 진행하기

6. 1인 미디어 사업 시스템 갖추기

7. 건물주 되기

8. 춤, 성악, 연기를 배워서 공연하기

9. 여든 살이 넘어도 아름다운 여성 멘토로 살아가기

버킷리스트를 적는 이 순간이 참 설렌다. 몇 년 후의 내 모습이 상상이 되기에.

36

대한민국 최고의
편집자로 성공하기

· 이주연 ·

편집기자, 컨설턴트, 강연가

대학에서 소비자학을 전공했다. 학교를 다니는 7년간 커피 관련 외부 강의, 컨설턴트를 하며 식음료 분야에서 많은 경험을 쌓았다. 졸업 준비 중 디지털 신문사에서 인턴 생활을 하게 되었고, 현재는 조선일보 특집 섹션 편집 업무를 맡아 3년 차 편집기자로 근무 중이다. 우연한 계기로 뒤바뀐 자신의 진로에 매우 만족하고 있으며, 최고의 편집자가 되기 위해 열심히 달려가고 있다.

악마의 편집이라는 말을 들어 본 적이 있을 것이다. 반면 편집의 승리라는 말 역시 들어 본 적이 있을 것이다. 편집은 이처럼 사람이나 상품을 살릴 수도, 때론 더없이 가치를 하락시킬 수도 있는 중요한 요소다. 메이저 신문사에서 편집 일을 시작한 지 이제 고작 2년. 아직 걸음마 수준의 편집자이기에 이 길이 평생을 함께할 친구가 될지는 모른다. 하지만 곰곰이 생각해 보면 우습게도 꽤 오래전부터 편집 기술을 떠나 편집자로서 갖춰야 할 다양한 생각과 새로운 것을 받아들이는 데 두려움을 갖지 않는 '편집자의 눈'을 아주 조금씩 배워 왔다는 생각이 든다.

"띠리리리리링"

새벽 5시. 초등학교 1학년. 딱 그때부터였던 것 같다. 내 안의 '편집자의 눈'이 처음 형성되기 시작한 시점이다. 열성적인 엄마 덕분에 나는 등교 시간 한참 전 다른 친구들보다 빨리 눈을 떴고 늦게 잠들었다. 새벽 5시의 새벽 운동을 시작으로 쇼트트랙, 피아노, 바이올린, 수영, 성악 등등 학교 수업을 제외하고도 무수히 많은 과외를 받으며 새로운 경험을 쌓아 나갔다. 당시엔 아직 내 주관은 없었고 부모님의 말이 답이었다.

당시 초등학생의 꿈답지 않게 나의 첫 꿈은 국제변호사였다. 이유는 딱 하나 '멋있어서'였다. 외국어를 구사하며 약자의 편에서는 모습이 너무나 멋있어 보였다. 그 시절 나는 부모님이 원하는 만큼까지만, 혼나지 않을 정도로만 공부를 하는 아이였다. 사실 지금 생각해 보면 그때가 조금 아쉽기는 하다. 조금만 더 열심히 할걸. 그 이후로도 난 단순히 '멋있어서'라는 이유로 꿈이 몇 번 바뀌었지만, 늘 내 가슴을 뛰게 하는 일을 찾기까진 쉽지 않았다.

"주연아, 뉴질랜드에 가 보지 않을래?"

중학교에 입학한 후 나는 쇼트트랙을 접게 되었다. 적당히 공부하는 내가 엄마의 마음에 차지 않았는지 부모님은 이미 결정하신 듯 나에게 유학이라는 새로운 제안을 하셨다. 그렇게 동생들과 함께 떠나게 된 뉴질랜드에서 나는 또 다른 터닝 포인트를 맞게 되었고, 이는 '편집자의 눈'이 점점 더 커지게 되는 계기가 되었다.

어렸을 때부터 쌓아 온 경험이 도움이 되었는지 새로운 것에 대한 도전이 겁나지 않았고 있는 그대로 스펀지처럼 모든 것을 흡수했다. 배움은 물론이고 모든 경험이 날 설레게 했다. 기타, 드럼, 트럼펫, 미술, 럭비, 번지점프, 스카이다이빙 등 새로운 배움이 나에겐 너무나 익숙했다. 단점이 있다면 많은 배움 중에 내 구미를 확 당길 만한 것을 찾지 못해 나의 경험은 매번 '잘한다'가 아닌 '할 줄 안다' 정도에서 끝나 버렸다는 것이다.

뉴질랜드는 한국과 다르게 중·고등학교가 통합되어 있었고, 대학교처럼 전공을 선택할 수 있었다. 내 첫 전공은 미술이었다. 내가 미술을 선택한 이유는 영어를 완벽하게 구사할 수 없는 나에게 미술이 그나마 언어를 많이 요구하지 않았기 때문이었다. 또 다른 이유는 경험해 보지 않아서 호기심을 끌었기 때문이었다. 그게 지금의 꿈을 꾸게 만든 첫걸음이 된 것 같다.

"안드리아, 그리고 싶은 걸 그려. 만들고 싶음 만들어도 돼."

한국에서의 중학교 미술 수업 때는 똑같이 그려야 했고 똑같이 만들어야 했다. 하지만 이곳에선 내가 어떤 재료를 선택하든 어떤 그림을 그리든 그리 중요하지 않았다. 다만 나만의 색깔을 담은 작품을 완성하는 것과 새로운 것을 만들어 내는 것이 수업의 핵심이었다.

이주연

첫날은 아무것도 하지 못한 채 먼 산만 바라보다 전공 수업이 끝나 버렸다. 다음 날도 그다음 날도 텅텅 빈 책상 위에 떡하니 올려진 하얀 도화지를 보니 머릿속이 더 새하얗게 변하는 것 같았다. 무슨 생각을 하는지 헤드셋을 낀 채 콧노래를 부르며 작업하는 반 친구들이 그저 신기할 따름이었다. 일주일을 그렇게 보내고 나니 허탈하기도 하고 자존심도 좀 상했다. 운동을 해서 그런지 몰라도 어디 가서 지는 걸 죽기보다 싫어했던 성격인지라 뒤처지는 느낌에 잠도 제대로 못 이뤘었다.

내일은 꼭 뭐라도 하고 오리라 굳게 결심한 후 전공 수업에 들어가 하얀 도화지와 눈에 보이는 인형을 집어 들었다. 한국에서 했었던 것처럼 똑같이 그리든 똑같이 만들든 뭐라도 해야겠다고 결심한 것이다. 언제나 낙서만 하던 내가 수업 내내 먼 산이 아닌 도화지에 얼굴을 파묻고 그림을 그리는 모습을 보며 선생님도 친구들도 신기해하는 표정을 지었다. 완벽한 그림은 아니었지만 선생님은 'Wrong'이라는 말 대신 'Well done'이란 말을 해 주셨다. 어떤 규칙도 틀도 없었지만 너무나 재밌었고 학교에 가는 것이 즐거웠다. 그때가 아니었다면 미술, 디자인이라는 분야에 흥미를 느끼지도, 지금까지 쳐다보지도 않았을 것 같다.

고등학교를 마치고 한국에 돌아오게 되면서 대학교 입시를 준비하게 되었다. 다시 돌아온 한국은 너무 낯설었고 힘들었다. 2년

반 동안 해 왔던 전공이 미술인지라 미술 전공 대학교를 알아봤고 그러려면 입시 미술을 배워야 했다. 뉴질랜드에서 다닌 고등학교 전공 수업 때 느낀 답답함과는 또 다른 막막함이었다. 매일 새로운 것을 그리다가 이젠 매일 다른 주제를 패턴에 끼워 맞춰야 했다. 힘든 입시 기간이었다.

1년 동안 시간을 쏟았지만 미술 실력에는 큰 발전이 없었다. 그래도 운 좋게 미술 실력이 아닌 2년 반 동안 자연스럽게 쌓아 온 영어 실력으로 대학교의 문을 열 수 있었다. 그렇게 광고홍보학과가 나의 두 번째 전공이 되었다. 대부분의 또래 친구들은 미술 실력으로 서양학과, 조소과 등에 입학했지만 성적으로 입학하게 된 나는 조금 다른 길을 가게 되었다. 과에서 자연스럽게 편집에 관련된 수업을 듣게 되었고 기초 지식을 습득할 수 있었다. 하지만 이는 오래가지 못했다. 끼워 맞추기식 수업에 지칠 때쯤 집안 사정으로 학교를 쉬게 되었다. 학교를 쉬며 아르바이트를 꽤 많이 했다. 그중 카페 알바를 하면서 커피에 매력을 느꼈고 커피 강사로 몇 년간 활동하기도 했다. 하지만 마음 한편엔 늘 그림에 대한 미련이 있었고 공허함을 느꼈다.

대학교에 들어갔어도 별로 흥미를 못 느껴 잠시 휴학을 하고 강사로 일한 지 3년째에 엄마에게 갑자기 병이 찾아왔다. 가슴이 무너져 내리는 것 같았다. 어떤 상황에서도 늘 나를 지켜 줄 것만 같았던 엄마가 처음으로 작아 보였고 장녀로서 더 굳건해져야겠다는 생각이 들었다. 엄마는 내가 대학교를 마무리하지 못하고 일하는 것을 늘 마음에 걸려했다. 그래서 나는 편입을 하기로 마음먹었다. 편입 시험까지 남은 기간은 딱 7개월. 돌아가기 싫었던 초등학교 때의 아침형 인간으로 다시 돌아가기로 했다. 목표는 딱하나, 매일매일 꾸준히 10시간만 공부하기였다. 나는 새벽 5시에 학원에 가서 문을 열었고 맨 마지막으로 도서관 불을 껐다.

영어라면 그래도 남들보다는 자신 있었지만 늦게 시작한 만큼 후회 없이 최선을 다하고 싶었다. 실패할 여유조차 없었던 시기였다. 결과는 성공적이었다. 운 좋게 한 번에 합격한 후 졸업을 준비할 때쯤 나도 어느새 평범한 한국 졸업생들처럼 자격증을 따고 인턴을 하며 스펙을 쌓아 가고 있었다.

인턴 기자로 일하던 중 편집장님께서 채용 공고를 알려 주셨고 그길로 바로 이력서와 자소서를 작성해 제출했다. 떨리는 마음으로 면접을 봤던 기억이 아직도 생생하다. 내가 그때 면접을 봤던 곳이 지금 내가 편집 기자로 몸담고 있는 곳이다. 뉴질랜드에서 첫 미술 수업을 들었을 때처럼 대표님의 가르침 아래 취재 기자들이 준 기사들을 읽고 머리를 싸매 가면서 조판기의 하얀 백지에 기사 제목을 달고 사진을 편집하며 레이아웃을 배워 나갔다. 잘난 취재 기자들이 나처럼 버벅거리는 초짜에게 다정할 리 없었다. 나는 대표님과 선배들에게 매일 혼나기 일쑤였다. 절대 풀리지 않을 것 같던 내 지면의 편집도 대표님 한마디에 심폐소생술을 한 것처럼 살아 숨 쉬었다.

신문 편집은 새롭게 배우는 분야다 보니 도움이 될 만한 책이나 자료를 닥치는 대로 읽었다. 신문도 매일매일 꼭 챙겨 보았다. 물론 힘들 때도 있었지만 새로운 것을 배우며 백지를 나만의 색으로 물들이는 일이 너무나 즐거웠다. 부모님 덕분에 어린 시절부터 쌓아 온 체력과 새로운 도전에 대한 용기, 그리고 여러 경험들이 '편집자의 눈'을 더 빨리 뜨게 해 준 것일지도 모르겠다. 처음엔 뻣뻣하던 기자들도 조금씩 친절해졌고 나도 편집에 조금씩 자신감이 붙었다. 전쟁터 같은 이곳에서 2년을 버티기까지 정말 많은 일들이 있었고 솔직히 지금도 마냥 쉽지만은 않다. 하지만 단언할 수 있는 것은 단 하나. 여전히 나는 즐겁다는 것이다.

꿈은 내가 목표를 세우고 만들어 가야만 그 가치를 발한다고 생각한다. 나는 앞으로 나아갈 수 있는 길이 무궁무진하다. 비가 내린 후에 땅이 굳듯이 나의 노력에 대한 결실도 반드시 있을 거라고 생각한다. 내가 또 언제 이렇게 가슴 뛰는 일을 해 볼 수 있을까? 돌멩이도 예쁘게 편집할 수 있는 편집의 신으로 거듭날 것이다. 그리고 〈타임〉지에 영향력 있는 한 사람으로 오르리라!

37

영향력 있는
1인 크리에이터로 성공하기

· 이소윤 ·

1인 크리에이터, 동기부여가, 자기계발 작가

영어 통번역을 전공했지만 새로운 분야에 도전하는 데 재미를 느끼고 영상 제작에 푹 빠지게 되었다. 1인 크리에이터와 강연가로서 긍정적인 영향을 미치는 인물이 되고자 한다. 현재 서울 SBA 소속 크리에이터로 활동 중이다.

· Email v3vsoyun@naver.com   · Instagram soyoon25
· C·P 010.2699.3834

대학교 졸업을 앞두고 나는 크리에이터의 길을 선택했다. 크리에이터란, 개인이 영상을 기획하고 제작, 유통하는 직업이다. 요즘 주목받고 잇는 '1인 미디어'도 크리에이터의 손을 거쳐 나오는 것이다. 대표적으로 유튜브에서 많은 크리에이터들이 활동하고 있다. 나 또한 나만의 채널로 사람들과 소통하고, 나만의 영상을 만들고 있다.

나는 사실 크리에이터를 알기 전까진 꿈이 없었다. 아무런 목표도, 계획도 없어서 정말 막막했다. 대학교 3학년, 누구나 자신이 가질 직업에 대해 고민하고 취직 걱정과 씨름할 시기였다. 주변의 친구들은 대부분 하고자 하는 것이 뚜렷해서 어학연수를 가거나 인턴을 시작했다. 그때는 정말 친구들을 따라서라도 인턴을 시작해야 하나, 내가 너무 늦은 건가 조바심이 들고 불안했다. 하지만 내가 하고 싶지 않은 일에 뛰어드는 것 또한 내키지 않았다. 조언을 구해 봐도 다 똑같은 이야기뿐이었다.

"다 경험이야."

"아직도 갈 곳을 안 정했어?"

심지어 상담을 해 주던 한 교수님은 아직 회사를 안 정했냐며 놀라셨다. 그럴수록 나는 더 위축되고 우울했다. 물론 어떤 것을 하든 모두 좋은 경험이 된다는 것과 밑바탕이 될 거라는 것은 나도 알고 있었다. 그러나 그냥 무작정 이끌리듯 의미 없는 일은 하기 싫었다. 아직 명확히 무엇을 하고 싶은지 정하지 못하기도 했고 살면서 내가 원하고 좋아하는 일을 한 번쯤은 해 보고 싶었다. 그리고 그것이 지금이 아니라면 못 할 것만 같은 생각이 강하게 들었다. 무언가 하고는 싶은데 아무거나 하기는 싫고 정말 애매한 상황이었다. 그러다가 우연히 영상에 관심을 가지게 된 계기들이 있었다.

첫 번째 계기는 영문학과인 전공 특성상 통·번역 수업이 많았는데 당시 내가 영상을 번역하는 수업을 수강하고 있었다는 것이다. 직접 영상에 자막도 넣는 수업이라 자연스레 자막 넣는 법을 배울 수 있었다. 자막도 달고 번역도 해서 나만의 방식으로 영상이 재해석되니 너무 재밌어서 수업 시간이 기다려질 정도였다.

두 번째 계기는 우연히 영화 관련 교양 수업을 듣다가 교수님이 내주신 과제를 통해 만들어졌다. 영화를 소개하면서 간단한 영상을 편집해 수업 시간에 발표하는 과제였는데, 전공과 전혀 관련 없는 영상 편집이라 당황스러웠다. 그때 당시 의욕이 앞서 조장을 하겠다고 나섰는데, 조장이 못 하겠다고 하면 자존심이 상할 것 같아서 무작정 한다고 해 버렸다.

집에 와서 편집 프로그램을 찾아서 깔아 보고 이것저것 만져 보니 대충 감이 왔다. 예전에 포토샵을 많이 만져 봐서 어느 정도 감이 있었던 것 같다. 막상 해 보니 정말 쉬운 작업이었다. 뭔가 만들어지고 결과물이 나오니 영상 제작에 흥미가 생겼다.

마지막 계기는 블로그를 운영해 보면서 유튜브를 하고 싶다는 확신이 든 것이다. 블로그를 몇 달간 운영하면서 짧은 기간 내에 몇 백 명이 넘는 이웃분들과 방문자 수를 얻고 나자 욕심이 생겨 유튜브로 전향하게 되었다. 유튜브를 하면서 나만의 콘텐츠도 살리고 블로거처럼 마케팅에도 성공하고 싶다는 생각이 들었다.

이토록 영상에 매력을 느끼게 된 건 나의 콘텐츠가 영상으로 현실화되고, 나 자신을 브랜딩하며, 영상의 결과물을 좋아해 주는 구독자가 생겼기 때문이다. 하지만 처음부터 쉽지만은 않았다. 유튜브를 본격적으로 시작하기 전에 친구와 함께 연습 영상을 제작하곤 했다. 일상을 주제로 가볍게 촬영을 시작했고 먹방이나 만들기 영상을 찍어 올렸었다. 편집도 당시에는 아주 기초적인 기술을 사용해 부족한 점이 많았다. 지금 보면 '이걸 왜 올렸지?' 하는 영상들도 있지만, 과거 영상과 최근 영상을 비교했을 때 성장한 모습이 보이면 나는 그것만으로도 뿌듯하다.

영상 편집뿐만 아니라 영상을 촬영할 때 많은 에피소드가 생긴다. 초반에는 콘텐츠에 쓰일 소재를 계획 없이 구매하다 보니 품절 대란이 일어났을 땐 정말 구하기가 어려웠다. 어머니와 함께 여기저기 뛰어다니고 전화를 돌려 재고 파악까지 해서 겨우 구한 적도 있다. 또한 촬영했던 파일이 배터리 문제로 통째로 날아가서 다시 촬영해야 했던 적도 있고, 영상 오디오에 문제가 있다거나 구도에 문제가 있어서 그대로 영상을 버린 적도 있었다. 한번은 먹방 영상을 촬영하다가 실수로 접시를 깨뜨려 음식도 버리고 접시도 버리는 상황까지 생겨 버렸다.

이런 어처구니없는 일들도 지금 생각해 보면 모두 도움이 되는 일이었다. 덕분에 촬영 구도나 배경 등 세세한 점들까지 신경 쓰게 되었고, 방에 나만의 작은 스튜디오를 꾸미고 뒤에 배경지를 달아 깔끔하게 촬영할 수 있는 환경을 만들었기 때문이다. 이런 경험들이 좀 더 질 높은 영상들을 완성할 수 있게 해 주었다. 시간이 지나면서 점점 제대로 된 채널을 갖춰 가고 여러 가지 기술도 배워 가고 있다. 또한 편집에도 점점 욕심이 생기고 콘텐츠 욕심도 생겨나고 있어서 앞으로 더 발전된 나의 모습과 도전이 기대된다.

초반에 나의 유튜브 채널은 부족한 모습이 많았다. 편집하는 것도 미숙했고 여러 가지 기술들이 부족했다. 처음에는 구독자도 없고 조회 수도 낮아서 누가 봐 주기는 할까 걱정도 했었다. 하지만 걱정을 뒤로하고 꾸준히 영상을 올리는 일에 집중했다. '나는 할 수 있다! 난 성공한다!' 매일 이렇게 다짐하니 마음이 놓이고 즐거웠다.

또한 어머니의 무한 지원과 응원 속에서 꾸준히 영상을 제작할 수 있었고 가족들과 친구들의 피드백으로 인해 나날이 영상이 발전할 수 있었다. 그 결과 현재는 어느 정도 구독자 수가 증가했고, 유튜브 수익까지 오르고 있다. 유튜브를 시작할 때 정말 바라고 바라던 일이 현실로 일어난 것이다.

최근에는 SBA 서울산업진흥원에서 진행한, 기업과 연계해서 활동할 수 있는 크리에이터를 모집하는 자리에 내 채널이 뽑히는 영광을 누리기도 했다. 이를 통해 나는 콘텐츠 교류를 열망하면 이루어진다는 것을 확신하게 되었다. 요즘은 내가 편집한 영상을 업로드한 후 구독자분들의 반응을 보는 게 행복하다. 반응이 긍정적일수록 기분이 너무 좋아서 날아갈 것만 같다. 도움이 되었다는 말을 들으면 뿌듯하고 영상이 재미있다고 해 주면 행복하다. 편집하면서 힘들었던 시간들이 싹 날아가 버리는 기분이다.

나는 한때 꿈이 없어서 방황하던 평범한 대학생이었다. 그러나 이렇게 크리에이터로 성장하면서 나도 할 수 있다는 생각이 강하게 들었고, 모든 일은 스스로 마음먹기에 달려 있다고 생각하게 되었다. 용기를 낸다는 일이 쉽지만은 않지만 그 힘이 대단하다는 것을 느끼고 있는 요즘이다.

현재 내게는 버킷리스트가 여러 가지가 더 생겼다. 1순위는 영향력 있는 1인 크리에이터로 성공하기다. 그리고 크리에이터로서 강연하기, 유튜브 수익으로 부모님 여행 보내 드리기, 나를 위한 행복한 삶 살기, 해외여행 다니기, 전 세계로 나아가는 크리에이터 되기, 크리에이터 책 출간하기, 개인 스튜디오 갖기, 구독자와 팬 미팅하기 등등 많은 목표가 생겼다. 상상만 해도 즐겁고 행복한 일들이기에 포기하지 않고 꼭 이룰 것이다. 미래에 성공한 나의 모습을 상상하면서 매일매일 열심히 나의 꿈에 한 발짝씩 다가갈 것이다.

한 번뿐인 인생,
최고로 살기

· 김윤이 ·

창업 코치, 동기부여가, 자기계발 작가

현재 매장을 운영하고 있으며, 예비 창업자들을 위해 컨설팅을 해 주는 창업 코치로도 활동 중이다. 창업 관련 개인저서를 집필하고 있다.

· Email mayyoon88@naver.com

나는 열네 살에 두 살 아래 남동생을 데리고 호주 유학길에 올랐다. 사업을 하시던 아버지가 영어를 못 배우신 게 한이 되어 우리만큼은 꼭 영어를 배우게 하고 싶었기 때문이다. 다니던 학교, 친구, 가족을 떠나기 싫었지만 3년만 다녀오라는 부모님 뜻에 따라 호주 멜버른으로 유학을 가게 되었다.

3년만 계획했던 호주 생활이었지만 3년이 지나고 나니 한국에서 중학교 과정을 거치지 않은 내가 한국에 돌아가 고등학교에 들어가는 게 두렵고 자신이 없었다. 그리하여 나는 열네 살 때부터 스물여섯 살까지 12년을 호주에서 살았다. 나에겐 부모님께 사랑받고 투정도 부리며 또래 친구들처럼 평범한 사춘기를 보낼 여유가 없었다. 나의 사춘기보다 남동생의 사춘기를 겪으며 온갖 스트레스 속에서 어린 동생을 돌보았다. 이러한 사실을 아시면 멀리서 마음 아파할 부모님 생각에 힘든 내색 한번 못하고 홀로 무거운 짐을 짊어지고 살았다.

12년 동안 유학 생활을 하면서 얻은 건 나의 꿈과 성공을 책임져 주는 미래가 아니라 여러 하숙집을 돌아다니면서 받은 서러움과 눈치였다. 그렇게 고등학교를 졸업하고 대학에 들어가 공부하면서 몸과 마음이 많이 지쳐 있었다. 모든 걸 내려놓고 편안한 집에서 쉬고 싶다는 생각이 간절했다. 대학 공부를 마치고 나서도 내 삶이 행복해질 거라는 생각과 확신이 서질 않았다. 그래서 부모님께 사정을 말씀드린 후 모든 것을 정리하고 호주에서 키우던 반려견과 함께 한국으로 귀국했다.

나는 어릴 때부터 마음속으로 '나는 꼭 성공할 거야. 모든 걸 자유롭게 누릴 수 있는 부자가 되어야지!'라는 생각을 많이 했다. 하지만 한국에 귀국하고 나니 앞으로 무엇을 하면서 살아야 할지, 어떻게 하면 부자가 될 수 있는지 막막했다. 호주에서 12년 동안 배운 영어가 무색할 정도로 한국 사회는 고스펙만을 원했다.

나는 직장생활로는 절대로 부자가 되거나 성공할 수 없다는 판단을 내렸다. 그래서 사업을 하기로 결심했다. 그러나 아무런 기술이 없었기에 거액의 돈을 들여 대전의 중심 상권 1~2층에서 프랜차이즈 사업을 시작하게 되었다. 결론부터 말하자면 사업을 시작하고 2년 반 동안 15~20억 원 가까이 손해를 보았고 같은 자리에서 간판만 세 번을 바꿔 달았다. 매달 1,000만 원이 넘는 가게 월세를 제때 내 본 적이 없었고, 직원들의 월급도 제때 줘 본 적이 없는 무능력한 사장이었다. 매달 불어나는 빚, 이자에 물류 대금과 가게 월세를 독촉받으며 하루하루 스트레스와 불안함과 초조함으로 인생의 최악의 시간들을 보냈다.

벼랑 끝에 몰린 나는 매일같이 울면서 자살하고 싶다는 생각을 했다. 성공하기 위해서 많은 사람들을 찾아다니고 컨설팅도 받으며 다시 일어서려고 노력했다. 하지만 그들은 성공하고자 하는 나의 절실함을 이용해 나와 우리 부모님의 피 같은 돈으로 자신들의 위기를 넘기려 할 뿐 나의 재기에 전혀 도움이 되지 않았다. 그로 인해 금전적인 손해와 법정소송까지 가는 걸 보면서 나는 절망하고 원망하며 분노했다. 그때 다짐하고 또 다짐했다. 반드시 그들보다 빨리 성공하겠다고.

세 번의 실패로 인해 주변 상인들과 내 주변 사람들에게 나는 실패자로 낙인찍혔고 가족들에겐 염치없고 골칫덩어리인 딸이 되었다. 나는 안 되는 가게를 붙잡고 직원 하나 없이 알바 한 명만 두고 요리, 카페 음료 개발, 베이킹을 하며 어떻게든 성공하겠다고 고군분투했다. 그렇게 열심히 하는데도 상황과 환경은 나아질 듯 나아지지 않았고 상황은 점점 더 나빠졌다. 노력하는데도 상황이 좋아지지 않으니 마음이 많이 힘들었다.

어디 털어놓을 곳도 없어 나는 힘들 때마다 서점에 가서 책을 보았다. 그때 허지영 작가의 《나는 블로그 쇼핑몰로 월 1,000만 원 번다》를 보게 되었다. 평소 블로그 쇼핑몰에 관심이 있던 나는 그 자리에서 책을 구매해서 읽었다. 그리고 책에 쓰여 있는 전화번호로 연락해서 컨설팅을 받았다. 작가님을 만나 보니 긍정적인 기운이 넘치는 분이었다. 작가님과 이야기를 나누면서 가슴이 뛰었다. 부정적인 생각들로 가득했던 내 모습이 다시 긍정적으로 열정적으로 바뀌면서 작가님처럼 살고 싶다는 생각이 들었다.

나는 작가님을 만난 운을 그냥 가볍게 여기지 않았다. 그 이후의 인연으로 나는 작가님의 블로그 강의도 들었고 얼마 전엔 〈한책협〉에서 책 쓰기 〈1일 특강〉을 듣게 되었다. 허지영 작가님과 임원화 작가님의 스토리를 듣고 나는 큰 충격을 받았다. 가슴이 뛰고 성공하고 부자가 될 수 있는 방법을 마침내 찾은 것 같다는 생각에 처음엔 정말 혼란스러웠다. 내 상황과 재정으로는 절대 책을 쓸 수 없었다. 하지만 시간이 지날수록 무슨 수를 써서라도 책을 써야겠다는 생각이 간절해졌다. 나는 나의 10대와 20대의 실패와 고난이 절대 그대로 묻히지 않을 것이며 반드시 이 경험들이 다른 누군가를 살리는 도구로 사용될 것임을 믿었다. 그것을 이룰 수 있는 방법을 찾은 것이다. 그때부터 내 꿈이 구체적으로 그려졌다.

개인저서를 계속 써 가면서 베스트셀러 작가와 1인 기업의 CEO가 되고 싶다. 또한 내 경험과 지식, 깨달음으로 많은 사람에게 꿈과 희망을 주는 강연가가 되고 싶다. 아무 준비 없이 큰 성공을 꿈꾸다 사업에 실패해서 20억 원이란 비싼 수업료를 냈지만 그로 인해 나는 많은 깨달음과 교훈을 얻었고 인생 경험을 했다. 나의 인생 수업이 많은 사람들에게 10억 원, 20억 원을 벌 수 있게 해 주는 도구로 쓰이도록 선한 영향력을 끼치는 사람으로 살고 싶다.

그동안 장사하면서 가게 월세, 직원 월급, 각종 고정 비용을 지출하고 나면 나에게 돌아오는 순수익은 50만 원도 채 안 되었다. 이제는 〈1일 특강〉 때 만났던 임원화 작가님과 허지영 작가님처럼 좋아하는 일, 가슴 뛰는 일을 하면서 월수입 1억 원이 넘는 사람이 되고 싶다. 그동안 어리다고 무시하고 실패했다고 나를 패배자로 몰았던 사람들에게 나의 성공을 알릴 것이다. 부모님에게도 더이상 사고뭉치 딸이 아니라 자랑스러운 딸이 되고 싶다.

예전에 한 방송에서 개그우먼 조혜련이 책을 썼다는 이야기를 들은 적이 있다. 책의 주제는 오늘 실제로 있었던 일인 것처럼 미래의 꿈을 이미 이룬 듯이 상상하고 쓰는 《미래일기》다. 예를 들면 버킷리스트를 쓸 때 나는 '30대에 꼭 젊은 여성 CEO가 되기'가 아니라 '2018년 6월 15일 나는 30대 젊은 CEO가 되었다'라는 식으로 이미 이룬 것처럼 쓰는 것이다.

"2018년 6월, 나는 1인 기업가가 되기 위해 사업자 등록을 하고 사무실을 얻었다. 책을 쓴 뒤 베스트셀러 작가가 되었고, 수많은 사람들이 내 책을 읽고 컨설팅과 강의 요청을 해 온다. 바쁘지만 이렇게 자유롭게 일하며 가슴 뛰는 하루하루를 보내는 지금이 너무 행복하다. 통장에 들어온 그동안의 수입이 월 1억 원이 넘었다. 한 번뿐인 인생, 최고로 살기 위해 더 많은 책을 쓰고 최고의 작가, 강연가, 컨설턴트, 코치가 되자."

20대의 시련과 고통은 성공을 위장한 나의 복이었다. 이 모든 게 하나님이 주신 완벽한 계획임을 믿는다. 완벽한 계획 속에 예정되어 있던 〈한책협〉의 부의 추월차선에 올라탔으니 이제 나의 인생은 최고를 향해 달려갈 것이다.

39

끈기를 가지고
꿈의 기회 쟁취하기

· 연지영 ·

'체인지업컴퍼니' 대표, 독서경영 컨설턴트, 고민상담 전문가, 동기부여 강연가, 자기계발 작가

꿈을 찾기 위해 무작정 연고도 없는 서울로 상경했다. 외로운 서울 생활 속에서 본격적으로 책을 읽기 시작했고, 책으로 얻은 깨달음을 통해 사람들을 돕고 있다. 평생 책을 쓰고 사람들의 성장을 돕겠다는 생생한 비전을 품고 있다. 곧 개인서서가 출간될 예정이다.

· Email andlseh43@naver.com　　· Cafe cafe.naver.com/changeupcompany
· C·P 010.5205.0536

인생은 '기회의 장'이라고 할 정도로 이 세상에는 많은 기회의 문이 열려 있다. 어떤 계기로 꿈을 찾은 사람, 벼락부자가 된 사람, 원하는 것을 얻은 사람 등 한순간의 기회를 놓치지 않고 인생을 바꾼 사람들이 굉장히 많다. 그들에게는 한 가지 공통점이 있다. 바로 포기하지 않는 '끈기'다.

많은 사람들이 자신에게 다가올 달콤한 기회를 기다리지만 기회를 잡는 방법을 모를뿐더러 기회에 다가갈 노력조차 기울이지 않는다. 기회는 뚜렷한 모습이 없어서 어느 날 나를 찾아온다 하

더라도 모르고 지나치기 쉽다. 기회를 놓치고 나면 결국 뒤늦은 후회만 남는다. 하지만 끈기 있는 사람들은 다르다. 끈기 있는 사람들은 기회를 놓치지 않고 꼭 잡는다.

우리에게도 잘 알려진 폴 포츠 또한 자신의 꿈을 끈기 있게 지켜 기회를 잡고 미운 오리 인생에서 백조처럼 화려한 인생으로 탈바꿈했다. 그의 인생은 어릴 때부터 순탄치 않았다. 그는 어린 시절 번듯하지 못한 외모와 어눌한 말투 때문에 왕따를 당했고, 커서도 보잘것없는 휴대전화 외판원으로 일했다. 하지만 그에게는 가수라는 꿈이 있었다. 음악에 대한 열정이 강했던 그는 힘들 때마다 노래를 불렀고, 차곡차곡 돈을 모아 틈틈이 음악 공부를 했다. 하지만 남들에게 호감을 주지 못하는 외모, 가난한 환경, 악성 종양, 교통사고 등 크고 작은 사건들로 인해 그의 미래는 여전히 어두워 보이기만 했다. 심지어 교통사고가 난 후 의사는 그에게 앞으로 노래를 하지 못할 것이라는 판정을 내리기도 했다.

하지만 그는 자신의 꿈을 포기하지 않았고, 우연히 〈브리튼즈 갓 탤런트〉라는 기회를 만나게 된다. 〈브리튼즈 갓 탤런트〉는 아마추어 가수들이 실력을 겨루는 영국의 TV 프로그램이다. 서른일곱 살이던 그는 마침내 브리튼즈 갓 탤런트에서 우승하며 심사위원 중 한 명과 계약해 테너로 데뷔하게 되었다. 당시 해당 프로그램에서 그가 부른 노래 영상이 유튜브에서 엄청난 조회 수를 기록하면서 세계인들의 이목을 집중시켰고, 그는 하루아침에 세계적인 스타로 거듭났다.

만약 그가 자신이 좋아하는 음악에 끈기 있게 도전하지 않았더라면, 의사의 말을 듣고 음악을 포기해 버렸더라면, 자신이 가수로서의 자질이 없다며 꿈을 포기했다면 지금의 그가 존재할 수 있을까? 아마 우리가 잘 아는, 가슴을 울리는 가수 폴 포츠는 없었을 것이다.

나는 그리 넉넉지 못한 가정 형편으로 인해 어릴 때부터 '나는 꼭 자수성가할 거야!', '내 힘으로 꼭 성공하고 말거야!'라는 다짐을 가슴 깊이 새기며 살아왔다. 하지만 어른이 되면서 꿈이라는 단어는 내 삶에서 조금씩 멀어져만 갔다. 심지어 꿈을 꾸는 것을 사치라고 여겼다. '그냥 하루하루 최선을 다해 열심히 살면 되지, 꼭 꿈이 필요할까?', '세상에 꿈을 이룬 사람이 몇 명이나 있을까?', '꿈을 꾸는 건 사치에 불과해.'라고 생각하며 꿈을 멀리하고 나 자신을 합리화하곤 했다. 하지만 마음 깊숙한 곳에선 알게 모르게 꿈이라는 단어가 밀린 숙제처럼 자리 잡고 있었다. 그렇게 무의미하고 평범한 날들을 보내던 어느 날 일이 터졌다. 급성 쓸개 수술을 받게 된 것이다. 배가 너무 아파서 병원에 갔더니 의사는 청천벽력 같은 소리를 했다.

"지금부터 물 한 모금 마시지 마시고 금식하세요. 당장 수술해야 합니다."

"네? 수술이요?"

"지금 쓸개가 너무 부어서 터지기 일보 직전입니다. 많이 아팠을 텐데 어떻게 참았나요?"

결국 그날 나는 바로 수술을 받았고 며칠간 병원 신세를 지게 되었다. 3일 동안의 입원은 나 자신을 돌아보는 계기가 되었다. 원하지 않는 인생을 살고 있는 내 모습이 처량해서 눈물이 났고, '이건 내가 바라는 인생이 아닌데….'라는 생각에 혼란스러웠다. 좋아하지도 않는 일에 허무하게 시간을 보내고 싶지 않았다. 나다운 삶을 살고 싶었다.

몇 달을 고민한 끝에 내겐 극적인 변화가 필요하다는 생각이 들었고, '마음이 움직이는 대로 행동하자!'라고 결심했다. 그러곤 무작정 연고도 없는 서울로 올라왔다. 서울에는 더 많은 기회의 문이 있을 거라 확신했다. 어릴 때부터 꼭 커서 서울에서 생활해 보고 싶다는 생각을 가지고 있었는데, 이번 기회에 실천으로 옮긴 것이다.

서울에서의 생활은 생각보다 더 힘들었다. 친한 친구도 가족도 없이 3평 남짓한 고시원에서 지내는 서울 생활은 외로움의 연속이었다. 그때부터 나는 외로움을 이겨 내기 위해 미친 듯이 책을 읽기 시작했다. 힘든 상황을 견뎌 내기 위해 책을 읽었다. 그렇게 책과 함께하는 시간이 1년, 2년 더해 갈수록 내 꿈은 점점 더 뚜렷한 모습으로 나를 찾아왔다.

현재 나는 많은 사람들에게 긍정적인 영향을 줄 수 있는 책을 쓰고 강연을 하며 그로 인해 수많은 사람들의 인생이 긍정적으로 변하는 데 도움을 줄 수 있는 사람이 되겠다는 뚜렷한 꿈을 꾸고 있다. 이것이 현재 책을 쓰고 있는 이유다. 나만의 책은 올해 안으로 출간될 예정이다.

책을 읽고 쓰는 데 있어서 가장 중요한 요소는 바로 '끈기'다. 만약 내가 끈기가 없었더라면 꾸준히 책을 읽을 수 없었을 것이고, 책도 쓸 수 없었을 것이다. 끈기가 없었더라면 내가 진정으로 원하는 인생을 살 수 없었을 것이고, '잘' 사는 게 아니라 남들과 같이 '그저' 흘러가는 대로 살았을 것이 뻔하다. 현재 나는 나다운 삶을 살면서 내가 원하는 삶의 방향을 향해 차근차근 걸어가고 있다. 꿈이 없던 예전과는 달리 꿈을 향해 나아가는 지금은 하루하루가 너무 즐겁고 행복하다.

내 꿈의 기회는 책에서 시작되었다고 말해도 과언이 아니다. 더 정확히 말하면 나는 내 꿈이 무엇인지 정확히 알지 못한 채 남들과 비슷한 일상을 살아갈 뿐이었다. 하지만 책을 끈기 있게 읽다 보니 꿈이 점점 더 명확해졌다. 그래서 나는 내 첫 책의 주제를 '독서'로 정했다. 독서로 인해 변화된 내 삶과 독서의 중요성 대해 많은 사람들이 알길 바라는 마음에서다. 내 책을 읽고 단 한 명이라도 긍정적으로 변한다고 생각하면 가슴속에서 뭔가가 꿈틀거리는 기분이 든다.

꿈의 기회는 끈기 있는 사람만이 쟁취할 수 있는 법이다. 끈기 있는 사람은 늦는 한이 있어도 반드시 자신이 원하는 인생을 쟁취할 수 있다. 달콤한 기회의 순간을 잡고 싶다면 포기하지 않는 단단한 끈기를 가지도록 노력하자. 기회는 노력하는 사람만이 가질 수 있는 혜택이다.

40

사회복지재단 설립해
나눔 실천하기

· 류한윤 ·

'독서변화연구소' 대표, 웰니스 플래너, 자기계발 작가, 칼럼니스트, 동기부여 강연가

낙상사고라는 큰 부상을 독서와 운동으로 극복했던 경험을 전하기 위해 《삶을 바꾸는 기술》을 출간했다. '시련은 성장을 위한 씨앗이다.'라는 모토로 꿈과 희망을 전하는 메신저로 활동하고 있으며, 독서로 변화된 삶의 가치를 전하는 독서변화 코치다. 저서로는 《삶을 바꾸는 기술》, 《보물지도8》, 《인생을 바꾸는 감사일기의 힘》, 《나는 책쓰기로 당당하게 사는 법을 배웠다》 등이 있다.

· Email rhyforg@naver.com
· Facebook ryu.hanyoun
· C·P 010.9027.9297
· Blog blog.naver.com/rhyforg
· Homepage www.rcl-lab.com

누구나 부자를 꿈꾸고 재정적 자유를 갈망한다. 나 또한 마찬가지다. 하지만 구체적으로 '무엇이든 시도했던 적이 있는가?'라고 자문해 보면 자신 있게 대답하기 어렵다. 많은 사람들이 그렇듯이 주어진 삶에만 충실하게 살아왔기 때문이다.

2017년은 내게 참으로 특별한 해다. 올 한 해를 맞이하면서 작가의 꿈을 키우기 시작했고, 얼마 전에는 드디어 책을 쓴 작가가 되었다. 2016년이 내 인생의 변곡점이었다면, 2017년은 그 방향을 설정한 해다. 평생 작가의 삶을 누리는 인생이 시작된 것이다. 책을 쓰기로 한 후부터 시작된 꿈은 점점 더 큰 곳으로 향했다.

지난 설에 울산에 내려가서 오랜 친구와 저녁을 먹었다.

"한윤아, 직장을 그만뒀다고? 취직 안 할 거가?"

"어. 사실 지금 글을 쓰고 있어. 난 작가가 되려고 해."

"책을 쓰는 작가라…. 먹고살기에는 어려운 직업 아니가?"

"잃어버린 꿈을 찾고 있는 과정인 거 같아. 그 꿈으로 가는 과정을 시작한 거지."

"꿈도 좋지만 현실이 더 중요하잖아."

"그렇긴 하지. 그렇지만 지금이라도 꿈을 찾았다는 것이 더 중요하다고 생각해."

"아무튼 작가가 된다고 하니 축하한다."

"책을 내고 1인 창업을 하려고 해."

"그래, 내가 응원해 줄게!"

책을 쓰기로 마음먹은 뒤부터 꼭 이루고 싶은 것들이 가지를 치면서 생겨나기 시작했다. 나는 책을 쓰고 강연을 하며 사람들에게 꿈과 희망을 전하고 싶다. 그리고 1인 창업을 해서 내 이름을 브랜드로 만들 것이다. 나는 세상에 이로운 사람이 되고 싶다. 내 지식과 정보로 사람들이 행복하도록 도와주고 나 역시 성장하고 발전하는 모습을 그려 본다. 돈에 구애받지 않고 하고 싶은 일을 하기 위해서는 재정적으로 자유를 달성하는 것이 우선이다. 1인 창업으로 사람들과의 커뮤니티를 만들어 나가는 것이 그 시작이다.

단지 책을 썼다는 것만으로는 세상에 선한 영향력을 미치는 데 한계가 있다. 자본주의 사회에서는 무엇을 하든 비용이 발생하게 된다. 나와 내 가족만 행복하다고 해서 세상이 밝아지지는 않는다. 나는 더불어 사는 세상을 꿈꾸고 그런 세상을 위해 부족함이 없는 사람이 되기로 했다. 재정적 자유를 달성하고 나면 사회적 약자를 돕는 일을 남아 있는 생에 적극적으로 해 나갈 것이다.

굿네이버스에서 주관하는 희망편지쓰기대회가 있다. 아이들이 초등학교에 들어가고부터 매년 한 번씩 참여하고 있는, 해외의 불우한 아동을 돕는 사업이다. 몇 년 전 주인공이었던 잠비아의 루푸타라는 소년의 이야기가 생각난다. 소년은 어렸을 적 헤어진 엄마, 아빠와 동생을 만나고 싶었다. 그래서 루푸타의 꿈은 운전기사가 되는 것이다. 운전을 하면 어디든 갈 수 있으니 가족들을 만날 수 있다고 생각했다. 하지만 학교를 다니지도 못하고 생계를 위해서 숯을 굽고 있는 게 현실이었다. 나는 아이들과 함께 영상을 시청하고 루푸타에게 보내는 편지를 썼다. 그리고 적은 후원금과 함께 편지를 학교에 제출했다.

나는 희망편지쓰기대회라는 사업이 아이들에게 혼자만의 행복이 아닌, 모두의 행복을 위해 더불어 살아가야 한다는 가치관을 심어 주고, 어릴 적부터 타인에 대해 작은 관심과 배려를 갖게 해 준다고 본다. 그리고 나보다 더 형편이 어려운 해외의 친구들을 접하면서 현재 자신이 누리는 것들에 대한 감사함도 배울 수 있다고 생각한다. 하지만 매년 진행되는 사업을 보면서 마음 한편으로는 이런 생각이 들었다.

'왜 굳이 해외 아동을 돕기 위해 전국의 초·중·고 학생들이 동원되어야 할까?'

우리나라에도 희귀병이나 지체장애, 불우한 환경으로 고통 받는 아이들이 많다. 우리나라가 선진국에 속할 만큼 사회적으로 성장하고 삶의 전반적인 질이 높아진 것은 사실이다. 그리고 위상이 높아진 만큼 해외 복지사업을 하는 것도 중요하다.

하지만 우리나라에서 전국적으로 많은 학교를 대상으로 복지사업을 하는 것은 아이들을 키우면서도 본 적이 없다. TV를 보더라도 연예인을 내세워 해외 지원 사업 등을 홍보하지만, 국내의 어려운 이웃이나 아이들을 돕는 사업에 대한 광고는 보기 어렵다. 우리 주변에는 도움을 필요로 하는 많은 사람들이 있지만 사람들의 관심에서 벗어나 있을 수밖에 없는 상황이 되어 버린 것은 아닌지 모르겠다.

넓은 의미로 볼 때 우리나라가 성장한 만큼 다시 베푼다는 차원에서 해외 복지 사업은 계속되어야 한다. 다만 도움을 필요로 하는 내국인도 외면해서는 안 된다는 것이다. 나는 재정적 자유를 이룸과 동시에 사회복지재단을 설립할 것이다. 우리 사회 곳곳에서 병으로 고통 받거나 어렵게 살아가는 모든 이들에게 도움의 손길이 닿을 수 있도록 하고 싶다. 어떠한 계층만을 대상으로 하는 것이 아닌, 사회적 약자 모두를 대상으로 할 것이다.

선팅 업계 1위 업체인 루마코리아의 김우화 대표는《나는 어떻게 1등 브랜드를 만들었는가》에서 이렇게 말한다.

"내가 가진 것의 70퍼센트는 남에게 베풀고 나머지 30퍼센트는 가족을 위해 쓰겠다는 일명 7 대 3이라는 법칙을 세웠다. 나는 나눔이란 선택이 아니라 필수라고 생각한다."

그는 사회적 약자인 장애인들을 위한 미오림복지재단을 만들어 운영하고 있다. 기업가로서 수입을 사회에 환원하는 것은 당연한 일이라고 생각하며, 지적장애인과 거동이 불편한 노인분들과 함께 울고 웃는 생활에서 기쁨을 얻는다고 한다. 또한 이들을 통해서 인생의 큰 보람을 느낀다고 한다. 그는 진정으로 가슴에서 우러나오는 사랑을 이웃들에게 베풀고 있는 것이다. 그를 보면서 자신이 얻은 성공을 나누려는 마음을 느낄 수 있었다. 나 역시 궁극적으로 그와 같은 삶을 추구할 것이다.

하고 싶고, 갖고 싶고, 되고 싶은 것들은 정말 많다. 그 모든 꿈들의 종착역은 내가 이룬 것들을 사회에 환원하는 것이다. 내가 이루어 내고 누린 것들에 대한 감사함을 돌려주는 것이 당연한 도리라고 생각한다.

'재정적 자유를 달성하고, 사회복지재단을 설립해 사람들을 돕는다. 그리고 그들과 함께 따뜻함이 있는 밝은 사회를 만들어 간다.'

이것이 삶에서 반드시 이루고 싶은 나의 최종 꿈이다.

41

지식창업계의 메신저가 되어
교육센터 건립하기

· 박서인 ·

'창업인사이트' 대표, 창업 컨설턴트, 마케팅 강사, 동기부여가, 자기계발 작가

쇼핑몰 및 프랜차이즈 카페를 운영하며 마케팅 분야의 전문가가 되었다. 창업하는 사람들이 시행착오를 겪지 않고 빠르게 성공할 수 있는 노하우를 알려 주기 위해 1인 창업에 대한 개인저서를 집필 중이다. 현재 '창업인사이트'를 운영하며 창업 컨설팅, 홍보마케팅 대행, SNS 교육 등을 하고 있다. 저서로는 《부모님에게 꼭 해드리고 싶은 39가지》, 《되고 싶고 하고 싶고 갖고 싶은 47가지》 등이 있다.

· Email donamo79@naver.com　　· Blog www.parkseoin.net
· Cafe www.parkseoin.com

어느 날, 초등학교 6학년인 딸아이가 멋진 캘리그래피 문구를 보았다고 했다.

"꿈에 눈이 멀어라. 시시한 현실 따위는 보이지 않게."

딸아이는 그 말이 너무 멋진 말 같다고 했다. 그 말을 듣는 순간 나의 마음속에도 강한 울림이 느껴졌다.

'그래, 바로 저거야. 지금의 현실에 안주하지 말자. 꿈을 위해 미쳤다는 소리를 들으며 계속 도전해 보자!'

나에게는 꿈이 있다. 나이 마흔이지만 꿈이 있다는 사실에 행복하다. 현실은 당장 내일 결제해야 하는 카드 대금을 걱정해야 하지만, 그럼에도 불구하고 나는 꿈을 이루기 위한 자기계발을 멈추지 않는다.

나의 꿈은 지식창업계의 메신저가 되는 것이다. 내가 지식창업에 관심을 가지게 된 계기는 거듭된 사업의 실패 때문이었다. 13년 전 나는 남편과 이케아 상품을 병행 수입해 자체 쇼핑몰과 오픈마켓에서 판매를 시작했다. 지금은 이케아가 한국에 진출해 광명에 매장을 오픈했지만, 그때 당시만 해도 우리나라에서 이케아라는 브랜드를 아는 사람은 매우 적었다. 하지만 일부 마니아들이 있었고 경쟁 업체들도 몇 곳 없었던 상태라 별다른 광고와 홍보를 하지 않아도 매출은 꾸준히 상승세가 이어졌다. 덕분에 나는 경제적 여유를 누릴 수 있었다.

그러나 몇 년 뒤, 이케아의 한국 입성 소문이 현실로 나타났고, 쇼핑몰 매출은 점점 하락세를 타기 시작했다. 자체 브랜드를 개발하고자 몇 번이나 시도했지만 마음먹은 대로 잘되지 않았다. 상품의 질도 만족할 만한 것이 아니었고, 소비자들의 반응도 냉담했다. 창고에는 자체 브랜드 개발을 위해 수입하고 제작한 상품들의 재고만 쌓이기 시작했다.

얼른 다른 사업을 시작해야 한다는 조급함이 생기던 찰나, 나는 운명적으로 과대광고에 낚이고 말았다. 새로 출시한 프랜차이즈 디저트 카페의 광고를 보고 덜컥 가맹 계약을 해 버린 것이다.

상가 보증금에 임대료, 인테리어 비용, 집기 비용 등 어마어마한 금액을 투자해 디저트 카페를 오픈했지만 며칠 안 되어 자영업자의 현실에 부닥쳤다. 짧은 기간 동안 잘못된 판단으로 인해 수억 원대의 손실을 보았고, 내 인생에 커다란 오점을 남기게 되었다. 실패를 인정하는 것이 무척 자존심 상했고, 주변 사람들이 알게 될까 봐 전전긍긍했다.

나는 한창 개발이 진행 중인 세종시에 살고 있다. 수많은 아파트와 상가들이 새로 지어지고 상가에는 새로운 간판이 올라간다. 나는 어떤 업종이 신규 오픈을 하는지, 또 손님이 얼마나 많은지 유심히 지켜본다. 새 출발을 하는 모든 사장님들이 대박이 나고, 부자가 되길 바라는 마음으로 지켜보지만, 몇 달 안 되어 간판이 내려가고 업종이 바뀌곤 한다. 이것이 우리나라 자영업의 현실이다. 나의 어려웠던 시절이 오버랩되면서 그 아픔이 고스란히 전해져 왔다.

나는 그 사람들에게 무언가 도움이 되고 싶었다. 어쩌면 이것이 나의 천명(天命)일지도 모른다는 생각이 강하게 들었다. 나의 실패를 통해서 얻은 값진 교훈으로 다른 사람에게 도움이 되는 일을 하고 싶었다. 하느님은 그 사람이 감당할 만큼의 시련을 주신다고 했다. 현실의 무게가 어깨를 누를 때마다 나는 하느님이 나에게 어떤 깨달음을 주시고 싶은 건지 생각해 보았다.

창고 안에 쌓여 있는 재고의 처리도 문제였다. 최저가로 땡처리하는 것이 능사가 아니었다. 나는 광고비를 들이지 않고 많이 노출되면서 판매로 이어질 수 있는 여러 가지 방법을 연구했다. 제품 판매도 자식 키우는 것과 마찬가지다. 관심과 사랑을 쏟아부을수록 매출은 늘어나게 되어 있다. 잘 안 나가거나 묻혀 있는 상품도 키워드나 해시태그를 수정하고 보완해 주면 매출이 일어나는 신기한 경험을 여러 번 했다. 소비자를 기만하지 않으면서 이걸 왜 사야만 하는지 설득하는 과정이 상품 페이지 속에 들어가야 한다는 것을 알게 되었다.

그전의 홍보는 단순히 제품 정보와 사진을 나열하는 것에 지나지 않았다. 나는 지금 가지고 있는 재고들만 다 소진되면 재고 없이 판매하는 인터넷 거상이 되겠다고 다짐했다. 그리고 그 비결을 쇼핑몰 창업자들에게 전수하기로 했다. 하루에도 수많은 인터넷 쇼핑몰이 생겨나고 폐업한다. 막대한 광고비를 지출해 매출을 발생시키면 영업 이익이 커지는 게 아니라 겉으로 보이는 매출 이익만 커지는 속 빈 강정이 되고 만다. 광고비 없이 블로그, 카페, 페이스북, 인스타그램을 통해 나의 제품을 홍보하는 방법을 연구해야 한다. 쇼핑몰을 오픈했지만 매출이 일어나지 않아 고민인 사람들에게 나의 지식과 경험을 나누어 주는 메신저가 되는 것이 나의 천명이다.

할 줄 아는 것이 없어 본사에서 모든 것을 지원해 준다는 프랜차이즈 가맹 계약을 하고 매장을 오픈하는 사람들이 많다. 나역시 그랬고, 결국 아주 큰 비용과 고통을 감수해야 했다. 왜 할줄 아는 것이 없다고 생각하는가? 나는 그들의 생각을 먼저 바꿔주고 싶다. 자신이 지금까지 해 온 것, 잘하는 것, 취미 등을 통해경험과 지식을 판매하는 지식창업을 할 수 있도록 도와주고 싶다.지식창업이란 것이 아직 생소하게 느껴질 수도 있다. 수억의 자본금이 드는, 리스크 높은 창업을 하는 것이 아니라 자신의 경험과지식에 가치를 부여해서 수익을 창출하는 것이다.

많은 경력단절 여성들이 다시 사회에 나가 일하는 것을 두려워하기도 하지만, 사실 일할 수 있는 기회도 별로 없다. 운이 좋아재취업이 된다고 하더라도 육아와 살림을 병행하느라 가정에서도직장에서도 죄인 아닌 죄인이 되고 만다. 경력단절 여성들이 시간과 장소에 구애받지 않고 자신의 능력을 발휘할 수 있는 방법과여건을 만들어 주는 것이 나의 소명이다. 그들에게 움츠리고 있던어깨를 펴고 자신 안에 숨어 있는 재능을 발견해 보석으로 만드는 방법을 알려 주려고 한다.

퍼스널 브랜딩을 통해 나를 알리고, 재능과 지식, 경험을 바탕으로 프로그램을 만들어 수익을 창출하며, 다른 사람을 도와주는 1인 창업가, 지식창업자를 양성하는 메신저가 되는 것이 나의꿈이다. 그리고 다른 분야의 전문가들과 제휴를 맺고, 여러 가지

프로그램을 진행할 수 있는 교육센터를 운영하려고 한다.

　나의 지난 삶을 되돌아보면 꿈꾸던 대로, 계획했던 대로 많은 일들을 이루었다. 잘못된 꿈을 꾸어서 경제적 손실을 감수해야 했던 적도 있다. 하지만 결론적으로 잘못된 꿈을 통해 나의 소명을 발견하고 다른 사람들을 도울 수 있는 가치 있는 일을 발견하게 되었다. 어떤 일이든 성과를 만들어 내기 위해서는 많은 시간과 노력을 투자해야 한다. 물이 끓기 위해서는 임계점에 도달해야 하듯이, 사업에서 성과를 내기 위해서도 임계점이 필요하다. 도전하는 많은 사람들이 임계점이 될 때까지 버티지 못하고 포기하는 것이 안타깝다. 생각했다면 행동으로 바로 옮겨야 한다. 일단 시작했다면 나중에 자신에게 부끄럽지 않도록 죽을힘을 다해서 시간과 노력을 투자해 보자.

　나 역시 꿈을 위해 책을 쓰고, 강의를 듣고, 강연 연습을 하고, 마케팅을 하면서 오늘도 치열하게 하루를 살고 있다. 언젠가는 멋진 건물의 교육센터에서 동기부여가, 마케팅 전문가, 지식창업자를 양성하는 메신저로서 활동하게 될 것을 꿈꾸며 하루를 마무리한다.

꼭 이루고 싶은 나의 꿈 나의 인생

42-51

하주연   이창미

손성호   이동규

전민경   신상희

김용일   이철우

홍성민   김종일

좋아하는 일을 하며
성장하기

· 하주연 ·

정신보건 간호사, 희망 멘토, 자기계발 작가, 동기부여가

15년간 전업주부로 생활하다 간호사로 새롭게 근무한 지 9년째다. 길었던 전업주부 생활을 직업의 관점에서 바라보고 다른 직업보다 오히려 새로운 경험이 더 많았다고 거꾸로 생각하는 창의적인 직장인이다. 지금 이 순간을 의미 있고 재미있게 지내고자 한다. 저서로는 《부모님에게 꼭 헤드리고 싶은 39가지》, 《되고 싶고 하고 싶고 갖고 싶은 47가지》, 《되고 싶고 하고 싶고 갖고 싶은 40가지》, 《인생을 바꾸는 감사일기의 힘》, 《하루 10분, 내 마음 들여다보기》 등이 있다.

· Email skyvlla@naver.com　　· Blog blog.naver.com/skyvlla
· Cafe mymindlab.co.kr

나는 오랫동안 꿈이 없었다. 꿈을 꿀 수 있는 자격이 있는지 없는지도 모르고 살았던 것 같다. 그동안 살아온 모습이 나인줄로만 알았던 것이다. 그러나 중년의 나이에 삶의 굴곡을 겪게 되었고, 마지못해 생존을 위한 사회생활을 시작하면서 부당한 직장생활을 이해하지 못하는 나를 발견하게 되었다.

나이가 들어 재취업을 해 보니 40대 중년의 시각에서는 여러 불합리한 업무 처리와 대인관계들이 보였다. 그리고 리더의 자질에 따라 훨씬 효율적인 방법도 있음을 알게 되었다. 살림은 못하지만 육아 경험과 부부 갈등을 겪어 보고 주부 경력이 쌓이다 보니 재취업한 상황에 많은 도움이 되었다. 아이를 기를 때의 기다림과 이해심, 가족 간의 갈등 해결 경험들을 환자들에게 적용시키며 면담할 때 용이하게 활용할 수 있었다. 그러면서 느낀 직장 내의 불만과 개인적인 아픔들이 승화되어 나의 책이 나오게 되었다. 이 책이 나와 독자들에게 어떤 영향력을 끼칠지는 알 수 없지만 누군가에게 힘이 되고 위로가 되었으면 하는 욕망이 생겼다.

나는 우연한 기회에 〈한책협〉에서 진행하는 〈책 쓰기 과정〉에 등록하게 되었다. 단순한 호기심도 있었지만, 반백 년을 살아온 나의 삶을 정리하고 싶었다. 정리를 하다 보니 은혜를 주신 외가 식구들에 대한 보답을 나만의 방법으로 하고 싶은 욕심이 생겼다. 실제로 책이 나오니 나의 욕심의 첫 목적은 달성한 셈이다.

이제는 책을 통해 나를 모르는 분들의 꿈에 보탬이 되기를 바란다. 그분들의 이야기를 들어 주고 나의 경험담과 나만의 대처법을 알려 주며 소통하는 일을 하고 싶다. 나는 더 이상 남의 간섭과 부당한 지시를 무작정 따를 수만은 없는 나이라고 생각한다. 그래서 나의 특별한 경험을 필요한 이들에게 나누어 줄 수 있는 사람이 되고 싶다. 이런 욕망이 나에게 있는 줄은 몰랐다. 이렇게 나 자신도 모르는 나만의 색깔을 알게 되었다.

〈한책협〉이라는 각자의 꿈을 펼치는 곳에 소속되어 있다 보니 어느새 변화된 나를 발견하게 되었다. 집단 내에서 받게 되는 여러 가지 스트레스를 글을 쓰면서 풀어내다 보니 자신을 되돌아보고 점검을 하게 된다. 기록의 중요성을 최근에야 발견한 것이다. 누구나 가지고 있는, 소중한 삶의 지혜들이 담긴 아까운 개인의 역사를 그냥 흘려보내는 것이 안타깝다. 물론 나도 이런 생각을 가진 것이 1년이 채 되지 않는다.

내가 미혼일 때 존경했던 간호부장님은 현재 은퇴하셨고 연세는 74세다. 그분은 목사님 사모였으며 독실한 기독교 신자다. 나의 종교는 냉담이 너무 오래되어 활동이란 말조차도 부끄럽지만 성경책의 위력은 알고 있다. 그분은 이른 나이에 남편과 사별하시고 자녀들을 뒷바라지해 훌륭하게 키우셨을 뿐 아니라, 간호과 직원들 외에도 근무지의 전 직원들을 한 명 한 명 진심으로 위해주신 분이다.

한동안 그분을 잊고 지내다 전업주부를 청산하고 직장생활을 해 보니 내 나이 또한 어느새 그분처럼 주변에 베풀어야 할 나이가 되었음을 깨달았다. 그러나 전업주부 15년 만에 재취업해 아무런 직급이 없다 보니 의사결정권이 있을 리가 없다. 사회적인 나이는 어른으로 처신해야 할 나이인데 말이다.

주위를 둘러보니 좋은 영향을 끼치는 어른이 없다는 사실에 답답했다. 직장생활이 힘들수록 과거의 직장 상사인 그분이 떠올랐다. 그곳을 그만둔 지 20년 만에 당시의 부장님을 찾기로 했다. 학교에 계신다는 말도 들었고 은퇴하셨다는 말도 들었던 차에 과거의 직장 선배와 후배에게 연락을 취해 다행히 인연이 닿았다.

처음에는 20년 전에 퇴사한 나를 기억이나 하실까 염려가 되기도 했다. 다행히 다시 만난 자리에서 그분은 나를 알아보시며 기억해 주셨다. "여전히 프레시하다."라는 표현을 해 주셔서 기분이 매우 좋았다. 나의 청춘을 기억하고 있는 분을 만난 기분이었다. 내가 나온다는 말에 다른 선생님도 같이 나오셔서 옛 추억에 젖기도 했다.

"제 나이가 되어 보니 주위에 어른이 없어서 선생님들이 보고 싶었어요."

그분은 진심 어린 나의 말에 기분 좋아하시며 자신을 기억해 줘서 고맙다고 말씀하셨다. "우리 나이에는 불러 주는 것만 해도 감사해요."라고 농담을 하시기도 했다. 20년 만에 만났지만 우리는 불과 몇 년밖에 지나지 않은 것처럼 장시간 수다를 떨었다. 현재 간호사들의 근무 여건과 아쉬움들을 토로하는 자리가 되기도 했다. 같은 직종에 종사한 인생 선배가 있다는 사실에 나의 미래의 모습을 짐작해 보기도 하고, 선배님들보다 더 나은 모습이 되어 있는 나를 상상해 보기도 했다. 은퇴는 하셨으나 간호계의 어른으로 계시는 모습에 나도 나이가 들어 후배 간호사들이 믿을 수 있는 어른이 되고 싶다는 생각도 들었다. 업계에서는 아니더라도 간호사 출신의 믿을 수 있는 저자로 말이다. 지식은 떨어질지라도 지혜는 반짝이는 어른으로 말이다.

최근 현 직장의 어린 후배가 나에게 심각한 모습으로 말했다. 근무지의 부적절한 태도와 직원을 보호하는 시스템이 없다는 사실이 당황스럽다며 근무를 계속해야 할지 고민이라는 것이었다. 나는 그녀에게 물었다.

"1년은 채우고 나서 판단하면 안 될까요? 내년에 정신보건 간호사 수련도 받기로 했잖아요?"

"입사한 지 네 달이 되어 가는데 그게 아깝다고 여덟 달을 불안해하며 다녀야 할까요?"

순간 나는 그녀의 반문에 공감이 되었다. 즉흥적인 나는 현 직장에서 나의 저서 출간 소식을 말하지 않겠다는 나와의 약속을 어겼다. 그녀에게 도움이 되길 바라는 마음으로 주차장에서 몰래 나의 책을 건넨 것이다.

"간호사가 쓴 책이에요."

"제목이 뭐예요?"

그녀는 스마트폰을 검색하다 내 이름을 발견했다.

"선생님이 저자세요?"

"네. 선생님과 같은 기분으로 몇 년을 지내다 개인적인 성장을 택했어요. 나의 책이 도움이 되었으면 해요."

비록 간호사를 바르게 대우해 주지 않는 이런 곳에서 근무하지만 그녀에게는 선배로서 나만의 시간을 어떻게 보냈는지 보여 주고 싶었다. 이런 것이 선배의 할 일이라는 생각이 든 것이다. 한편으로는 나만의 자존감을 세우는 법을 증거로 보여 준 셈이다. 현 직장이 마음에 들지 않더라도 좋은 점도 한두 가지 있게 마련이다. 나 같은 경우는 시간이 좋아서 다니고 있다. 자신에게 관심을 둘 시간 확보가 가능하기 때문이다. 나처럼 그 후배도 현 직장의 장점을 찾고 보다 나은 자신이 되기를 바란다.

이렇게 고민이 있거나 힘들어하는 동료나 이웃, 독자에게 나의 모든 경험들이 도움이 되었으면 하는 바람이다. 좋아하는 일을 하면서 성장하는 내가 되고 싶다.

43

강연하는 인기 작가,
1인 창업가로 월 1,000만 원 벌기

· 이창미 ·

'브랜딩글쓰기연구소' 대표, 부산대한문인협회 홍보부국장, 지역봉사활동가, 복지통장, 글쓰기습관 코치, 시인, 자기계발 작가, 강연가, 동기부여가

모두가 꿈을 꾸는, 보물지도를 그리는 삶을 살도록 동기부여하며 강연한다. 저서로는 《인생을 바꾸는 감사일기의 힘》, 《나는 책쓰기로 당당하게 사는 법을 배웠다》가 있으며 현재 글쓰기에 관한 개인저서를 집필 중이다.

· Email gjfzmsu@naver.com   · Blog blog.naver.com/gjfzmsu
· Cafe www.writebranding.com   · Instagram gjfzmsu
· C·P 010.4754.0509

나는 학창시절에 글을 잘 쓴다는 칭찬을 많이 받았다. 하지만 내 생각을 담아 그냥 좋아서 쓴 것일 뿐 그 이상은 아니었다. 어른이 되고 친하게 지낸 동생이 나에게 언니는 책 쓰는 작가가 어울린다고 했다. 그때 문득 가슴이 뜨거워졌다. 그렇지만 바쁘게 살아가느라 나를 챙길 시간이 없었다.

안정된 직장만 있으면 경제적 자유가 찾아올 거라 믿었다. 직장에서 연봉의 변동은 큰 틀을 벗어나지 못했다. 나이가 들어갈수록 언제 내몰릴지 모른다는 불안감도 엄습해 왔고 여자로서 언

제까지 직장을 다닐 수 없다는 생각에 책을 쓰게 되었다. 진정한 나의 꿈을 키우기로 한 것이다.

우리는 현대판 노예 생활과 같은 직장생활에서 벗어나야 한다. 지금은 무엇보다 다니던 직장을 그만두면 월급이 끊기고 생활이 막막해진다는 두려움에 그만두지 못한다. 많은 직장인들이 퇴사를 고민하고 오늘은 말하고 싶은데, 또는 말하려 했건만 망설이며 현실과 타협한다. 그렇지만 직장이 영원할 수는 없다. 언젠가는 나와야 하는 곳이다. 자리를 차지하고 있는 것만으로도 좌불안석이 되어 가고 있는 현실이다. 그렇지만 우리는 두 귀를 닫고 나와는 상관없는 일이라고 마음속으로 외치며 외면한다.

현실에 안주하다 보면 직장으로부터 언제 버림받을지 모른다. 직장에 다닐 때 미래를 계획해 둬야 한다는 말이다. 무슨 계획이든 진정 당신이 하고 싶은 일을 찾는 데 힘을 쏟아붓길 바란다. 미리 노후를 위한 준비가 되어 있어야 하는 세상이다. 오늘 책상을 사수한다고 해도 내일 그 책상이 내 책상이 아닐 수도 있다는 것을 염두에 두어야 한다. 언젠가는 그 자리에서 내몰리게 된다는 것을 말이다.

나는 정말 내가 원하는 삶을 한번 살아 보려 했다. 그래서 직장에 다닐 때 여러 방법을 고민했다. 회사를 벗어난다는 것은 단 한 번도 생각해 보지 못했고, 그저 회사를 들어가기에만 급급해하며 사력을 다해 지킨 책상을 버릴 생각을 하는 내가 이상하리 만큼 우스꽝스러웠다.

결심을 하고 나니 내가 무엇을 해야 하는지 명확해졌다. 글쓰기 책을 쓰는 것이었다. 전국 서점에 내 이름이 새겨진 책이 진열되는 상상을 하니 가슴이 벅차올랐다. 베스트셀러에 이어 스테디셀러까지 상상하며 인세도 많이 받고 싶은 욕망이 샘솟았다. 경쟁 도서와 참고 도서 등 책 쓰기 관련 책들의 대량 구매가 이어졌다. 시인으로 등단하고 시를 쓰며 인생이 바뀌었지만 다시 책을 쓰고 작가, 코치, 강연가로서 인생 2막을 시작하게 되었다.

〈한책협〉에서 열렸던 〈1일 특강〉에 참석한 어느 날이었다. 수강생 중 한 명이 나에게 책 쓰기에 대해 상담을 해 왔다. 그 수강생은 책의 초고를 거의 완성하는 단계라고 했다. 사례를 어떻게 찾아야 하는지, 자신이 쓴 제목과 목차를 점검해 달라고 원고를 내밀었다. 공부법에 관한 책이었는데 제목부터 목차 구성이 전혀 아니었다.

나는 제목을 한눈에 꽂히게 바꿔 주었고 목차에서 잘못된 부분을 짚어 주었다. 사례를 찾는 법 또한 알려 주었다. 〈1일 특강〉을 들은 후에도 독자를 생각하지 않는 일방적인 글만 계속 쓰고 있다면 그것이 바로 독학의 한계이니 책 쓰기 강좌를 들으며 시간을 벌길 바란다고 했다. 책을 완성해 출간하기까지의 체계적인 과정을 조금이라도 알고 있어야 독학도 가능하다. 책은 아무나 쓸 수 있지만 누구나 책을 출간할 수는 없기 때문이다. 책을 통해 선한 영향력을 미치는 메신저 역할을 하고 나니 기분이 좋았다.

작가가 되고 난 후 나는 또 다른 꿈을 꾼다. 더 크게 성공한 인생을 살아 보고 싶어졌다. 강연 문의가 쇄도하는 작가, 배움을 돈으로 바꾸는 1인 창업가로 월 1,000만 원 벌기라는 목표를 세웠다. 가치 있는 일을 하고 싶다면 빨리 결정해야 한다. 결정하는 사람과 결정하지 못하는 사람의 차이는 크다. 망설이는 하루가 1년에 맞먹는 것이라 판단했기에 인생 진행 방향을 바꾸기로 했다. 나는 1인 창업가로서 〈브랜딩 글쓰기 책쓰기 연구소(이하 글책연)〉를 설립할 것이다. 많은 사람들과 소통하는 글과 책을 통해 그들의 삶을 변하게 할 것이다. 꿈을 찾아 더 좋은 세상을 보여 줄 것이다. 글쓰기 책 쓰기 코치로서 작가를 배출해 낼 것이다. 배움을 돈으로 바꾸는 1인 창업가로 우뚝 서 월 1,000만 원의 수익을 창출해 내는 스테디셀러 작가가 될 것이다.

〈한책협〉의 김태광 대표 코치님께 배운 만큼 나는 최고가 되었다. 〈글책연〉을 〈한책협〉의 부산지사로 키울 것이다. 〈글책연〉에서는 글 쓰는 법으로 책 쓰는 방법을 알려 줄 뿐 아니라 책을 읽고 찾아온 사람들에게 배움을 돈으로 바꾸는 노하우를 알려 줄 것이다. 1인 기업가로 성공한 나의 경험을 바탕으로 카페를 관리하고 운영하는 방법 등을 알려 줄 것이다. 프로그램 관리와 운영

관리에 대한 살아 있는 포스팅 방법과 홍보 방법, 문자, 메일, 쪽지, 수익 창출까지 아낌없이 나눌 것이다. 글을 쓰는 수강생에게 〈한책협〉 출신 작가님들의 도서를 참고 도서로 읽힐 것이다. 〈한책협〉은 베스트셀러 작가, 스테디셀러 작가들이 흔해 그 탄탄함을 신뢰받는 곳이므로 책을 쓰기 위해선 그들의 책을 필독서처럼 읽어야 한다.

직장인들을 버티게 하는 직업들도 점점 사라져 간다. 취준생들은 더 늘어나고 일자리는 더욱 좁아지고 있는 것이 작금의 현실이다. 나는 내가 쌓은 경험과 지식을 나누는 1인 기업가로서 책쓰기의 가치를 전달할 것이다. 사람들에게 빨리 갈 수 있는 지름길을 안내하고 코칭해 주는 사람으로 크게 성공할 것이다. 내년이면 성공한 사람들의 모임 〈머니룰〉에도 가입해 축배의 잔을 들고있을 것이다.

1인 창업가로서 벤츠 타는 경제적인 자유를 이룰 것이다. 경제적 한계를 억누르며 살아왔던 나에겐 생존게임이었던 지난 과거를 모두 청산할 것이다. 어느 집이나 돈 때문에 가족과 다툼이 일기도 한다. 경제적인 어려움에 시달리면 가족에게 먼저 손을 내밀게 되므로 다툼으로 이어지는 경우가 많다.

우리는 간혹 다툼의 원인을 '돈도 많으면서 좀 빌려 주면 어때?'하며 여유 있는 사람에게 돌리는 경우가 있다. 하지만 돈이 많은 사람이 다툼의 원인은 아니다. 돈이 부족한 사람이 원인이다. 돈이 부족한 사람이 빌린 돈을 못 갚는 경우에 다툼으로 이어지기 때문이다. 돈으로부터 자유를 얻은, 여유 있는 사람의 인색함보다 돈을 못 갚는 무능함이 원인인 것이다. 나 자신부터 가난에서 벗어나려고 발버둥 쳐야 한다. 가난하게 태어나는 것은 죄가 아니지만 가난하게 죽는 것은 죄라는 말도 있지 않은가?

1인 기업가로 성공한 나는 가족은 물론 경제적으로 어려운 사람이 있으면 도와줄 것이다. 지역봉사활동가, 복지통장으로 일하면서 복지 사각지대에서 힘들게 사는 사람들을 도우며 살아갈 것이다. 나로 인해 행복하고 자유를 찾아가는 사람들이 많아지게 도울 것이다. 내가 어려운 환경을 이겨 내고 더 큰 욕망을 가졌듯이 자신의 한계를 깨고 삶을 바꾸는 경제적 자유를 이루도록 도울 것이다. 한계란 없다. 한계는 스스로가 만들어 낸 벽이다. 원한다면 그 벽은 쉽게 깨질 수 있다. 한계를 극복하는 문제는 스스로에게 달려 있다.

44

세상에 없던 것을
창조하기

· 손성호 ·

수능영어 강사, 독서경영 코치, 시간경영 컨설턴트, '마인드골프' 시간경영법 창안자

영어를 매개로 청소년들이 잠재능력과 꿈을 펼칠 수 있도록 돕는 공부 코치이자 청소년 멘토로 일하고 있다. 사람들이 자신의 무한한 잠재능력을 개발하고 행복한 성공을 누릴 수 있도록 지식과 경험, 노하우를 전해 주는 자기경영 코치를 꿈꾼다. 저서로는 《되고 싶고 하고 싶고 갖고 싶은 47가지》, 《인생을 바꾸는 감사일기의 힘》, 《나는 책쓰기로 당당하게 사는 법을 배웠다》가 있으며, 현재 독서경영과 시간경영을 주제로 개인저서를 집필 중이다.

· Email sshope2020@naver.com　　　· Blog blog.naver.com/sshope2020

　　나의 꿈은 이 세상에 존재하지 않았던 그 무엇을 세상에 내놓는 것이다. 토머스 에디슨이 전구를 발명해 세상을 밝혔듯이, 빌 게이츠가 MS의 소프트웨어로 작동되는 컴퓨터를 세상의 모든 책상에 올려놓았듯이, 스티브 잡스가 컴퓨터를 손 안에 들어오게 한 스마트폰을 개발했듯이 나도 이 세상에 없던 것을 개발해 사람들의 행복을 높이고 인류에게 공헌할 것이다. 독서로 꿈꾸고 시간 무대에서 행복을 경영해 나가는 세계 최초의 자기 경영 시스템을 세상에 내놓을 것이다.

"사람은 책을 만들고 책은 사람을 만든다."라는 유명한 문구가 있다. 하지만 책을 읽고 제대로 변화를 이루는 사람이 많지 않다는 데서 나의 문제의식은 시작된다. 책을 읽은 사람들이 책대로 변화했다면 세상은 지금보다 훨씬 더 좋아졌을 것이다. 끊어져 버린 이러한 연결고리를 이어 주고, 책과 사람 사이의 잃어버린 간극을 메워 주는 기술을 개발하고, 그것을 세상에 전파하는 것이 나의 꿈이다.

내가 꿈의 성취와 관련해 처음 접한 책은 대학교에 다닐 때 읽은 나폴레온 힐의 저서 《놓치고 싶지 않은 나의 꿈 나의 인생》이다. 이것을 계기로 자기계발과 성공학 및 인문학 관련 서적을 수없이 많이 읽어 왔다. 하지만 나 자신이 쉽게 변화하지 않는 현실을 경험했고, 수많은 사람들이 이러한 고민과 문제점을 안고 있다는 것을 알게 되었다.

나는 어떻게 하면 이 문제점을 해결할 수 있을지에 많은 노력을 기울여 왔다. 이러한 노력은 책 속에서 얻은 지식과 깨달음을 삶 속에서 실천하고 그 실행력을 높이는 독서 경영으로 체계화되고 있다. 독서는 나의 시간 무대에서 연기를 펼칠 수 있는 시나리오를 짜는 일에 비유할 수 있다. 독서 경영을 통해 내가 삶에서 실천해야 할 꿈의 시나리오를 만들고, 시간 경영을 통해 시간 무대에서 행복을 경영하는 것은 멋진 일이다. 나는 이러한 자기 경영 시스템을 통해 지금까지 없었던 새로운 자기계발 비법을 세상에 선보일 것이다.

사람이 고도로 집중할 수 있는 시간은 15분이라는 연구 결과가 있다. 나는 이를 바탕으로, 15분 단위로 하루 시간을 쪼개 쓰고 그것을 평가하는 식으로 생활을 해 나간다. 하루를, 잠자는 시간 6시간을 뺀 18시간으로 보고, 마치 골프 18홀을 도는 것처럼 경영해 나간다.

예컨대, 아침 시작 첫 번째 시간 1번 홀에서 15분씩 네 번 모두 플러스 평가를 받으면 버디, 세 번만 플러스면 파, 네 번 모두 마이너스면 트리플 보기로 평가하고 나면 하루 18홀 성적이 나온다. 평가 기준은 마음의 평화와 행복을 유지하면서, 동시에 그 15분이 꿈과 목표를 달성하는 데 유용하게 쓰였는지, 그리고 독서 경영 실천 리스트를 실행했는지 여부다. 2시간 연속 버디를 기록하면 야구에서의 1점으로 기록해서 하루를 야구 스코어로도 표현한다. 1주를 1년이라 여기는 '주년' 개념을 도입해, 1년에 한 번 치르는 월드시리즈 7차전을 1주 7일 동안 치른다는 생각으로 이끌어 나간다.

3시간 연속 버디를 기록하면 축구에서의 1골로 잡아서 축구 스코어로도 표현하고, 월드컵 축구 우승을 하기 위해 필요한 7일 간의 7게임이라 생각한다. 하루를 네다섯 시간씩 4쿼터로 나눠 농구 스코어로도 표현한다. 게임하듯이 재미있고 활기찬 하루를 이끌어 나가고, 1주를 1년이라 여기고 일주일마다 새롭게 삶을 이끌어 나가는 획기적인 시간 경영 방식이다. 나의 하루 일과가 끝나면, 나의 스포츠 뉴스를 통해 몇 대 몇으로 승리 혹은 패배했는지 기록이 나오고, 1주년(1주 1년)이 끝나면 몇 승 몇 패인지 성과가 나온다.

골프는 마음의 예술이다. 마음 경영이 되지 않으면 어떤 성공도 이룰 수 없다. 야구는 타이밍의 예술이다. 찬스가 왔을 때 적시타를 치지 못하면 승리할 수 없다. 축구는 목표 달성의 예술이다. 우리의 인생도 목표를 향해 달려가면서 꿈을 이루려는 향연이다. 농구는 시간 관리의 예술이다. 몇 초를 남겨 놓고도 승리를 위해 시간을 아껴 쓴다. 나는 성공에 이르는 핵심 요소들이 이러한 스포츠 철학에 가득 담겨 있다는 것을 간파하고 나의 자기 경영 시스템에 도입해서 매일매일 실천하고 있다.

PGA나 LPGA 골프대회, 메이저리그 야구, 월드컵 축구나 유럽 프로축구, NBA 농구 등을 보면 수많은 팬들이 좋아하는 팀과 선수들을 응원하며 그 경기에 열광한다. 승리에 환호하고 패배에 아쉬워한다. 하지만 수많은 관중들이 자신의 인생이라는 게임에도 그렇게 열정적으로 관심을 쏟고 있는지 항상 의문이었다. 스포츠를 좋아하는 사람들이 자신의 인생을 걸고 자신의 구단을 창단하고 매일매일 하루라는 인생의 경기를 이끌어 나간다면 세상은 훨씬 더 흥미롭고 즐겁고 행복할 것이다. 이제 개인들이 자기계발을 하는 과정에서 저마다의 구단을 창단하고 일상에서 운영해 나가는 자기 경영 시스템 발명품이 나올 때가 되었고, 내가 세계 최초로 이러한 일을 해내고 싶다. 이러한 자기계발 게임은 중독되면 될수록 더 좋은 효과가 나타나는, 그야말로 게임 중독 걱정이 없는 세계 유일의 게임이 될 것이다.

매일 저녁이면 하루를 정리하는 뉴스가 방송되고 뒤이어 스포츠 뉴스가 나온다. 스포츠 뉴스에서는 활력과 에너지가 느껴진다. 모든 사람이 하루라는 인생 경기를 마치고 오늘 나의 하루를 나만의 스포츠 뉴스로 방송할 수는 없을까? 그렇게 된다면 자기계발의 성과를 수치화할 수 있고 승리를 칭찬하고 패배를 반성할 수 있지 않을까? 나는 전 세계 사람들이 이러한 자기경영의 마법을 즐기면서 더 많은 재미와 의미를 누리며 인생을 살아갈 수 있도록 도울 것이다. 나는 자기계발 작가로서 책을 펴내고, 세계적인 골프 코스, 야구 구장, 축구 경기장, 농구 체육관을 누비며 강연하고, 코치가 되고 컨설팅을 하며 동기부여가의 역할을 할 것이다.

나의 꿈은 내가 가진 경험과 지식과 노하우를 담아 책으로 펴내는 세계적인 자기계발 작가가 되는 것이다. 나는 강연은 지루하고 재미없다는 편견을 깨고, 마치 한 편의 공연이나 영화처럼 재미있고 의미 있는 메시지를 전달하는 동기부여 강연을 펼칠 것이다. 코치와 컨설턴트로서 사람들이 자신의 삶을 잘 경영해 나가도록 이끌고 도울 것이다. 나는 사람들에게 더 나은 삶을 살 수 있도록 선한 영향력을 미치는 메신저로서의 삶, 1인 기업가로서의 삶을 꿈꾼다.

이러한 꿈이 나 자신의 행복과 성취에만 그치지 않고, 다른 사람들에게도 행복을 전해 줄 수 있도록 하는 것이 나의 꿈 너머 꿈이다. 나는 지금까지 세상에 없던 자기 경영 시스템을 세상에 내놓아 인류를 더 윤택하게 하고 세상 사람들이 더 행복해지게 하는 데 기여할 것이다. 사람들이 인생의 권태를 느끼지 않고, 우울증에 빠지지 않고, 더 많은 재미와 흥미와 의미를 가지고 활기차게 인생을 살아갈 수 있도록 도울 것이다. 21세기의 1주에 20세기 이전의 1년과 맞먹는 가치를 부여하는 '주년' 개념을 창안해, 사람들이 몇 십 년의 단위로 세상을 바라보는 것을 몇 천 주년으로 시야를 넓혀서 인생을 살 수 있도록 도울 것이다. 사람의 인생을 약 50년에서 100년으로 생각하는 것이 아니라, 약 2,600주년에서 5,200주년으로 새롭게 바라볼 수 있는 관점의 혁명을 제시해, 인생을 더 풍부하고 희망차게 살 수 있도록 할 것이다.

지금까지 나의 꿈과 꿈 너머 꿈을 이야기했다. 꿈을 가진다는 것은 그 자체로 행복한 일이고 아름다운 것이다. 그리고 꿈을 이루기 위한 행복한 여정 속에서 꼭 해야만 할 영원한 숙제가 있다. 나의 무한한 잠재 능력을 개발하는 일, 그것 또한 내 인생에서 꼭 이루고 싶은 나의 꿈이다.

45

슈퍼개미의
꿈을 이루기

· 이동규 ·

'(주)퀘이사인베스트먼트', '돈학과' 대표, 투자 동기부여가, 투자 멘토, 금융교육 강사

'댕기왕자의 투자이야기' 블로그를 운영하며 이름보다 필명이 더 유명하다. 열여덟 살 때부터 주식 투자를 시작해 현재 12년 차다. '평범한 사람이 부자가 되는 방법은 주식 투자밖에 없다.'는 신념으로 그동안의 좌충우돌 경험과 노하우를 살려 금융과 주식 투자에 대한 교육을 하고 있다. 개인투자자들의 잘못된 투자 방법을 교정해 주고 '손실은 작게, 수익은 크게'라는 투자전략을 제시하고 있다. 저서로는 《나는 주식과 맞벌이한다》, 《되고 싶고 하고 싶고 갖고 싶은 47가지》, 《보물지도6》, 《미래일기》 등이 있다.

- Email deekelly@naver.com   · Blog blog.naver.com/deekelly
- Cafe cafe.naver.com/moneyeducation

나는 열여덟 살 때 우연히 주식 투자를 시작하게 되었다. 시작했다는 말보다도 '그냥 한번 해 보았다.'라는 말이 더 어울릴 것 같다. 본격적으로 주식 투자를 시작하게 된 것은 대학에 입학하고부터였다. 가난했던 어린 시절의 경험은 '부자가 되고 싶다.'라는 나의 열망을 자극하기에 충분했다. '부자가 되려면 도대체 어떻게 해야 할까? 난 이미 노력할 준비가 되어 있는데.' 친구들이 흔히 말하는 '대학 입학 후 스펙을 준비해서 대기업에 취직하겠다.'는 것은 나의 꿈이 아니었다. 앞으로의 시대에는 이것만으로는 넉

넉한 삶을 살 수 없을지도 모른다는 생각이 들었다.

나는 자연스럽게 재테크에 관심을 가지게 되었다. 《대한민국 20대, 재테크에 미쳐라》라는 책을 시작으로 그때 당시 시중에 나와 있는 재테크 책은 모조리 섭렵했던 것 같다. 상당히 즐거웠던 나날이었다. 꿈이 생겼기 때문이다. 그러나 이런 나를 이해하는 사람들은 극히 드물었다.

"어린애가 무슨 벌써부터 재테크에 관심을 가지냐?"

"재테크 책 읽을 시간에 인문학 책 한 권 더 읽어라."

그 당시만 해도 대학 신입생이 재테크 책을 들고 다닌다는 것이 상당히 낯설게 다가왔던 것 같다. 그래서 교수님들에게서도 핀잔을 많이 받았다. 그러나 나는 자본주의 사회에 살면서 재테크에 관심을 쏟지 않는 것이 오히려 더 이상하다고 생각했다. 그러면 친구들은 나에게 이렇게 말했다.

"아니, 돈도 없는데 무슨 재테크냐?"

솔직히 나는 열여덟 살 때부터 주식 투자를 해서 수중에 어느 정도 돈이 있었다. 친구들도 돈이 없는 것은 아니었다. 아끼면 충분히 아낄 수 있는데도 별 생각 없이 지출하는 돈이 많은 편이었다. '그 돈만 아꼈어도 주식 몇 주는 더 살 수 있었을 텐데…' 우리가 마시는 커피 한 잔, 담배 한 갑 등만 아껴도 한 달에 약 15만 원이 모인다. 1년이면 180만 원이다. 적은 돈이 아니다. 친구들이 연평균 20% 성장하는 기업의 주식을 매달 사서 모았으면 어떻게 되었을까?

좀 더 여유 있게 매달 15만 원이 아닌 10만 원으로 잡아 보자. 10년간 매월 10만 원씩 20% 성장 기업 주식에 불입하면 10년째 에는 3,700만 원이 되지만, 이후 20%의 복리로 계산하면 20년 되는 해에는 2억 3,000만 원이 되고, 30년째 되는 해에는 14억 원, 40년째 되는 해에는 88억 원이 된다. 수입이 없는 노후가 될수록 복리에 의한 자금 증식은 더욱 확대되므로 불입한 금액은 고수익의 원천이 되고 그야말로 장수가 축복이 된다. 매달 10만 원 이상 주식을 살 수 있다면 돈은 더 늘어날 것이다. 이 정도면 목돈 없이도 충분히 내가 은퇴했을 때 풍족한 노후를 맞이할 수 있지 않은가? 물론 이런 투자 기업을 찾는 데는 공부가 필요하다. 그러나 토익 900점을 받는 것보다는 쉬울 것이다.

돈이 없다는 말은 핑계에 불과하다. 만들려면 충분히 만들고 모을 수 있는 것이 바로 돈이다. 의지의 차이이고, 꾸준함의 차이라고 생각한다. 많은 사람들이 돈은 취업을 해서 버는 것이라고 생각한다. 그러나 나는 좀 다르게 생각했다.

'왜 꼭 돈을 취업한 후에 벌어야 할까? 왜 꼭 20대 후반부터 벌어야 할까? 어릴 때부터 벌어서 불리면 안 되는 것일까?'

시간이 곧 돈이란 생각으로 20대 초반부터 나는 돈을 악착같이 모아 주식을 사기 시작했다. 1,000만 원을 시작으로 매년 평균

20% 이상의 수익률을 올리니 20대 중반이 되자 계좌 잔고가 1억 원이 넘어가기 시작했다. 물론 중간중간에 아르바이트 등을 통해서 모은 돈도 계속 계좌에 넣었다.

올해 나는 서른이 되었다. 그리고 새로운 희망과 꿈이 생겼다. 현재 주식시장에는 내가 예측한 대로 30년 만에 큰 장이 오고 있다. 앞으로 평생 접하기 어려운 좋은 기회다. 이런 장세에서 투자를 하면 누구나 돈을 벌 것 같지만 꼭 그렇지만은 않다. 올바른 투자법을 익히지 않으면 올라가는 장세에서도 돈을 잃는 곳이 바로 주식시장이다. 나는 다음과 같은 꿈과 목표를 만들었다.

– 향후 10년 동안 주식평가금액 100억 원 만들기
– 그 기간 동안 1년에 연평균 40% 수익률 올리기(한 달에 3% 정도)
– 소득의 50% 이상은 주식 계좌에 불입하기

1년에 40%의 수익을 달성하면 10년 후에 100배 수익이 가능하다. 40%의 수익을 목표로 잡은 이유는 현재 주식시장에 큰 장이 왔고, 내게 과거 10년 동안의 투자 경험이 쌓여 있기 때문이다. 주식 투자로 수익을 얻는 일은 하루아침에 만들어지지 않는다. 투자의 수익이란 한결같이 주식 계좌에 돈을 집어넣는 꾸준함과 매일같이 일정 시간 투자를 연구하고 공부하는 끈기 그리고 두려움과 공포를 극복해 내는 용기 등이 종합 예술처럼 어우러져 만들어지는 것이다.

아울러 내가 현재 운영하고 있는 투자회사 회원들의 주식 자산도 불려 주고 싶다. 얼마 전에 한 고객과 상담을 하는데 계좌의 종목들이 전부 마이너스였다. 영문을 물어보니 증권사 직원이 추천해 주길래 덥석 샀다는 것이다.

증권사 직원이라도 주식에 대해서 정확히 이해하고 있는 직원을 찾기란 굉장히 어렵다. 증권회사에 취직하는 데 주식을 잘할 필요가 없기 때문이다. 회사에 입사하고서도 본인이 스스로 공부하지 않으면 주식을 정확히 이해할 수 없다. 또한 최근에는 증권사들이 주식을 팔아서 수익을 올리는 게 아니라 ELS 등 파생상품을 팔아서 돈을 버는 구조로 많이 바뀌어서 실질적으로 주식투자에 대한 제대로 된 조언을 받기가 어려워졌다.

나는 최고의 영업은 결국 고객들의 돈을 불려 주는 것이라고 생각한다. 또한 돈을 불려 주는 데서 끝나는 게 아니라 우리 회사의 비전이기도 한 '올바른 금융교육을 통해 고기를 스스로 낚는 법을 교육한다.'라는 목표를 꼭 달성하고 싶다.

퀘이사인베스트먼트는 기존 금융권에 존재하지 않았던 매우 독특한 투자회사다. '투자의 민주화'를 이루기 위해서 대표가 독단적으로 투자를 결정하는 것이 아니라 '위원회'라는 특별자치기구를 통해 대표와 위원회가 치열하게 토론한 후 향후 크게 오를 종목들을 함께 선정한다. 그리고 회원들의 투표를 거쳐서 투자가 진행된다. 위원회의 자격은 퀘이사 회원이면 누구나 얻을 수 있다.

처음에는 많은 사람들이 "그게 되겠어?"라고 이야기했다. 하지만 나는 될 것이라고 믿었다. 그리고 창업 6개월 만에 회원 수 20명을 돌파했고 지금까지 만족스러운 투자 결과를 내고 있다. 10년 뒤 나의 개인적인 목표와 회사의 목표가 모두 이루어졌으면 좋겠다.

46

꿈을 나눠 주는
삶을 살기

· 전민경 ·

'취업합격연구소' 대표, '(주)에스이케이' 총괄이사, 이미지메이킹 컨설턴트, 취업 코치, 자기계발 작가

뉴욕대학교와 동 대학원에서 커뮤니케이션학을 전공했다. 현재 취업 코치, 이미지 컨설턴트, 인재양성가로 활동 중이다. 다수의 개인 컨설팅과 취업박람회, 잡페어에서 많은 취준생들에게 희망을 주고 그들의 꿈을 실현해 주는 데 앞장서고 있다. 저서로는 《한 권으로 끝내는 취업 특강》, 《버킷리스트10》, 《인생을 바꾸는 감사일기의 힘》, 《나는 책쓰기로 당당하게 사는 법을 배웠다》 등이 있다.

· Email dreamseeker2018@naver.com   · Cafe cafe.naver.com/12fan

"너는 꿈이 뭐니? 나중에 커서 뭐가 되고 싶어?"

어렸을 때 우리는 이런 질문을 많이 받곤 했다. 그러면 저마다 자신의 꿈에 대해 이야기했다.

"저는 과학자가 되고 싶어요."

"대통령이요."

"저는 가수가 될 거예요."

이렇게 대답했던 우리들의 현재 꿈은 무엇인가? 이미 어렸을 적의 꿈을 이룬 사람도 있겠지만, 이루지 못한 사람들이 확률적

으로 더 많을 것이다.

어느 날 문득 나는 다람쥐 쳇바퀴 도는 것 같은 생활 속에서 나의 꿈에 대해 생각해 봤다. 그리고 지금 나는 그 꿈을 이루는 과정에 있다. 작년부터 나는 부동산 투자에 대해서 공부하며 직접 임장도 했다. 그렇게 발품과 손품을 다 판 결과 수익률 좋은 물건이 한 개씩 생기기 시작했다.

내가 이렇게 부동산 투자를 하는 데는 두 가지 이유가 있다. 나는 빌딩들을 가지게 되면 그곳을 청년들이 취업을 위해 공부할 수 있고 배울 수 있게 사용할 것이다. 또한 공부를 많이 하고 싶은데 형편이 안 되는 우리나라의 어린이들을 위해 사용할 것이다. 그리고 다문화 가정에서 자라 문화적 적응이 쉽지 않거나 한국어를 힘들어하는 어린이들을 위해서도 사용할 것이다. 내가 이렇게 어린이들을 계속 생각하는 데는 어렸을 때 받은 나의 교육이 영향을 미친 것 같다.

나는 로마에 본부를 둔, 청소년, 소녀의 사도직 교육을 우선하는 예수수도회가 1966년에 설립한 초등학교를 졸업했다. 선생님들 중 절반 정도는 수녀님이었다. 수녀님들은 엄격했지만 학생들을 차별하지 않고 교육하셨고 많은 사랑을 주셨다.

어렸을 때 내가 봐 왔던 수녀님들은 근검, 절약, 신앙을 위해 헌신하는 분들이었다. 그러면서도 '불우 이웃 돕기', '고아원, 양로

원 방문하기' 등 어린 우리들에게 조금이라도 같이 나누고 베푸는 방법을 알려 주려고 노력하셨다. 당시 교훈이 '감사할 줄 알며 거짓 없고 자기를 스스로 다스릴 줄 아는 어린이'였는데 이것을 매번 강조하셨다. 수녀님들께서는 공부를 잘하는 학생을 더 예뻐한다든지 편애하는 일은 전혀 없었다. 오히려 뒤떨어지거나 공부를 못하고 도움이 필요한 학생들을 더 신경 쓰셨다.

나는 초등학교 때 같은 학교에서 너무나 똑똑하고 뭐든지 1등인 형제들과 달리 놀이터에서 놀기를 좋아하고 공부도 전교에서 항상 꼴등인 학생이었다. 친구들이 방과 후 학원을 가고 숙제를 하는 시간에 나는 밖에서 자전거를 타고 놀이터에서 놀았으니 당연히 시험에서는 항상 꼴찌를 할 수밖에 없었던 것 같다.

나는 공부는 꼴찌에다 잘하는 것이 없는 아이였지만 나를 믿어 주시고 예뻐해 주셨던 수녀님 한 분이 계셨다. 어느 날 나와 같은 반인, 공부를 잘하는 한 친구가 내가 공부를 못한다는 이유로 운동장에서 쉬는 시간에 나를 따돌렸다. 그날 나는 운동장에 혼자서 우두커니 앉아 있었다. 그 친구가 나를 꼴찌라고 놀려서 다른 친구들까지 내가 꼴찌인 것을 알아 버렸다. 게다가 그 친구의 엄마는 잘난 척하며 우리 집에 전화까지 했다.

"그거 아세요? 민경이가 꼴찌인 거."

우리 어머니는 그 말을 잠자코 듣고 있어야만 했다. 꼴찌라는 것이 사실이었으니 말이다. 그때 수녀님은 공부를 잘하는 그 친구에게 친구를 따돌리면 안 된다고 크게 주의를 주셨다. 그러곤 다음 날 나를 따로 부르셔서 예쁘게 그림이 그려지고 포장된 달걀들을 주시면서 말씀하셨다.

"이거 부활절 달걀인데 예쁘지? 다른 아이들이 네가 얼마나 특별한 아이인지 모르고 그런 거니 이해해라. 기분 풀고. 그리고 너는 피아노를 잘 치잖니. 아코디언도 잘하고."

수녀님의 격려가 나의 인생을 바꿔 놓는 계기가 되었다. 수녀님은 쉬는 시간마다 나에게 안부를 물어보셨다. 또한 교내 미사 때마다 나에게 반주할 수 있는 기회를 주셨다. 이 반주 기회는 아무나에게 주어지는 것이 아니었다. 나는 공부를 못하는 패배자가 아닌, 피아노를 잘 치고 아코디언도 잘하는 아이로서 자신감을 얻었고 교내 음악 콩쿠르에도 나가서 상을 탔다.

친구들은 그런 나를 다르게 봤고 나 또한 피아노에 재미를 붙이면서 연습을 계속하게 되었다. 그렇게 예술중학교에 입학하고 싶은 꿈이 생겼다. 결국 나는 초등학교 6학년 때 필기와 실기 시험의 경쟁률이 높다는 예술중학교 시험에 합격했고 마지막 초등학교 졸업시험에서 1등을 했다. 학교에서 '꼴찌'로 유명했던 내가 꼴찌라는 수식어를 떼는 순간이었다.

그때를 생각만 하면 지금도 아찔하다. '내가 만약 공부를 못하는 애로 낙인찍힌 채 아무도 나에게 격려와 자신감을 주지 않았

다면 어떻게 되었을까? 내가 잘하는 것과 나 자체가 특별하다는 것을 말해 주지 않았다면 어떻게 되었을까?'

수녀님 덕분에 내가 그 당시 '상처받은 영혼'인 채로 머물지 않고 꿈을 이룬 것에 지금도 감사한 마음이 든다. 한 어린이에게 해 주는 말과 관심이 그 아이의 인생에 그토록 큰 영향을 미칠 수 있다는 것을 나는 몸소 느꼈다. 그 이후로 나는 작은 꿈들을 계속 하나씩 이뤄 나갈 수 있었고 어려운 일이나 힘든 일이 있을 때마다 나 자신에게 말했다. 나는 특별한 사람이니 잘 대처할 수 있다고.

나 자신에게 하는 위로와 용기는 시련을 당하거나 힘든 일이 있을 때 극복할 수 있는 방법을 떠올리게 했다. 그래서 나는 감사한 일이 있을 때마다 UN산하 아동구호기관에 조금씩 기부를 한다. 비록 적은 금액이지만 내 감사한 마음이 전 세계의 어린이들에게 조금이라도 전해지길 바랄 뿐이다.

나는 누구나 시작부터 똑똑하거나 잘나지 못할 수 있다고 말하고 싶다. 잘난 시작이 항상 성공적인 끝을 보장하지 않듯이, 나는 다른 아이들처럼 시작이 잘나지 않았다고 절망하지 않았다. 그때 공부를 잘했거나 잘났다고 했던 친구들이 지금 현재 모두 잘난 삶을 살고 있다고 말할 수 없다. 실제로 어렸을 때 잘나고 공부를 잘했다고 해서 그들이 컸을 때 모두 잘되었는가 하는 의문이 든다. 비록 남들보다 시작이 늦었어도, 처음부터 잘나지 않았어도 누군가의 진실 된 응원과 따뜻한 말 한마디가 지금의 나를 만들었을 수도 있다. 내가 그냥 꼴찌만 하는 어린이로 자신감 없이 남아 있었다면 지금의 내가 이룬 것들은 존재하지 않았을 것이다.

이렇게 내가 수녀님에게서 사랑과 응원을 받았듯이, 나도 힘든 어린이들에게 용기를 주고 동기를 부여하고 싶다. 봉사나 기부뿐만이 아니라 어린이들을 따뜻하게 지켜봐 주고 행동할 수 있도록 도와주는 것이 내 꿈이다.

47

우리나라 최고의
여성 세일즈 코치 되기

· 신상희 ·

모바일마케팅 강사, CS강의 전문가, 경력단절여성 드림코치, 자기계발 작가, 동기부여가

〈한국 모바일 마케팅 협회〉 운영자로서 이미지 컨설팅, SNS 마케팅, 세일즈 화법 등 셀프브랜딩에 필요한 모든 것을 교육한다. 특히 자신을 브랜딩하는 데 집중할 수 있도록 휴대전화 하나로 24시간 마케팅 하는 비법을 교육하고 있다. 저서로는 《고객이 스스로 사게 하라》, 《되고 싶고 하고 싶고 갖고 싶은 40가지》, 《부모님에게 꼭 해드리고 싶은 39가지》 등이 있다.

- Email shinsanghee2@naver.com
- Cafe cafe.naver.com/gamemecah
- C·P 010.4948.7596
- Blog blog.naver.com/shinsanghee2
- Instagram shinsanghee2

나는 그 누구도 이길 수 없다는 대한민국 아줌마다. 하지만 아줌마이기 전에 큰 꿈을 가지고 도전하는 삶을 사는 여성이다. 나는 내가 여자라는 이유만으로 위축될 상황이 올 것이라는 생각은 단 한 번도 해 본 적 없다. 그리고 가졌던 꿈을 접어야 될 것이라는 상상은 더더욱 해 본 적 없다. 적어도 두 아들의 엄마가 되기 이전에는 그랬다.

대학 졸업을 앞두고 나는 남과 다른 선택을 했다. 틀에 박힌 경쟁구도의 사회에서 취업 대신 '세일즈 창업'을 선택했던 것이다.

나는 누구보다 자신감 넘치는 여성이었고, 무엇이든 결과를 만들어 냈다. 회사로부터 많은 인정을 받았고, 이렇게만 하면 인생역전의 주인공이 될 것이라 생각했다. 짧은 시간에 경제적으로 많은 여유가 생겼지만 나에게 시간적 여유는 없었다. 하지만 나는 집중하고 몰입된 세일즈를 통해 남들이 부러워할 만한 결과를 빠른 시간 내에 이루었다.

뭐든 일찍 성취하고 싶은 욕구 때문에 남들보다 이른 결혼, 임신과 출산 그리고 육아를 반복했다. 밤낮없이 일하며 도전하는 내 삶에서 내가 선택한 또 다른 꿈이 실현된 것이다. 스스로의 선택이었지만 나에게도 육아 우울증, 산후 우울증이 찾아왔고, 일하는 엄마로서 사회에서 설 자리를 빼앗기게 되었다.

당시 화장품 업계에서 20대에 억대 연봉 여성으로 성공 궤도에 오른 것은 단지 타인의 시선일 뿐이었다. 경제적으로 풍족하고 사회적으로 인정받는 나의 모습은 너무 좋았지만, 한 남자의 아내 그리고 아이들의 엄마라는 자리에서는 만족스러운 삶을 살지는 못했다. 그리고 모든 것을 내려놓을 수밖에 없는 상황이 되었다. 아마 대한민국 여성, 엄마라면 한 번쯤 나와 비슷한 경험을 했을 것이다.

그렇게 고통의 시간을 보내던 중 나는 우연한 계기로 〈한책협〉의 김태광 대표 코치님을 만나게 되었다. 삶에서 방황하고 있을 때 은인처럼 나타난 김태광 코치님은 내가 가진 잠재력을 가장 먼저 발견해 주셨다. 짧은 대화 속에서도 나의 강점을 찾아내 주신 코치님 덕분에 나는 다시 꿈꾸는 30대를 맞이할 수 있었다. 20대 전부를 세일즈로 물들인 나에게 코치, 강연가, 동기부여가, 메신저로서의 삶을 살 수 있도록 안내해 주신 분은 김태광 코치님이 처음이었다.

나는 왕복 8시간 거리를 오가며 매주 코치님의 강의를 듣게 되었다. 잠시 동안 억눌려 있던 나의 열정을 다시 불러일으킨 시간이었다. 나는 코치님의 응원 덕분에 13일 만에 나의 이야기를 글로 썼고, 《고객이 스스로 사게 하라》라는 저서를 세상에 내놓았다. 출간한 지 얼마 되지 않아 나는 베스트셀러 작가가 되었고, 수많은 곳에서 강연 요청이 이어졌다.

'언젠가 책을 써 보고 싶다.'라는 꿈꾸었던 것을 현실에서 가능하도록 도와주신 김태광 코치님 덕분에 내 꿈은 기대 이상으로 커졌다. 코치님이 나의 잠재력을 발견하고, 길을 알려 주신 것처럼 나 역시 누군가를 위해 나의 경험을 나누고 싶어졌다. 나의 성공과 개인적인 비전을 위해서 달려왔던 과거의 내가 아닌 또 다른 모습을 꿈꾸게 된 것이다.

그 시간을 계기로 지금 나는 〈여성 세일즈 연구소〉를 운영하고 있다. 세일즈라는 도구를 통해 자신의 영역을 확장시키고자 하는 여성들을 위해 일하고 있다. 경력이 단절된 여성, 꿈을 갖고 싶은 여성, 무엇인가 준비하고 싶은 엄마, 일은 하는데 생각처럼 잘되지 않는 여성, 삶의 균형이 맞지 않아 마음을 다친 여성 등 많은 여성들을 대상으로 1:1 코칭 및 과정을 운영하고 있다.

나는 누군가를 코칭하며 새로운 꿈을 갖게 되었다. 가르치며 배운다고 하지 않았던가. 단순히 나의 지난 경험을 전달하는 것 이외에 나와 비슷한 상황을 경험할 대한민국 세일즈 우먼들에게 비전이 되고 싶다. '여성의 성공 그리고 여성의 꿈은 세일즈로 완성된다.'라는 나의 비전을 전할 것이다. 단순히 누군가에게 내가 가진 콘텐츠를 전달하고, 알려 주는 것이 아니라 그들에게 '당신도 할 수 있다.'라는 자신감을 조금 더 가까이에서 전달하고 싶다. 남자보다 감성적인 여성들, 결혼 전보다 결혼 후 제약이 많은 여성들을 대상으로 세일즈의 진정한 의미와 비전을 전할 것이다. 특정 브랜드를 전달하는 '장사꾼'이 아닌, 자신을 판매할 수 있는 '셀프 브랜딩'이 가능한 세일즈 우먼을 키워 나갈 것이다.

현재에도 세일즈 코칭, 세일즈 강연을 하는 분들은 많다. 하지만 그들은 대부분 남성이다. 그들의 강의력이 나보다 더 뛰어날지도 모른다. 하지만 여성의 삶 자체를 이해하고 코칭하는 분은 거의 없을 것이다. 나는 남자와는 조금 다른 여성을 이해하며 공감할 수 있는 능력을 가지고 있다.

세일즈 기술을 배우고, 세일즈 마케팅 기법을 배우고자 하는 사람들이 점차 늘어나지만 여성은 '특수한 경우'라고 생각한다. 나는 그들이 배우는 세일즈 비법, 기술, 마케팅은 달라야 한다고 생각한다. 내가 시간과 돈을 써 가며 배웠지만 현장에서 사용하지 못했던 것을 그들이 그대로 경험하게 하고 싶지는 않다. 무엇인가를 판매하고, 그것을 통해 꿈을 이루고 자신의 삶의 영역을 확장시키려는 여성들을 위해 나는 조금 더 섬세한 세일즈 코치가 될 것이다. 한국 여성들이 세일즈 하면 신상희를 떠올릴 수 있도록 말이다.

평범했던 여성을 자립할 수 있도록 돕는 일은 쉬운 일이 아니다. 하지만 나는 누군가를 도우며 평범함 이상으로 내 꿈도 키워나가고 싶다. 나는 그들과 놀면서 돈을 벌 것이다. 그들과 놀면서 내 꿈을 실현시킬 것이다.

지금 현재 내가 생각하고 있는 〈여성 세일즈 연구소〉의 방향은 '균형'과 '따뜻함'이다. 누군가는 수익성과 관련해 그것은 맞지 않다고 말할지도 모른다. 하지만 나는 내가 경험하지 않은 것을 전달할 수 없고, 내가 해 보지 않은 것을 하길 바랄 수 없다고 생각한다. 짧은 시간이지만 경험했던 시련 속에 여성들이 얼마나 세일즈에 적합한 모습으로 태어났는지 알게 되었다. 그것을 균형 있게 실현시킬 수 있도록 하는 한국 최고의 세일즈 코치가 될 것이다.

실제로 최근 〈여성 세일즈 연구소〉를 통해 자신이 이루고자 했던 꿈을 함께 이루어 가고 있는 분들이 한 분 두 분 성장 중이다. 앞으로는 그런 분들을 많이 만들고 싶다. 내가 만난 은인 김태광 코치님처럼 많은 사람들이 자신의 꿈을 현실로 만들어 낼 수 있게 하는 길잡이가 될 것이다.

이 글을 읽고 있는 당신이 여성이라면, 다시 한번 나의 이야기에 집중해 보자. 과거에 비해 여성의 사회활동은 비교할 수 없을 정도로 커졌다. 그럼에도 불구하고 여성은 '성공'이라는 것을 내 것으로 만들기 위해 달려가는 과정에서 많은 장애물을 만난다. 우리는 가장 먼저 그것을 인정해야 한다. 그리고 내가 처한 상황에서 어떤 방법으로 성공에 도달할 수 있을지를 고민해 보아야 한다. 단순히 물건을 판매하는 기술을 배우고 싶다면 인터넷 검색만으로도 여러 코치들을 만날 수 있다. 하지만 나는 앞서 말한 것처럼 여성들에게 꼭 필요한 세일즈 코치가 되고 싶다. 삶의 균형을 이어 가는 가운데 세일즈라는 도구로 우리가 어떻게 성공할 수 있는지, 인정받을 수 있는지 알려 줄 것이다. 세일즈! 하면 여성 세일즈 코치 신상희를 떠올릴 수 있도록 나의 비전을 실현시키겠다.

해외에서
연예인 되기

· 김용일 ·

'인생강연코칭연구소' 소장, 삼성 라이온즈 아나운서, 대학 교수, 전문강사, '드래곤 엔터테인먼트', '웨딩엔' 대표, 이벤트 · 방송 MC

프로스포츠 응원단장으로 활동했으며, 현재는 야구, 농구, 배구 등 프로스포츠 전문 MC이자 아나운서다. 대학에서 레크리에이션과 스포츠마케팅을 가르치며, 기업과 관공서에서 특강 전문강사로 활동하고 있다. 책 쓰기를 통한 성공학 코치와 동기부여가를 꿈꾸며 최고의 메신저로서의 삶을 살고자 한다.

· Email kyi8943@naver.com   · Blog blog.naver.com/kyi8943
· Cafe cafe.naver.com/bndotcom05

EBS에서 방송한 〈대한민국 화해 프로젝트-용서〉라는 프로그램이 있다. 서로에 대한 불신과 오해로 생긴 앙금을 풀고자 기획된 다큐 형식의 인간극장이다. 연예인뿐만 아니라 일반인들도 출연한다. 물론 나도 주인공으로 한 회를 장식했기 때문에 이 이야기를 하는 것이다.

"저기, 김용일 장내 아나운서이시죠. 저는 EBS 〈용서〉 프로그램 작가입니다."

"그게 뭐예요? 어떻게 제 번호를 알고 연락하셨어요?"

"검색하다가 저희 프로그램의 콘텐츠와 적합한 에피소드가 많을 것 같아서 연락드렸어요. 괜찮으시면 잠시 통화 가능할까요?"

"네. 근데 저는 용서할 게 없는데…."

경상도 남자 특유의 퉁명함에 전화를 건 작가님도 당황한 목소리였다. 나와 관계가 좋지 않은 상대방을 찾는 것부터 촬영 스케줄, 항공편 예약, 현지 섭외 등 모든 과정이 복잡했다. 물론 담당 PD가 하는 일이지만 상황이 진행되는 과정은 계속 공유했다.

드디어 2014년 2월 말에 촬영을 시작했다. 국내와 국외로 나눠 한 달 정도 촬영했다. TV로 방영되는 시간이 50분이나 되기 때문에 상당한 양의 내용이 필요했다. 무엇보다 2명의 주인공이 실제로 소원한 관계인 만큼 촬영이 여간 어려운 게 아니었다. 해외 촬영 장소는 주인공인 내가 선택할 수 있었다. 담당 작가님이 "필리핀, 베트남, 미얀마, 캄보디아 중에서 가고 싶은 곳이 있나요?"라고 물었다. 아버지가 베트남 참전 용사여서 이곳에 대한 이야기는 어릴 적부터 많이 들었다. 그래서 꼭 한번 가고 싶은 나라가 베트남이었다. 장소가 결정되자 베트남의 경제도시인 호치민을 중심으로 인근 도시까지 곳곳을 누비며 촬영이 진행되었다.

나는 부끄러움이 많은 성격이다. 마이크를 들고 수많은 사람들을 웃고 울리는 것이 내 직업이지만 일상에서는 튀는 것을 좋아하지 않는다. 아니, 극도로 싫어한다. 그래서 국내 촬영 때는 지나가는 사람들이 보는 것조차 싫고 낯설었다. 하지만 해외는 달랐다. 아무도 나를 모른다. 언어도 다르고 바라보는 시선도 의식되지 않았다. 며칠이 지나자 촬영할 때마다 베트남 사람들이 몰려들었다. ENG카메라가 나를 찍을 때 괜히 신경 쓰이고 거울이라도 한 번 더 보게 되었다. 과연 이 사람들은 나를 누구라고 생각할까, 촬영이 진행될수록 재미있고 연예인이 된 것처럼 기분이 묘했다. 행동 하나하나가 조심스러워졌다.

촬영을 하다가 쉬는 시간이 되면 베트남 사람들은 우리들과 사진 찍기를 원했다. 이 사람들은 아마도 우리를 한국에서 온 연예인쯤으로 생각했을 것이다. 괜히 내 주위를 맴돌고 살피기도 했다. 우쭐한 마음이 들면서 행동들이 조심스러워졌다. 나와 함께하는 또 다른 주인공은 예전부터 친했던 MC 선배다. 어떠한 사건을 계기로 사이가 틀어진 채 8년이 흐른 상태였다. 이번 촬영을 계기로 화해하고자 내가 작가에게 추천했는데, 지금은 예전의 관계로 회복되어서 잘 지내고 있다. 둘 다 MC이자 리포터로도 활동했기 때문에 촬영하기가 수월했다. 대본이 따로 없고 상황에 대한 설명만 해 주면 주인공들이 알아서 해야 했다. 쉽게 말하면 담당 PD가 시비만 붙여 주면 바로 촬영이 시작되는 것이다. 웬만한 촬영은 일찍 끝났다. 이제껏 출연했던 사람들과 비교하면 연예인을 제외하고는 여유 시간이 가장 많았다고 담당 PD가 말했다. 가끔 컴퓨터를 통해 방송을 다시 보면서 추억을 떠올리곤 한다. 나는 이렇게 방송을 통해 시작된 인연으로 매년 1월이면 행사도 하고 여행도 즐기고자 베트남 호치민으로 떠난다.

나는 초등학교 때부터 가수가 되는 것이 꿈이었다. 실제 생활은 조용할지 몰라도 남들 앞에 서는 것을 두려워하지 않는다. 댄스 가수를 흉내 내던 어린 시절을 지나 고등학생이 되면서 연예인의 꿈을 현실로 만들고자 노래와 춤에 빠져들었다. 각종 댄스대회를 휩쓸고 다니며 지역에서 인지도도 생겼다. 훗날 가수가 되었을 때 부를 노래도 작사하며 미래를 기약했다.

그러나 군대라는 걸림돌이 가수의 꿈을 포기하게 만드는 결정적인 역할을 했다. '좀 더 독하게 마음먹었더라면 이룰 수 있었을 텐데…'라는 후회도 많이 했다. 그러나 이벤트를 통해 MC와 장내 아나운서, 전문강사로 활동하면서 그때의 후회는 새로운 희망이 되었다.

대한민국에서 연예인이 되는 것은 지금의 나이에 늦은 감이 있지만 〈용서〉 프로그램을 촬영하면서 새로운 목표가 생겼다. 요즘 방송을 보면 외국인 출연자들이 정말 많다. 자신의 나라의 에피소드를 말하며 인기를 구가하고 있는 여러 명 가운데 샘 오취리가 떠올랐다. 그는 한국에 유학을 와서 방송인으로 성공한 케이스다. 처음부터 방송을 하리라고는 생각하지 못했다고 한다. 우연한 기회가 새로운 삶을 살도록 만든 것이다. 그는 한국 사람보다 더욱 정감 가는 한국 사람이 되었고 인기도 많다.

'그래, 나도 저렇게 될 수 있겠구나!'

'해외에서 나의 가치를 테스트해 보자!'

'내게 익숙한 베트남에서 단 한 번이라도 방송에 나올 수 있도록 노력해 보자!'

두려움에 떨리는 것이 아니라 타오르는 열정에 온몸이 부들부들 떨렸다. 꼭 이루고 싶은 꿈이 있다는 것은 행복한 일이다. 꿈을 실천하고자 노력하는 일이야말로 세상에서 가장 아름다운 행동이다. 꿈을 꾸는 것은 자유이지만 이루는 사람은 드물다. 자신의 내면에 숨어 있는 용기를 믿고 실행해야 한다.

대한민국 청소년들의 공통된 꿈은 바로 연예인이 되는 것이다. 연예인으로 성공하면 부와 명예를 한꺼번에 거머쥘 수 있다. 한류 열풍은 국가적으로는 브랜딩이 되었지만 청소년들에게 획일화된 연예인의 꿈을 가지게 하는 데도 한몫했다. 꿈을 꾸는 것은 당연하지만 꿈을 이룰 수 있도록 노력하는 것이 정말 중요하다. 그러한 노력들이 청소년들에게는 또 다른 경험과 아이디어가 될 것이다.

나는 대한민국을 살아가는 평범한 40대 가장이다. 신체 나이는 40대지만 꿈의 나이는 여전히 10대다. 내가 존재하는 이유는 바로 꿈이 있기 때문이다. 부자도 되고 싶고, 공부도 계속하고 싶고, 골프도 매일 치고 싶다. 이보다 소중한 것은 잃어버린 세월의 꿈에 다시 도전할 수 있는 '용기'다.

당신의 꿈은 무엇인가? 아직까지 어릴 적 꿈인 '대통령, 경찰, 의사'라고 대답할 것인가? 팍팍한 현실 속에 하루가 어떻게 지나가는지도 모르게 살고 있지만 결국 삶의 주체는 '나'라는 사실을 다시 한번 생각해 보자.

"꼭 이루고 싶은 나의 꿈은 무엇인가?"

(주)이철우,
나만의 브랜드 가치 높이기

'새벽독서경영연구소' 소장, 기적의 일기쓰기 코치, 글쓰기 코치

일기쓰기를 통해 자아성찰을 하고 꿈을 찾은 경험을 토대로 전 국민 일기쓰기 운동을 진행 중이다. 선한 영향력을 주는 메신저라는 꿈을 가지고 있다. 현재 건설회사에 건축기사로 재직하며 일기를 주제로 개인저서를 집필 중이다.

· Email chulwooji89@naver.com   · Blog blog.naver.com/chulwooji89
· Instagram diary_of_miracle

젊은 층의 '상메'(스마트폰 메신저 어플의 상태 메시지의 준말) 안에는 사람들의 다양한 심정과 의견 등이 적혀 있다. 어떤 사람의 상메를 보면 그 사람의 상황을 대략 쉽고 빠르게 짐작할 수 있다는 점이 상메의 장점이다. 보통 연애를 시작하기 전 단계인 일명 '썸'의 관계에 있는 사람들은 수시로 상대방의 상메를 확인하며 서로의 감정 상태를 파악한다. 또는 자신의 여행 일정이나 가치관, 명언 등을 적어 놓고 나를 알리는 또 하나의 도구로 사용한다.

2014년 어느 겨울부터 나의 상태 메시지에는 항상 똑같은 단

321
이철우

어가 적혀 있다. 그것은 바로 '(주)이철우'다. 재미있는 일화 중에, 종종 만나거나 전화를 할 때면 내 이름 앞에 (주)를 붙여 말해 주시는 분들이 계신다. "아이고, 주식회사 이철우 님! 저도 그 회사에 입사시켜 주세요!", "주식회사 이철우 님! 회사는 언제 차릴 겁니까?" 등의 웃음을 자아내는 말들로 대화는 시작된다. 사실 내이름 앞에 (주)를 붙인 이유는 '나'라는 사람을 브랜드화하고 가치를 높여 나가겠다는 것이 내 목표였기 때문이다.

이 글을 쓰고 있는 지금의 내 상황은 '(주)이철우'라는 회사를 설립하지 않은 상태다. 그러나 '(주)이철우'라는 1인 기업을 만들어 성공하겠다는 꿈을 언젠가는 이루리라 매일 확신하고 있다. 이미 꿈을 이루었다고 상상하는 힘은 우리가 생각하는 것보다 훨씬 크다. 거기에다 꿈을 어딘가에 적어 놓으면 우주가 꿈을 이룰 수 있는 엄청난 힘을 우리에게 선물한다.

실제로 영화 〈마스크〉로 잘 알려진 배우 짐 캐리는 무명 시절에 집이 없을 정도로 가난했다. 그러던 어느 날 '이렇게 살아갈 순 없다'는 생각에, 할리우드에서 가장 높은 산으로 무작정 올라갔다. 그곳에서 수표책에 '출연료 1,000만 달러'라 적어 스스로에게 개런티를 지급했다. 한낱 종잇조각에 불과한 그 수표를 짐 캐리는 5년 동안 지갑에 넣고 다녔다. 그로부터 정확히 5년 후에 짐 캐리는 영화 〈덤 앤 더머〉와 〈배트맨〉의 개런티로 1,700만 달러를 받았다.

이루고자 하는 바를 종이 위에 적을 때 그 힘은 대단하다. 생각만 하는 것과 종이 위에 적는 것은 다르다. 생각은 생각으로 끝나지만, 적는 것은 쓰고 눈으로 읽게 되기 때문에 더 큰 힘을 발휘하는 것이다. 그리고 적은 것을 자주 보는 것은 그 꿈에 대해 계속해서 상상하고 행동하게 하는 효과가 있다. 결국 꿈을 이루기 위한 행동들을 계속해서 하게 되는 것이다. 이런 이유 때문에 나는 상태 메시지에 항상 '(주)이철우'를 적어 놓는다. 매일 보게 되는 나의 꿈은 매일 나를 자극한다. 그리고 나를 움직이게 하는 큰 동력이 되어 준다.

'(주)이철우'를 만들기 위해 노력했던 행동들은 무엇일까? 처음 했던 행동은 친구나 직장 동료들에게 "내가 회사 차리면 너네들 취업시켜 줄게!"라고 일단 내뱉는 것이었다. 어느 누구도 실제로 그런 일이 일어날 거라고 생각하지 않았을 것이다. 하지만 나는 상상의 힘을 믿는 사람으로서 그 순간에조차 1인 창업에 성공하는 상상을 한 번 더 하게 되었고, 어떻게 하면 1인 기업을 만들 수 있는지 생각했다.

두 번째로 했던 행동은 창업 아이템을 찾기 시작한 것이었다. 시간이 날 때마다 '소자본 창업'이라는 키워드로 인터넷을 검색했다. 돈이 없었기 때문에 항상 소자본을 붙이고 검색했다. 인터넷에는 가지각색의 창업 아이템들이 쏟아져 나와 있었는데, 대개 유통이나 상품 판매에 관한 것들이었다. 하지만 상인이 되거나 다

단계를 하기는 싫었다. 보다 원대한 꿈을 꾸었기 때문이다.

물건 파는 일 말고 다른 분야는 없는지 계속 찾아보던 어느 날, 책을 보다가 작가, 강연가, 코치로 살아가는 사람들이 있다는 것을 알게 되었다. 대부분 1인 기업을 운영하고 있는 CEO들이었다. 그때 내 안에서 무언가가 마구 들썩이기 시작했다. 그 이후에 내가 즉시 했던 행동은 책을 쓰는 방법에 대해 알려 주는 특강에 등록하는 것이었다. 1인 기업가가 되려면 자신을 브랜딩할 수 있는 무기가 필요했고, 책보다 더 좋은 것은 없다고 생각했기 때문이다. 지금 나는 개인저서를 준비 중이고, 2권의 공저에 참여하고 있으며, 1인 창업에 관한 강의를 듣고 있다.

이 글을 쓰고 있는 지금, 나는 스스로도 놀랄 정도로 소름이 돋는다. 그저 꿈을 상태 메시지에 적었을 뿐인데 뒤돌아보니 그 꿈을 이루기 위해 여기까지 와 있는 것이 보이기 때문이다. 아직 과정 중에 있지만, 그 꿈이 반드시 이루어질 것이라고 믿는다.

이루고 싶은 것을 적는 힘은 굉장하다. 하지만 더 중요한 것이 있다. 적은 것을 매일 볼 수 있는 상황으로 만들어야 한다는 것이다. 꿈을 적었지만, 그것을 매일 보지 않으면 효과는 매우 줄어들기 때문이다. 굳이 짐 캐리처럼 종이 위가 아니어도 괜찮다. 나처럼 휴대전화의 상태 메시지에 적는 것도 좋은 방법이다. 그리고 일기를 활용하는 방법도 있다. 매일 일기를 쓰면서 하고 싶은 것들이 생각나면 적어 보고, 꿈을 이룬 모습을 상상할 수 있기 때문이다. 또한 일기장 맨 앞에 하고 싶고, 이루고 싶은 것들의 사진을 붙여 놓는 것도 좋은 방법이다. 매일 일기를 쓰려면 사진들을 볼 수밖에 없는데, 이렇게 꿈을 시각화해 매일 볼 수 있는 환경을 만드는 것이 중요하다.

여기서 놀라운 사실은 그 사진 중에 작가가 되어 있는 나의 미래 모습이 있다는 것이다. 이 글을 여러분들이 지금 읽고 있다면 내가 꿈꿔 왔던 모습이 이루어지는 것이다. 꿈을 이룬 나의 모습을 사진을 통해 매일 만나는 효과가 정말 대단하지 않은가? 이 글을 읽는다면 자신의 상태 메시지의 주제를 꿈에 대한 것으로 지금 바꾸어 보는 것이 어떨까?

꿈을 이룬 모습을 매일 상상하는 힘은 대단하다. 나는 '㈜이철우 대표 이철우'라고 적혀 있는 명함을 매일 상상한다. 분명히 이루어질 것이라고 굳게 믿고 있다. 이루어졌을 때, 내 상태메시지에는 다른 꿈이 또다시 적혀 있을 것이 분명하다. 1인 기업으로 이룰 수 있는 더 큰 꿈 말이다.

1인 기업을 통해 가장 이루고 싶은 것은 경제적 자유다. 하고 싶은 일을 하며 돈을 벌고 경제적 자유를 얻는 것은 모든 이들의 꿈이다. 나 역시 보통 사람들과 별반 다르지 않은 꿈을 위해 노력하고 있다. 경제적 자유는 자유로운 인생을 만들어 줄 것이라고 생각한다. 마트에서 먹고 싶은 것들을 가격표에 상관하지 않고 마음껏 카트에 담을 수 있는 금전적인 자유와, 굳이 점심시간만을 이용해 은행에 가지 않아도 되는 시간의 자유 같은 것들 말이다.

경제적 자유 다음으로 이루고 싶은 꿈은 메신저의 삶이다. 지금의 나 역시 다른 사람들이 주었던 영향으로 생긴 결과이니, 나도 다른 사람들에게 좋은 영향을 돌려줘야 한다고 생각한다. 사람들에게 좋은 영향을 주고 그 사람들의 인생이 조금이라도 나아진다면 그보다 더 값진 일은 없다고 생각한다. 혹시 모르지 않는가. 나의 영향을 받은 사람들이 나와 같은 생각으로 살아간다면 전 국민이 각자 꿈꾸는 삶을 실제로 사는 인생을 살고 있는 시대가 올지도 말이다.

그리고 미래에 1인 기업가로 성공해서 반드시 〈한책협〉의 김태광 대표 코치님께 결초보은(結草報恩)할 것이다. 결초보은은 죽어서도 잊지 않고 풀을 묶어 은혜를 갚는다는 말로, 어떻게든 보답한다는 뜻이다. 김태광 대표 코치님은 일기장과 상태 메시지에 적어 놓았던 꿈을 이룰 수 있도록 우주에서 나에게 보낸 선물이다.

호텔 벨보이 출신이었지만 미국 최고의 호텔 주인이 된 콘래드 힐튼은 성공에 있어 가장 중요한 것은 '꿈꾸는 능력'이라고 말했다. 우리가 원하는 것을 마음껏 꿈꾸고, 적고, 보고, 매일 상상한다면 어느새 우리는 꿈에 도달해 있는 미래의 자신을 보게 될 것이다. 꼭 이루고 싶은 당신의 꿈을 열렬히 응원한다.

베스트셀러 작가가 되어
저자강연회 열기

· 홍성민 ·

직장인, 행복전도사, 자기계발 작가

2년 차 직장인으로 목표 없는 삶에 회의감을 느끼던 중 책을 읽고 쓰며 행복을 느끼는 자신을 발견했다. 사람들이 삶에 회의감을 느끼지 않도록 행복을 찾아 주는 행복전도사를 꿈꾼다. 인간관계에 흔들리지 않고 자신을 돌보기 위한 대화법 관련 개인저서를 집필 중이며 저서로는 《보물지도9》가 있다.

· Email ghdtjd0919@naver.com

나는 요즘 인생의 기적을 맛보고 있다. 불과 몇 달 전까지만 해도 전혀 생각해 보지 못했던 '내 이름으로 된 책 쓰기'를 시작한 것이다. 또한 과거에는 상상도 못했던 꿈을 향해 달려가고 있다. 꿈을 이뤄 가는 과정은 보람이 있고 무엇보다도 좋아하는 일이기에 재미있다. 현재를 즐기며 성장할 수 있는 삶, 이보다 멋진 인생이 어디 있을까? 나는 그렇게 살고 있다.

과거에 나는 수동적인 삶을 살았다. 걱정, 근심, 불만투성이에 마음에는 여유가 없었다. 좋은 대학에 가기 위해 공부하고, 좋은 직장에 들어가기 위해 또 공부했다. 나는 왜 좋은 대학, 좋은 직장에 들어가고 싶었던 걸까? 스스로 생각할 힘이 없었기 때문이라고 생각한다.

어렸을 때부터 독서를 좋아하긴 했지만 시간에 쫓기다 보니 자연스레 책을 멀리하게 되었다. 하지만 직장에 입사한 후부터 독서를 할 여유가 생겼다. 처음에는 소설책 위주로 읽었는데 소설책은 아무리 읽어도 내 인생에 도움이 되는 것 같지 않았다. 재미가 있긴 했지만 재미 위주로만 책을 읽어서는 게임과 다를 바가 없다고 생각했다. 그때부터 내 인생에 직접적으로 도움이 되는 책을 찾아보기 시작했다.

그렇게 나는 자기계발, 성공학 서적에 빠져들게 되었다. 책을 읽으며 '작가들은 다들 자신만의 생각을 가지고 있구나.' 하는 생각에 더욱 책에 매료되었다. 스스로 생각하기보다 다른 사람의 말만 들어 온 나 자신을 돌아보며 나만의 생각을 정립해야겠다고 생각했다. 그때부터 책 읽기는 내 일상이 되었다.

성공자의 절대 조건은 독서라고 한다. 성공자가 되고 싶은 욕망이 큰 나도 시간이 날 때마다 독서를 했다. 술 먹는 시간, 친구를 만나는 시간을 줄여 가며 책을 읽었다. 그런데도 내 인생은 전혀 나아지는 것이 없었다. 아무리 독서를 많이 해도 마음속에서는 항상 2%가 부족했다. 그 무언가가 무엇인지 알 길이 없었고 나는 독서 슬럼프에 빠졌다. '독서한다고 다 성공하는 건 아닌가

보다!'라고 생각하며 한동안 책을 멀리하기도 했다.

　　나는 전기공학도로서 발전소에 다니고 있다. 깊게 파고들면 끝
이 없는 전기의 세계에서 나는 전문성을 길러 해외로 나가고 싶
은 욕망이 생겼다. 해외 파견은 억대 연봉을 받을 수 있는 기회이
며 해외 지사는 내 전문성을 펼칠 수 있는 공간이었기 때문이다.
그러다 문득 회의감이 밀려왔다. '꼭 해외에 가서 돈을 많이 벌어
야 하나? 나는 이 일에 흥미가 없는데 단지 돈과 안정성만 믿고
이 직장에 계속 다녀야 하는 걸까?'라는 생각이 내 의식을 압도했다.
　　공부밖에 할 줄 모르는 모범생이었던 나는 직장에서도 모범
직장인이 되려 하고 있었다. 하지만 의식 한편에서는 더 이상 낡
은 규범 속에 얽매이고 싶지 않다는 생각이 들었다. 지금 상태로
는 열심히 일해도 하루하루 살아가는 데 급급할 뿐 자아실현을
할 수 없다는 느낌이 들었기 때문이다. '이대로 계속 살아가면 나
는 죽기 전 뿌듯한 마음이 클까, 후회하는 마음이 클까?'라는 생
각을 하루에도 수십 번씩 했다.
　　혼자 생각할수록 머리만 아파지는 기분이었다. 주변 사람들에
게 물어보았다. 가족, 친구, 지인들에게 물어보면 십중팔구는 현
직장에 계속 다니라고 말했다. 특별한 이유는 없었다. 현 직장만
큼 안정적이고 돈을 많이 주는 곳이 흔치 않았기 때문이었다.
　　"네가 당장은 그런 생각이 들더라도 참고 다니다 보면 상황이

나아질 거야. 다른 사람들도 일이 좋아서 직장에 다니는 건 아니야. 자신에게 주어진 상황을 참고, 즐기려고 노력하는 거야."

결국은 참고 다니라는 말이 대부분이었다. '그래. 내가 세상 물정을 몰라서 그런 걸 거야. 그냥 다니자.'라는 생각을 하면서도 혼자만의 시간을 갖게 될 때면 '이건 아니다.'라고 생각했다. 고민을 거듭하던 내가 결국 또다시 찾아간 곳은 서점이었다. 당시 내 마음 상태는 혼란, 혼돈, 절망 그 자체였다. 남들이 보기에는 '젊은 나이에 안정적인 직장을 다니는, 미래가 밝은 청년'이지만 실상 내 마음은 현재의 삶이 만족스럽지도 않고, 그렇다고 미래의 목표도 없는, 길 잃은 미아 같은 상태였다. 나에게는 돌파구가 필요했다. 현재의 삶을 행복으로 가득 채울 수 있는 그 무언가가 필요했던 것이다.

그날부터 나는 다시 독서를 시작했다. 닥치는 대로 성공자들의 스토리를 읽으며 그들은 어떻게 부와 행복을 누릴 수 있었는지 파헤쳤다. 그들에게는 공통점이 있었다. 바로 다른 사람의 말에 휘둘리지 않고 자신의 소신을 밀고 나갔다는 점이었다. 그들은 자신의 가치를 알고 자신을 믿었다. 자신이 이루고자 하는 목표를 생생하게 시각화하며 머지않은 미래에 일어날 일이라 확신했다.

답은 정해져 있었다. 성공자들은 이미 자신의 이야기를 오래전에 공개했다. 내가 간과했을 뿐이었다.

'주변 환경에 휘둘리지 않고 나 자신을 믿는다. 내가 생각하고

상상하는 꿈은 반드시 실현된다.'

이 간단한 법칙을 왜 따르지 않았던 걸까? 나는 성공자들의 이야기를 무시하고 성공하지 못한 다수의 말에 휘둘리고 있었다. 그렇기에 행복하지 못한 삶을 살고 있었던 것은 아닐까?

마치 한줄기 빛을 본 기분이었다. 그날부로 나는 책을 쓰기로 마음먹었다. 오래전 꿈이었던 책을 읽고 쓰는 삶을 살기로 한 것이다. 내 인생에 책 쓰기가 들어온 이후 나의 삶은 급속도로 변하기 시작했다. 하루하루가 배움의 연속이고 글을 써 나가는 즐거움이 내 삶에 행복을 가져왔다. 걱정, 고민, 불안이 가득했던 마음은 베스트셀러 작가가 되겠다는 확실한 목표 아래 희석되어 날아가 버렸다.

나에게는 꿈과 비전이 있다.

'사람들에게 삶의 행복을 찾아 주는 행복전도사가 된다. 내 말에 힘을 보태고 세상에 영향력을 주기 위해서 100억 자산가가 되어 성공자의 이미지를 갖춘다. 궁극적으로는 성공 스토리를 통해 대중들에게 용기를 주는 동기부여 강연가로 활동한다. 그러는 중에도 꾸준한 독서와 책 쓰기를 통해 성장을 이루고 끊임없이 소통하는 작가가 된다. 나의 재능을 가치로 창출해 사람들에게 도움을 주는 사람이 된다.'

모든 위대한 업적은 한때 불가능한 것으로 여겨졌다. 인생을 끌고 갈 나침반이 있고 시간적 여유도 있으니 즐기며 실천할 일만 남았다. 지금 내 모든 관심은 책 쓰기에 모아져 있다. 생각이 많아 혼란스러웠던 머리를 잘 정돈된 상태로 만들어야 한다. 책을 써 나가는 과정에서 의식의 대청소가 이루어질 것이다. 나만의 생각이 확립된 서적이 나오는 것이다.

내 꿈을 펼쳐 가는 첫 단계로 나는 베스트셀러 작가가 되어 저자강연회를 성공적으로 이끌 것이다. 벌써부터 저자강연회를 성공적으로 이끌고 저자사인회를 하는 내 모습이 생생하게 그려진다. 과거에는 별 볼일 없다고 생각했던 내 생각과 경험이 누군가에겐 가치 있는 이야기일 수 있다는 확신이 있다. 내 이야기는 많은 사람들에게 꿈과 희망을 줄 것이다.

행복도 습관이다. 현재가 행복하지 않은 사람이 먼 미래에 갑자기 행복해질 수는 없다. 놀아 본 사람이 잘 놀듯이 현재 행복할 줄 아는 사람이 미래에도 행복할 수 있는 것이다. 나는 현재를 즐기며 살고 있다. 내가 바라는 미래가 즐거운 현재가 지속되면 반드시 따라올 것임도 알고 있다. 좋아하는 일을 하며 꿈을 향해 달려가는 삶은 절대 포기할 수 없는 것이다. 그렇기에 나는 오늘도 행복한 하루를 살 것이다.

책 1만 권이 있는
서재 가지기

· 김종일 ·

책을 사랑하는 엔지니어, 꿈을 이야기하는 소통가, 자기계발 작가

지방 전문대를 졸업하고 시골 중소기업에서 기계를 만드는 일을 하고 있다. 직장생활을 하면서 사람들에게 상처받고 힘들어하던 자신을 치료해 준 책을 사람들에게 선물하고 꿈에 대한 이야기를 하고 있다. 또한 불우한 이웃들에게 책을 선물하고 꿈을 이룰 수 있게 도와주는 소통가를 꿈꾼다. 현재 마음의 대화에 관한 책을 집필 중이다.

• Email cxz1140@naver.com

학창시절 나는 공부를 싫어했다. 특히 국어가 제일 싫었다. 쓰기, 읽기, 말하기를 무서워할 정도로 어려워했다. 그때 나에게 책이란 베개, 짐 정도였던 거 같다.

나는 학창시절을 보내고 전문대를 졸업하고 빨리 취업했다. 얼른 돈을 벌고 싶었고, 하고 싶은 일이 많았기 때문이다. 그때는 별명이 '쓸데없는 자신감'일 정도로 막무가내인 청년이었다. 처음 이력서를 넣은 회사에서 취직되었다고 연락이 왔다. 나는 너무 좋고 마음의 흥분이 가라앉지 않아 첫 출근 며칠 전부터 밤잠을 설쳤다.

그렇게 첫 출근을 하고 배정된 자리에 앉았다. 너무 긴장되고 떨리는 마음에 어떤 걸 해야 될지 두리번두리번거렸다. 그때 나의 맞선임이었던 분이 나에게 다가와서 회사에 다니면서 필요한 사항들, 도움이 될 만한 자료들, 회사 임원 명단 등을 주면서 읽고 숙지하라고 했다. 책 한 권의 수준이라 조금 놀랐지만 외워야겠다고 생각했다. 그때 일이 벌어지고 말았다.

정말 차분한 분위기에 가끔 전화 통화하는 소리, 휴대전화 벨소리가 들릴 뿐 사람들끼리 대화를 나누는 것조차도 소곤소곤 작은 목소리로 하는 사무실이었다. 또한 나는 원래 글자 자체를 싫어하고 2~3일 정도 잠을 재대로 자지 못한 상태라 스스로 컨트롤이 안 될 정도로 잠이 쏟아지기 시작했다. 나는 '안 되겠다!' 싶은 생각에 화장실에 가서 세수도 하고 회사 뒤 건물 화장실 앞에서 막 뛰기도 했다.

그렇게 정신을 차리고 사무실로 돌아와 다시 서류를 외우기 시작했다. 하지만 서류를 본 지 5분도 되지 않아 잠이 쏟아졌고 졸고 있는 모습을 회사 이사님에게 들키고 말았다. 난 결국 출근 첫날 이사님에게 찍히고 말았다. 나는 좋지 않은 첫인상을 회사에 남겼고, 그때 남긴 인상은 2년이 지나도 바뀌지 않아 끝내 퇴사하게 되었다. 그때 정말 큰 충격을 받은 나는 워킹홀리데이 비자를 받고 호주로 도망가듯 떠났다. 한국에 있기가 너무 싫었다. 지금 생각하면 그때 정말 한심했다는 생각이 든다.

나는 한국에 들어와 이직을 한 번 더 했다. 이직한 이유는 회사가 너무 힘들어서였다. 군대 전역자들이 모여서 얘기하는 걸 들어보면 자신의 부대가 제일 힘들었다고 한다. 당시의 내 상황이 딱 그랬다. 내가 근무하던 회사들은 모두 힘들다고 생각했다. 현재의 회사를 다니면서도 몸과 마음이 지쳐 방탕한 생활을 했다. 시간이 지날수록 몸도 안 좋아지고 마음도 더 피폐해져 갔다. 그때 아무 생각 없이 대구 시내를 걸어 다녔다. 그러다 대형서점에 들어가게 되었고, 만화책, 소설책 등을 구경하며 이리저리 돌아다녔다. 그때 눈에 들어온 책이 하나 있었다. 《나는 직장에 다니면서 1인 창업을 시작했다》라는 책이었다. 그때 '직장 다 때려치우고 창업해야겠다!'라고 생각하게 되었다.

나는 그 책이 어떤 책인가 싶어 몇 장을 읽어 보았다. 글자를 무서워할 정도로 싫어했던 나였는데 정말 신기하게도 꽤 많은 양을 읽었다. 난 집에 돌아와 그 책의 저자인 김태광 작가의 책을 인터넷으로 구입했다. 며칠 뒤 책이 도착하고, 이틀에 걸쳐 다 읽었다. 다 읽고 나자 '나도 책을 이렇게 읽을 수 있구나!'라는 생각이 들었다. 그리고 김태광 작가의 인생을 알게 되었고, 그의 인생이 내가 힘들어했던 모든 일들에 비해 가혹할 정도로 더 힘들었다는 것을 깨닫게 되었다.

《나는 직장에 다니면서 1인 창업을 시작했다》의 책 표지에는 이렇게 적혀 있었다.

"왜 하루에 10만 원만 벌어야 하는가? 회사는 당신의 미래를 책임져 주지 않는다!"

여기서 나는 이 책에 매료되었다. 물이 내 몸으로 흡수되듯 책 표지의 글귀가 눈으로 흡수되었다. 책 내용 중 시 한 구절을 읽게 되었고, 내 몸에 전율이 흘렀다.

"꿈이 있는 자는 결코 쓰러지지 않는다.
넘어져도 다시 일어서게 하는
열망이 마음속에 가득 들어 있기 때문이다.
가끔 인생의 길에서 지쳐 쓰러질 때
꿈을 위해, 눈부신 미래를 위해
그대가 지불하고 있다고 생각하라.
그대에게 걸맞은 꿈인지 아닌지 시험하는
신의 시험이라 생각하라."

나는 이 시를 읽고 난 후 점점 더 책에 열광하기 시작했다. 가슴이 너무 벅차올랐고, 많은 생각을 하게 되었다. 그때 나 스스로에게 질문을 한 가지 던졌다.

"나는 꿈이 있는가?"

그때 나는 꿈이 없었다. 그래서 마음이 씁쓸했고, 내가 너무 싫었다. 책을 끝까지 읽고 나서 더 많은 생각을 하게 되었다. 그러고는 인생의 꿈을 찾기로 다짐했다. 나는 무언가에 홀린 듯 네이버 카페에 접속했고, 카페에 가입했고, 책 쓰기 〈1일 특강〉을 신청하게 되었다. 여자친구에게도 강력하게 추천하면서 같이 가자고 설득했다. 그것을 계기로 태어나서 몇 번 가 보지 못했던 서울도 가 보고, 교육장이 있는 분당을 가게 되었다. 온전히 책 쓰기 〈1일 특강〉을 듣기 위해서였다.

특강을 듣기 전부터 온몸이 떨리기 시작했다. 긴장한 탓도 있지만 김태광 작가를 처음 뵙는 순간이라 그랬다. 〈한책협〉 코치진들이 특강에 대해 설명을 시작했고, 드디어 특강이 시작되었다. 특강이 시작되고 얼마 지나지 않아 뒤통수를 한 대 얻어맞은 기분이 들었다. 특강에서 들은 충격적인 한마디 때문이었다.

"평범할수록 책을 써라! 누구나 책을 쓸 수 있다! 성공해서 책을 쓰는 게 아니고, 책을 써서 성공하는 것이다!"

특강은 두 번으로 나뉘어 있었다. 짧은 휴식시간을 이용해 김태광 작가를 직접 만나 뵐 수 있는 기회가 생겼다. 처음에는 너무 떨려서 작가님을 뵙기가 어려웠다. 그래도 용기를 내어서 코치진에게 말을 전했고, 그렇게 김태광 작가를 처음 만나 뵐 수 있었다. 지금 생각해 보면 내가 어떤 말을 했는지 기억이 잘 나질 않는다.

나는 〈1일 특강〉을 듣고 책을 써야겠다는 생각이 머리에 박혔다. 나는 반드시 책을 쓰는 작가가 되기로 다짐하고 다시 시골로 내려왔다. 그렇게 시간이 어느 정도 흘러 〈책 쓰기 과정〉에 들어가게 되었다. 교육을 받고 공부를 할수록 나 자신을 찾아 가는 기분이 들었다. 세상에 이렇게 행복할 수가 없었다.

《나는 직장에 다니면서 1인 창업을 시작했다》라는 책을 읽고 혼자서 처음 버킷리스트를 만들어 보았다. 꿈을 쓰고 읽고 항상 생각하고 있기가 어려웠다. 그러다 교육 중에 버킷리스트를 다시 만들게 되었다. 진지하게 내가 원하는 모든 것을 적었다. 쓰면 쓸수록 내가 원하고 배우고 싶은 것들이 점점 많아졌다. 솔직히 너무 많아지는 바람에 한 번에 여러 개를 묶어서 쓴 것도 있다. 그 중에 가장 원하는 꿈이 '1만 권의 책이 있는 서재를 가지기'다.

1만 권의 책이 어느 정도인지 생각해 보았다. 하루에 한 권씩 책을 읽으면 1년이면 365권이고 10년이면 3,650권이다. 1만 권을 다 읽으려면 대략 27년 5개월 정도 걸린다. 27년 5개월 동안 하루도 빠짐없이 한 권씩 읽어야 되는 양이지만 불가능하다고 생각하지 않는다. 평생 책을 읽으면서 살 것이고, 굶어도 책은 읽을 것이기 때문이다. 내가 찾은 행복은 '책 읽기'이기 때문이다.

나중에 내가 서재를 가지게 되면 창문 빼고 모든 책장에 책을 꽂아 둘 것이다. 가끔 1만 권이 넘는 책들과 내가 같은 공간에 있는 상상을 한다. 나의 행복들이 모여 나를 감싸 안아 주는 공간이라는 상상을 하면 지금도 너무 행복해진다.

나는 읽지 않은 책들을 꽂아 놓고 다른 사람들에게 허세를 부리고 싶지 않다. 난 내가 읽은 모든 책을 모아 보고 싶고, 나중에 내 아이가 생기면 같이 책을 읽고 모을 생각이다. 그때가 얼른 다가왔으면 좋겠다. 생각만으로도 입가에 미소가 번진다.

꼭 이루고 싶은 나의 꿈 나의 인생

초판 1쇄 인쇄 2017년 9월 26일
초판 1쇄 발행 2017년 10월 3일

지 은 이 **김태광·임원화 외 49인 지음**
펴 낸 이 **권동희**
펴 낸 곳 **시너지북**
기　　획 **김태광**
책임편집 **채지혜 강제능**
디 자 인 **이혜원 이선영**
교정교열 **우정민**
마 케 팅 **허동욱**

출판등록 **제312-2012-000040호**
주　　소 **경기도 성남시 분당구 수내동 16-5 오너스타워 407호**
전　　화 **070-4024-7286**
이 메 일 **no1_winningbooks@naver.com**
홈페이지 **www.wbooks.co.kr**

ⓒ시너지북(저자와 맺은 특약에 따라 검인을 생략합니다)
ISBN 979-11-88610-01-3 (03190)

이 도서의 국립중앙도서관 출판도서목록(CIP)은 서지정보유통지원시스템 홈페이지(http://seoji.nl.go.kr)와 국가자료공동목록시스템(http://www.nl.go.kr/kolisnet)에서 이용하실 수 있습니다.(CIP제어번호: CIP2017024236)

시너지북은 독자 여러분의 책에 관한 아이디어와 원고 투고를 설레는 마음으로 기다리고 있습니다. 책으로 엮기를 원하는 아이디어가 있으신 분은 이메일 no1_winningbooks@naver.com으로 간단한 개요와 취지, 연락처 등을 보내주세요. 망설이지 말고 문을 두드리세요. 꿈이 이루어집니다.

시너지북은 위닝북스의 브랜드입니다.

※ 책값은 뒤표지에 있습니다.
※ 잘못 만들어진 책은 구입하신 서점에서 교환해 드립니다.